단단한 삶은 보통의 날들로 이루어진다

단단한 삶은 보통의 날들로 이루어진다

폴 카즈 지음 | 정연은 옮김

리추얼이 만드는
일상의 회복력

밤

월리, 아비바, 마야를 위해

목차

스타벅스 이용 방법

◇◇◇

집 근처 스타벅스 출입문에는 '리추얼이 주는 편안함'이라는 문구가 적혀 있다. 그런데 스타벅스에서 편안함을 느끼기 위해서는 우선 스타벅스의 복잡한 의례와 생소한 용어를 익혀야 한다. 실제 스타벅스에는 스타벅스만의 규칙이 다수 존재한다. 과연 얼마나 많은 규칙을 알아야 할까? 우선 음료를 어디서 어떻게 주문해야 할지 알아야 한다. 원하는 음료를 고르기 위해서는 스타벅스의 생소한 표현들을 이해해야 한다. 그래야지만 음료의 크기를 제대로 고를 수 있고, 커피, 차, 초콜릿, 탄산음료 등 종류를 선택할 수 있으며, 시럽, 우유, 향신료 같은 어질어질해질 정도로 많은 추가 재료를 고를 수 있다.

주문한 음료가 준비되었을 때 알려주는 스타벅스의 언어 또한 알아야 한다. 한 바리스타는 자신의 페이스북에 스타벅스의 생소한 용어 때문에 생긴 에피소드를 소개하기도 했다.

> 손님: 라지 그란데 모카 한 잔이요.
> 바리스타: 죄송한데 그란데를 주문하신 건가요, 라지를 주문하신 건가요?
> 손님: 그란데가 라지 아닌가요?
> 바리스타: 아니요, 저희는 벤티가 라지입니다. 그란데가 미디엄이에요.
> 손님: 아, 그렇군요. 그럼 그걸로 할게요. 메뉴가 스페인어라서 어렵네요.

조합이 무려 8만 7,000개에 달한다는 음료 메뉴 중 하나를 골라 주문하면 카운터의 직원은 스타벅스의 방식대로 음료 제조를 맡은 바리스타에게 "주문, 벤티 소이 라테, 노 휩, 엑스트라 핫"이라고 외치거나 계산대의 단말기에 내용을 입력한다. 이때 손님의 이름을 묻고 함께 입력하기도 한다. 주문한 음료 값을 지불하면 주문은 끝난다. 음료를 받기 위해서는 주문 카운터가 아닌 다른 구역에서 대기해야 한다. 음료가 완성되었음을 알리는 바리스타의 목소리가 들리는 곳에서 대기하는 것이 일반적이다.

음료가 준비되면 제조 담당 바리스타는 주문자의 이름을 부르거나 스타벅스 언어로 "벤티 소이 라테, 노 휩, 엑스트라 핫"이라고 외쳐 음료가 나왔음을 알린다. 음료를 받으려면 받는 장소를 알아야 하고, 수령대의 여러 음료 중 어느 것이 내 것인지도 알아야 한다. 이름으로 불린 게 아니라면 제조 담당 바리스타가 외친 스타벅스 언어를 알아듣고 카운터에서 내 음료의 위치를 파악할 수 있어야 한다.

음료를 받은 후에는 '셀프 바'를 찾아 일회용 포크나 나이프, 냅킨, 설탕, 우유와 크림, 커피 스틱 등을 챙기고 앉을 자리를 찾아야 한다. 빈 테이블이 없는 경우에는 의례적으로 다른 사람과 합석을 해도 괜찮은지 알아야 한다. 합석이 괜찮다면 아무 말 없이 그냥 앉아도 될까, 아니면 양해를 구해야 할까? 앉은 후에는 가벼운 대화를 하는 게 적절할까? 그 외에도 알아야 할 규칙은 끝이 없다. 음료를 추가로 시키거나 아예 주문하지 않고 테이블에 앉아 책이나 신문을 읽고 노트북 작업을 해도 괜찮을까? 나갈 때는 컵과 냅킨을 어떻게 해야 할까?

그저 맛있는 커피 한 잔을 마시기 위해 이 모든 규칙을 익혀야 할까? 사실 커피는 집에서 마실 수도 있고, 다른 카페에서 마실 수도 있다. 그런데도 굳이 스타벅스에 가는 이유는 무엇일까? 그곳에서 적용되는 규칙을 알기만 하면 세계 어느 지점에서든 자유롭게 커피를 마실 수 있기 때문이다. 이 규칙이 스타벅스의 리추얼이다. 스타벅스의 리추얼은 복잡하지만, 익숙해진 후에는 신경 쓸 필요가 없다. 그냥 가서 원하는 것을 주문하고 자리에 앉아 음료를 즐기며 자신만의 생각과 상상에 빠지면 된다. 실제 스타벅스는 '인간의 정신에 영감을 불어넣고 더욱 풍요롭게 하는' 것을 사명으로 삼고 있다.

스타벅스 방식에 익숙지 않은 사람이라면 입장과 동시에 낯선 땅에 들어선 이방인이 된 느낌을 받을 것이다. 도움이 될 만한 스타벅스 가이드북 같은 것은 없다. 주문하는 줄을 잘못 설 수도 있고, 주문받는 직원의 언어를 이해하지 못할 수도 있다. 생각한 것과 전혀 다른 음료가 나올 수도 있고, 음료를 주문한 곳과 받는 곳이 다르다는 사실조차 모를 수도 있다. 음료가 준비되었음을 알리는 직원의 언어를 알아듣지 못할 수도 있고 수령대 위에 놓인 여러 잔의 음료 중 어떤 게 자기 것인지 모를 수도 있다. 그렇게 헤매다 보면 뜨거웠던 음료가 식어버릴 수도 있다. 설탕이나 냅킨, 빨대가 어디 있는지 모를 수도 있다. 이런 상황을 마주하면 뭘 어떻게 해야 할지 생각하느라 신경이 쓰여서 마음의 자유를 누리기 어렵다. 여유와 휴식이 주는 즐거움은 줄어든다. 스타벅스가 내세우는 사명과 달리 이런 상태에서는 '영감'도 '풍요로움'도 느끼기 어렵다.

미국에 있는 1만 6,000여 개의 점포를 포함해 전 세계의 스타벅스 매장에는 일관된 언어가 있다. 지점마다 내부 배치도 비슷하다. 주문, 결제, 대기, 음료 수령, 포크나 냅킨 등을 챙기는 방법도 비슷하다. 처음 가는 지점이라도 긴장할 필요가 없다. 익숙한 규칙을 따르는 당신에게는 주문한 음료를 즐길 자유, 몇 시간이고 앉아서 생각에 잠길 자유, 책을 읽거나 노트북으로 작업을 할 수 있는 자유가 주어진다. 그런 이유로 사람들은 스타벅스를 다시 찾고 싶어 한다.

많은 사람들이 스타벅스에서 자유를 느낀다는 사실을 어떻게 알 수 있을까? 매일 수백 명의 이용자가 스타벅스의 페이스북 페이지에 게시글을 남긴다. 그중에는 다음과 같이 자신이 느낀 자유를 언급하는 글도 있다.

"제가 진정 마음 편하게 있을 수 있는 유일한 장소입니다."
"다시 스타벅스를 '경험'하고 싶어요."

"스타벅스에 매일 갑니다. 저는 주로 온라인 작업을 하는데, 스타벅스에서는 일을 해도 일로 느껴지지 않아서 좋아요. 정말 좋습니다!"

만남의 새로운 규칙

◇◇◇

금요일 저녁 9시 무렵이 되면 에마는 제이크에게서 문자가 오겠거니 한다. 문자 내용은 '오늘 밤에 뭐해?' 또는 '시간 돼?' 정도다. 에마는 주로 '응'이라고 짧게 답하고, 가끔은 그냥 웃는 모양의 이모티콘을 보내기도 한다. 그러면 제이크는 보통 '그럼 우리 집에서 텔레비전 보자'라고 답한다.

왜 전화가 아닌 문자로 연락하느냐는 내 질문에 에마는 "통화는 가까운 사이에나 하는 거죠"라고 답했다. 제이크 또한 전화는 너무 사적으로 느껴진다고 말했다.

미국의 젊은 층 사이에서 유행하는 부티콜booty call이라는 신조어는 성관계를 목적으로 하는 밤늦은 연락을 가리킨다. 이는 낯선 사람 사이에 이루어지는 짧고 가벼운 성적 만남을 가리키는 훅업hookup 관계에서 일어나는 일로, 우리가 알고 있는 전통적인 이성 교제와는 차이가 있다.

밤 10시를 조금 넘겨 에마는 제이크의 방에 도착한다. 주로 금요일이지만 때론 평일의 다른 날이거나 주말일 때도 있다. 제이크의 방에서 만나는 이유는 간단하다. 에마에게는 룸메이트가 있지만 제이크는 혼자 살기 때문이다. 둘 다 술을 한두 잔 마신 상태다. 술은 혼자 마실 때도 있고 다른 친구들과 마실 때도 있다. 텔레비전 소리가 시끄러운 가운데 둘은 짧은 인사를 나눈다. 가끔 "어떻게 지냈어?"라고 묻기도 하지만 딱히 안부가 궁금한 것은 아니다. 제이크는 가끔 에마에게 음식이나 음료를 권하기도 한다.

그리고 훅업의 규칙이 이어진다. 둘은 함께 침실로 향한다. 침대 옆에는 제이크가 미리 챙겨둔 피임 도구가 있다. 훅업 관계를 시작하며 에마가 요청한 것이었다.

섹스도 항상 하던 대로 이어진다. 정해진 수순을 벗어나는 일은 거의 없다. 일이 끝나면 에마는 화장실에 다녀와서 벗어둔 옷을 입고 제이크의 집을 떠난다. 옷을 벗기 시작한 시점부터 에마가 다시 옷을 입고 떠날 때까지 걸린 시간은 15분가량이다. 둘은 함께 있는 동안 말을 거의 주고받지 않는다.

집에 갈 시간은 어떻게 결정하냐는 내 질문에 에마는 이렇게 답했다. "포옹 같은 게 시작되기 전에 가야죠."

연구를 위한 면담을 진행하며 나는 수많은 '에마'와 '제이크'들을 만났다. 그들은 '훅업'이라는 리추얼에서 무엇을 기대해야 할지 알고 있는 한, 그리고 정해진 대로 진행되는 한 그 안에서 심리적 자유를 느낀다고 말했다. 단, 그들이 그런 '자유의 틈새'를 누리는 기간은 길지 않다. 그 자유는 기껏해야 몇 달 정도만 지속 가능한, 임시적이고 깨지기 쉬운 것이다.

어느 한쪽이 정서적 교류를 원하게 되면 기존의 리추얼이 바뀔 수

밖에 없다. 이런 경우 두 사람은 예측 가능한 틀에서 경험했던 자유를 잃고 관계를 끝내게 된다.

훅업 문화는 소수에게만 적용되는 것일 수 있다. 아마 대부분은 젊은 사람일 것이다. 앞서 살펴본 에마와 제이크의 경우처럼 서로 같은 의미와 방식을 공유할 때는 각자 기대하는 바를 알고 있기 때문에 관계에 대해 생각하고 방식을 성찰할 심리적 자유를 어느 정도 누릴 수 있다. 그러나 사실 많은 청년이 이성과의 만남을 어떻게 진행해야 하는가에 혼란을 느끼고 있다. 내가 면담한 대학생은 대부분은 훅업에서 첫 만남에 무엇을 기대해야 할지, 다음 만남이 있을지 등을 전혀 가늠하지 못했다. 또한 그들은 훅업 관계를 맺으면서도 그것이 상대방에게 어떤 의미인지 예상하지 못했다. 훅업과 데이트 문화에서 명확한 규칙이 없어서 생기는 문제는 11장과 12장에서 자세히 살펴본다.

규칙과 자유

◇◇◇

사실 모두가 스타벅스나 훅업 리추얼을 알거나 수행하지는 않는다. 그러나 우리는 대부분 매일의 일상에서 아침저녁으로 많은 일을 정해진 방식대로 수행하고 있다. 이것을 가리키는 용어는 다양하다. 루틴, 규칙, 의식, 의례…. 여기서 의례라고 하면 대체로 종교의식이나 결혼식, 장례식 같은 인생의 중요한 의식 절차를 떠올리지만, 의례의 범위는 그보다 훨씬 넓다. 의례는 아침에 일어나서 밤에 잠자리에 들 때까지 우리 일상 곳곳에 스며 있다. 또한 가족, 놀이, 의료 시설, 법정, 군사 시설, 학교, 직장 할 것 없이 거의 모든 사회적 상황과 조직에 존재한다. 다만 우리는 그것을 의식하거나 고민하지 않으며, 그저 당연한 것으로 받아들인다. 그리고 이를 행하는 사람들은 그 안에서 자유를 누린다. 우리는 이 책에서 이런 행위를 '리추얼'이라는 단어로 통일해 사용할 것이다. 다만 맥락에 따라 루틴, 규칙, 의례 등을 추가로 표현할 것이다.

우리는 리추얼에 따라 일상을 살며 별생각 하지 않고 그 시간과 뇌를 다른 곳에 사용할 자유를 누린다. 그런 의미에서 매일 반복되는 리추얼은 우리에게 정서적 자유를 준다. 이런 자유는 어디서 오는 걸까? 아마도 익숙하고 반복적이며, 예측 가능한 일련의 행동에서 오는 안도감일 수도 있다. 우리는 때로 당연히 수행되리라 기대한 리추얼이 수행되지 않을 때 비로소 그 소중함을 알기도 한다. 전염병의 유행으로 크고 작은 일상의 리추얼이 중단됐던 코로나19 대유행 시기처럼 말이다.

의례와 규칙이 우리에게 자유를 준다는 생각은 일견 역설적이고 반직관적이다. 규칙과 자유는 양립 불가능한 것으로 보인다. 그래서 리추얼이 자유를, 특히 행동의 자유를 제한한다고 여긴다. 물론 리추얼은 매우 제한적이고 제약적일 수 있다. 아무 의미도 없는 공허한 행동으로 보일 수도 있다. 한때 특별한 의미를 지녔던 의식이 시간이 흐르며 그 의미를 잃은 것처럼 말이다. 리추얼은 우리의 행동을 제약하고 선택권을 제한할 수도 있다. 이것이 많은 이들이 지닌 리추얼에 대한 인식이다. 많은 현대인이 자유와 자율성을 중시하고, 자유를 제한하는 의례와 의식을 과거의 잔재라고 생각한다.

이 책은 리추얼이 제약적이고 제한적이며 무의미할 수도 있다는 사실을 부정하지 않는다. 다만 리추얼이 가진 다른 측면, 즉 리추얼이 주는 심리적 자유에 관해서도 함께 살펴본다. 나는 이 책을 통해 리추얼, 즉 의례, 의식, 규칙, 습관, 루틴 같은 틀이 어떤 면에서 의미 있는지, 그리고 그것이 어떻게 심리적 자유를 주어 우리의 생각과 감각, 상상을 해방시키고 성찰할 수 있게 해주는지, 그리고 마침내 우리의 창의성을 향상시키는지 살펴보고자 한다.

일상의 평범한 리추얼

◇◇◇

대부분의 사람들은 일상적인 루틴의 일부로 평범한 리추얼을 수행하며 살아간다. 아침에 일어나서 이를 닦고, 화장실에 가고, 샤워나 목욕을 하고, 옷을 입거나 벗고, 아침을 먹고, 이메일과 메시지를 확인하고, 차를 운전하고, 직장과 학교에 가는 일이 모두 이에 속한다. 퇴근 또는 하교에도 리추얼이 있고, 잠자리에 들 때까지 하는 활동과 잠자리에 들기 위해 하는 루틴으로서의 리추얼도 존재한다. 리추얼을 수행하는 동안에는 무엇을 해야 할지 고민할 필요가 없다. 리추얼이 지닌 예측 가능성은 그것을 수행하는 사람에게 마음껏 생각하고 느끼고 상상하고 성찰할 자유를 준다.

평범한 일상 리추얼 외에도 대부분의 사람들은 가족과의 저녁 식사나, 회의 참석, 전화 통화, 종교의식, 병원 방문 등에서 사회적으로 합의된 대로, 즉 관례대로 수행한다. 명절을 쇠거나 결혼을 축하하고 장례식에 참석하는 등 대규모의 사회적 리추얼에도 참여한다.

상실의 깊은 슬픔에서 벗어나게 해준 리추얼의 힘에 관해 글을 쓰는 사람도 많다. 첫 남편과 사별 후 슬픔에 빠져 있던 조이스 캐럴 오츠는 남편과 함께 살 때 항상 해왔던 '지극히 평범하고 흔한 집안일'을 하며 서서히 마음의 자유를 찾았다고 이야기했다. 작가 조앤 디디온 또한 남편과 사별한 후 '식탁을 차리고 촛불을 켜고 불을 피우고 요리를 하는 등 가정생활의 반복적인 리추얼'에서 위안을 얻었다고 말했다. 의사이자 인류학자인 아서 클라인먼은 아픈 아내를 돌본 기간을 포함한 여러 해 동안 리추얼이 자신의 삶을 어떻게 변화시켰는지에 관해 썼다. 클라인먼은 '몸을 씻는 것 같은 단순한 행동조차도 정돈된 리추얼로 승화'하며 평범한 일상 리추얼에 집중했다고 회상했다. 홀로코스트로 희생된 가족들의 아픈 역사를 기록한 아리아나 노이만의 회고록에는 그녀의 할머니가 테레진의 강제수용소에서 보내온 편지가 실려 있다. 노이만의 할머니는 수용소 생활을 견디게 해준 것은 '작고 사소한 즐거움'이었다며 "피어나는 꽃, 고향 리브치체의 나무들에 관한 기억, 가끔 바르는 립스틱 같은 별것 아닌 리추얼이 우리를 인간답게 만들고 계속 살아가게 만들었다"고 이야기했다.

서른아홉의 IT 전문가 사만다는 삶에서 루틴이 차지하는 중요성을 강조하며 다음과 같이 말했다. "제가 할 일을 기억하는 유일한 방법은 루틴화입니다. 어렸을 때부터 일과의 많은 부분을 루틴으로 만들었어요. 그래야 뭘 해야 할지 바로 알 수 있죠. 그러지 않으면 정신이 없어요. 어찌 보면 루틴 덕에 생활이 가능한 거죠."

아침과 저녁의 리추얼

서른둘의 재무분석가 팀은 머리맡에 둔 스마트폰을 확인하는 것으로 하루를 시작한다. 일어나자마자 밤새 온 이메일과 문자를 확인한다. 그중 몇 개에 답을 보낸 후에는 페이스북Facebook과 엑스X에 접속해 친구와 팔로어의 소식을 확인한다. 씻고 면도하고 옷을 입은 뒤에는 스타벅스에 가서 커피와 함께 '그날 당기는 것'을 골라 아침을 먹는다. 식사하며 이메일과 문자를 다시 확인하고 답을 마저 보낸 후 남은 커피와 음식을 챙겨서 차를 몰고 직장으로 향한다.

배우자와 사별한 일흔넷의 전직 교사 수전은 잠에서 깨자마자 하는 일부터 욕실에서 하는 일, 침대 정리, 아침 식사 준비, 라디오 청취, 신문 가져오기에 이르는 세세한 아침의 리추얼을 무척 장황하게 설명했다. 이런 일상 루틴을 모두 마친 후에는 매일 35분씩 아침 산책을 한다며 이렇게 말했다 "정해진 것들을 하나하나 해나가는 한 모든 게 괜찮을 거라는 확신이 들어요. 쓸데없는 걱정을 하지 않게 해주죠."

미국의 흑인 작가 타네히시 코츠는 학교에서 폭력을 피하기 위해 행동으로 옮겼던 리추얼에 관해 이렇게 회상했다.

중학교 시절 매일 아침 일어나 등교할 때 입을 옷가지를 고르는 것은 중요한 의식이었다. 어떤 옷을 입을지, 책가방을 양쪽 어깨에 멜지 한쪽으로 걸칠지, 야구 모자의 챙을 어떤 각도로 기울일지, 바지를 어떤 식으로 입을지…. 그 모든 것이 의식이었다. 학교에 도착해 반에 들어가고 나면 또 점심시간에 해야 하는 의식이 있었다.

쉰셋의 회계사 다이앤은 저녁 식사를 마치면 보드카 113그램에 올리브 네 개와 얼음 네 조각을 넣어 마신 후 텔레비전으로 퀴즈쇼 〈제퍼디!〉를 시청하고는 잠자리에 들기 위한 리추얼을 시작한다. 다이앤은 이렇게 말한다. "이 습관은 고객에 관한 생각도, 관절염에 대한 고민도 잊게 해줘요."

쉰다섯의 간호사 비비언은 잠자리에 들기 전 행하는 사소한 의식 하나하나를 이렇게 설명했다. "우선 주방이 깨끗한지 살펴봅니다. 그릇을 다 닦아서 정리했는지, 레인지의 불이 꺼져 있는지 확인하죠. 그런 후에는 이를 닦고 허리 운동을 합니다. 다섯 가지 동작을 각각 여덟 번씩 반복해요. 그다음에는 세수하고 얼굴에는 크림을, 입술에는 바셀린을 바릅니다. 그렇게 해야 긴장이 풀리고 잠이 와요."

결혼 20년 차의 40대 부부 몰리와 에번은 집에서 잘 때는 물론 캠핑이나 호텔에서도 늘 각자 정해진 쪽에서 잔다. 이에 관해 에번은 다음과 같이 말한다. "잘 때 몰리가 제 왼쪽에 있으면 어색할 것 같아요. 그럼 아마 잠을 설치겠죠."

대부분의 사람들은 기상이나 취침 같은 일상의 루틴을 수행할 때

다음 할 일을 고민하지 않는다. 루틴은 거의 자동으로 수행되며, 우리는 그것을 수행하는 동안 편하게 딴생각에 빠진다. 많은 이에게 독서도 기상이나 취침 같은 의례다. 집에서 책을 읽는 장소와 시간은 대부분 일종의 루틴처럼 정해져 있다. 가장 좋아하는 의자에 앉아서 책을 읽는 사람도 있고, 잠들기 전 침대에 누워 읽는 사람도 있다. 책을 읽으며 뭔가를 먹고 마시는 사람도 있고, 팟캐스트나 텔레비전, 라디오를 켜두는 사람도 있다. 그런가 하면 그냥 조용히 책을 읽는 사람도 있다. 처음부터 끝까지 순서대로 읽는 사람이 있는가 하면, 앞부분을 읽은 후 바로 맨 뒷부분을 읽는 사람도 있다. 마흔둘의 독신남 에릭은 매일 잠자리에 들기 전 책을 읽는다. 그는 자기 전 독서에 관해 이렇게 말한다. "책을 읽는 중에는 모든 잡념을 떨칠 수 있습니다. 숙면에 도움이 되죠. 대개 20분 정도 읽고 나서 잠을 청해요." 서른 살의 전업주부이자 아이 엄마인 주디 또한 자기 전에 책을 읽는다. 단, 주디는 이미 여러 번 읽은 책만 읽는다. "아는 내용이라서 마음이 편해져요. 잠이 아주 잘 오죠."

많은 사람들이 샤워라는 루틴을 수행할 때 자유롭게 딴생각을 하거나 자기도 모르게 노래를 부르고 휘파람을 분다. 스물아홉의 아이 아빠 스티브는 이렇게 말한다. "샤워할 때는 평소 여유가 없어 미뤄뒀던 생각들이 자연스럽게 떠올라요. 그래서 몸을 씻는 데 걸리는 시간보다 더 오래 샤워를 하곤 합니다."

뇌에 관한 한 연구에 따르면 우리의 마음은 늘 여러 생각을 하며 떠돌지만 루틴한 행동이나 의례화된 활동을 하는 중에는 더욱 자유롭게 방황한다고 한다. 일상 리추얼은 그런 면에서 창의와 혁신, 변화에 기여할 수 있다. 반복적이고 일상적인 운동은 뇌의 엔도르핀 분비를 촉진해 쾌감을 주고 정서적으로는 마음을 해방시킨다. 24년간 꾸준히 달리기를 해온 에밀리 골드먼은 달릴 때의 상태를 이렇게 표현했다. "러닝을 할 때면 마음이 아주 쉽고도 빠르게 일종의 무아지경 상태로 빠져드는 것을 느낀다. 이런 상태에서는 문제의 분석이나 해결이 한층 수월해진다(석사 학위 논문 내용의 거의 대부분을 장거리 달리기 중에 떠올렸다고 해도 과언이 아니다). 달리기를 할 때면 일상의 잡념은 사라지고 내게 필요한 모든 것이 그 순간 그곳에 있는 것 같은 깊은 평온함이 찾아온다."

유명인들의 리추얼

우리에게 익히 알려진 유명인들의 리추얼도 있다. 예를 들어 LA 레이커스의 농구선수 르브론 제임스는 경기 전 손에 송진가루를 잔뜩 뿌리고 나서 이 가루를 다시 허공에 뿌리는 의례로 유명하다. 테니스 스타 로저 페더러는 서브를 넣기 전 자신만의 특수한 의례를 수행하며 최대한 긴장을 푼다. 페더러는 서빙 전 양팔을 앞으로 늘어뜨리고 온 체중을 앞쪽 발에 싣는 특유의 자세를 취한다. 그는 '서브를 넣기 전 긴장을 완전히 풀어 동작을 부드럽게 하고 몸과 마음을 차분하게 한다.' 작곡가이자 지휘자인 레너드 번스타인은 공연 때마다 스승 쿠세비츠키가 선물한 커프스단추를 착용하고, 무대에 오르기 전에 단추에 입을 맞추곤 했다. 운동, 음악, 과학, 예술 등 자기 분야에서 높은 창의성을 발휘하는 이들은 대개 반복적인 연습이라는 리추얼을 통해 그 수준에 도달한다(14장 참고).

틀이 없다면

리추얼이 거의 또는 전혀 없는 경우, 또는 기대되는 리추얼이 불분명한 경우 사람들은 무엇을 해야 할지 몰라 혼란에 빠지고 심리적 자유를 잃는다. 또한 정해진 리추얼이 있었다면 누릴 수 있었을 주변의 정서적 지지도 잃게 된다. 스물여덟의 스테이시는 의례가 거의 없다시피 했던 한 결혼식에서 겪은 당황스러웠던 일을 들려주었다.

지난주에 결혼식에 갔는데 참석자 중 아무도 뭘 기다리는지, 뭘 해야 할지 몰랐어요. 신부가 임신해서 급히 결정된 결혼이었거든요. 무슨 들판 같은 곳 한가운데서 야외 결혼식으로 진행됐는데, 아무 표시도 없고 나무 한 그루 없었어요. 입구도, 웨딩아치 장식도, 음악도 없었죠. 사실 어디부터 어디까지가 식장인지도 불분명했어요. 버진로드도 따로 없어서 신부가 어느 쪽으로 걸어야 할지 모르고, 하객들은 어디에 서 있어야 할지 몰라서 우왕좌왕했어요. 결혼식이 언제 어떻게 시작될지도 알 수 없었죠. 다들 뭔가 좀 정해진 게 있었으면 하는 눈치였어요.

주례 목사님이 도착하자 모두가 조금 안심하는 것 같았어요. 목사님이 간단한 예식을 진행하는 동안에는 하객들도 어떻게 해야 할지 고민할 필요가 없었으니까요. 하지만 예식의 종료 시점은 또 애매했어요. 잠깐 음악이 나오다가 멈추고 신랑 신부가 몇 걸음 걸었는데, 버진로드가 따로 없으니 끝난 건지 아닌지 알 수가 없었죠. 모두가 우왕좌왕하며 불편했던 결혼식이었어요. 아마 정해진 의례대로 진행되지 않아서였겠죠.

우리가 죽음을 대할 때도 의례, 즉 리추얼은 큰 도움이 된다. 하지만 유산으로 인한 태아의 사망, 약물 남용 등으로 인한 낙인찍힌 죽음, 대형 참사로 인해 유해를 발견하지 못한 경우 등에는 리추얼이 없거나 부족한 탓에 어려움이 발생하기도 한다. 특히 코로나19 기간에는 일상적인 루틴에서부터 병원 진료나 출산에 관한 리추얼, 심지어 남녀 간의 만남에 관한 의례마저 사라지거나 축소되면서 많은 사람의 감각이 뒤틀렸다. 당연하다고 생각했던 리추얼이 사라지면 사람들은 명확한 사고 능력을 상실하기도 한다.

서른아홉의 사회복지사 아일린은 코로나19 기간에 시행된 봉쇄조치로 가족 모두가 익숙해져 있던 일상의 리추얼을 빼앗겼다. 딸들을 등교시키고 출근했다가 방과 후 데리러 가던 일상은 사라졌다. 대신 아일린 부부는 재택근무를 하며 종일 집에서 아이들과 함께 지내야 했다. 부부도 아이들도 기존의 생활 습관 대부분을 수행할 수 없었다. 체계도 구조도 없는 시간이 길어지며 모두 한계에 부딪혔다. 생활을 통제하기 힘들었던 가족은 마침내 일상을 다시 구조화하기 위한 노력을 시작했다. 아일린의 가족은 학업, 운동, 텔레비전 시청, 재택근무, 공동 가족 놀이 등을 위한 시간을 구체적으로 정해 일정표를 짰다. 다행히 효과가 있었고, 가족 구성원은 다시 각자의 삶에 관한 통제력과 자율성을 회복했다.

코로나19 대유행 1년 전에 은퇴한 예순여섯 살의 엘런은 이렇게 말했다.

저는 원래 일주일에 네 번은 헬스장에 갔어요. 테니스는 일주일에 두세 번, 피클볼도 한 번씩은 쳤죠. 하지만 코로나19가 유행하며 아무 데도 갈 수가 없게 되었어요. 온종일 남편과 함께 집에 있었죠. 남편은 법조인인데, 고객이나 판사를 직접 만나지 못하고 집에서 온라인으로 일했어요. 우리가 지키던 모든 리추얼이 사라졌죠. 나중엔 집에만 있는 것에 어느 정도 적응했지만, 체중이 18킬로그램이나 늘고 우울증에 걸렸어요.

리추얼과 나

나는 리추얼이 사람의 자유를 제한하는 과거의 산물이라 믿으며 자랐다. 유대인인 부모님은 난민 신분으로 미국 땅을 밟았고, 그로부터 몇 개월 후에 내가 태어났다. 어린 시절 나는 가족이 행하는 리추얼을 부끄러워했다. 부모님이 수행하는 리추얼은 집 안에서나 밖에서나 너무나도 확연히 이질적이었다.

명절이면 부모님의 이질성이 특히 더 두드러졌다. 나는 핼러윈에 친구들과 이웃집을 돌며 사탕을 받을 수 없었다. 부모님이 그런 풍습을 일종의 구걸이라고 여겼기 때문이다. 크리스마스가 돌아오면 화려한 조명으로 장식한 다른 집들과 깜깜한 우리 집이 대조를 이뤘다. 우리 동네 사람들은 유대인을 본 적도 없었고, 하누카크리스마스와 비슷한 시기에 치르는 유대교 명절에 관해 들어본 적도 없었다. 누가 봐도 남들과 달랐던 나는 어린 시절 학교와 동네에서 놀려대는 아이들에게 속수무책으로 당하기만 했다.

좀 크고부터 주변 사람들과 같은 리추얼을 수행하고 배우며 나는 상당한 자유를 얻게 되었다. 나는 주변 사람들처럼 옷을 입고 그들처럼 말하려 애썼다. 그러자 나 혼자만 달랐던 어린 시절에 비해 놀림과 배척이 확연히 줄었다. 나 자체는 똑같은 사람이었다. 다만 주변 사람들이 따르는 리추얼을 함께 수행함으로써 그들과 비슷하게 보일 뿐이었다. 그것만으로 내게는 원하는 대로 생각하고 느끼고 상상할 수 있는 자유가 주어졌다.

인류학자 마사 워드는 "무리에 섞여서 평균적이고 평범한 모습으로 남들과 똑같이 행동하기만 하면 속으로 무슨 생각을 하든 아무도 신경 쓰지 않는다"고 말했다. '미스 매너스'미국 신문에 연재되는 인기 조언 칼럼으로, 독자들이 보내오는 에티켓 관련 고민에 주디스 마틴이 '미스 매너스'라는 필명으로 답해준다'는 우리가 관습을 따름으로써 "개인의 선택에 대한 비판에서 자유로워질 수 있다"고 말하기도 했다.

부모님은 과거를 잊고 싶어 하면서도 과거의 리추얼을 버리는 것은 망설였다. 그러나 미국인이 된 나는 리추얼이라는 것은 변화를 바라지 않는 사람들, 우리 부모님처럼 과거의 관습과 사고방식에 얽매인 사람들에게나 필요한 것이라 여기며 자랐다. 나 같은 미국인, 즉 과거가 아닌 현재와 미래를 바라보는 사람에게 리추얼 같은 것은 필요 없다고 믿었다.

인류학을 공부하던 시절 나는 다른 문화권의 리추얼에 관해 읽는 것을 즐겼다. 내 첫 인류학 현장 조사는 미국 남서부의 타오스 푸에블로 인디언에 관한 것이었다. 나는 이 조사를 통해 그들이 행하는 수많은 정교한 리추얼을 목격했다. 그들은 다양한 경우에 맞춰 여러 사적인 리추얼과 공적인 리추얼을 수행하고 있었다. 푸에블로 인디언에 관해 연구하며 리추얼이라는 것이 미국의 주류 문화에 동화되지 않고 전통을 고수하는 사람들이 행하는 것이라는 나의 생각은 더욱 확고해졌다.

그런데 나는 이후 수행한 모든 인류학 연구에서 과거지향적인 사람뿐 아니라 고학력자를 포함한 모든 직종의 종사자가 리추얼을 수행한다는 사실을 알게 되었다. 북미 지역의 외과 의사들에 관한 연구에서 나는 그들이 수술실에서 행하는 복잡다단한 리추얼을 보고 깜짝 놀랐다. 그들은 모두 학력이 높고 첨단 기술에 익숙한 사람들이었다. 자신감 넘치고 명망 있는, 철저하게 과학적인 훈련을 받은 외과 의사들이었다. 그러나 그들이 마취된 환자의 몸을 중심에 두고 서로 움직임을 맞춰 정교하게 움직이는 양식화된 모습은 영락없는 리추얼의 모습이었다. 수술실의 리추얼은 멸균 영역과 비멸균 영역을 분리하는 역할을 한다. 그뿐 아니라 의료진에게 다소 장난스러운 농담을 주고받을 수 있을 정도의 심리적 자유를 주기도 한다(외과 의사들의 리추얼을 비롯한 의료 관련 리추얼에 관해서는 9장에서 자세히 살펴보자).

육군 교관에 관한 연구 또한 진행한 적이 있다. 나는 그들이 후보생이었던 시절부터 뉴저지주 포트딕스 기지의 교관이 될 때까지 연구하며 교관들의 리추얼이 지닌 목적을 깨달았다. 그것은 바로 인간의 기본적인 본능을 억누를 수 있게끔 사병들을 훈련하는 것이었다. 교관들은 자신들만의 리추얼을 통해 사병들에게 자발적으로 위험을 감수하는 법, 부대를 위해 목숨을 거는 법, 불필요한 공격성을 통제하는 법, 상관의 명령에 복종하는 법을 훈련시켰다. 그 과정에서 사병들은 동료와 진한 전우애를 쌓기도 했다. 교관들은 리추얼의 사소한 부분도 놓치지 않고 엄격하게 수행했다. 엄격한 리추얼 덕에 교관은 물론 사병들도 다음 할 일을 고민하지 않고 정해진 대로 해나가며 심리적 자유를 누릴 수 있었다(군대와 교도소에서의 리추얼에 관련된 내용은 2장에서 자세히 소개한다).

나는 현대적이고 비전통적인 사람들에게서 전통적인 사람들의 전유물로 생각했던 여러 특징을 발견했다. 전통적인 타오스 푸에블로 인디언에게서 보았던 의상, 의도적이고 양식적이며 조율된 움직임은 외과 의사, 육군 교관 같은 현대적인 미국인에게서도 똑같이 관찰되었다. 이들 각자는 고도의 기술을 사용하는 과학적이고 현대적인 배경에서 리추얼을 수행했다.

그들이 행하는 모든 리추얼은 뚜렷하지 않은 경계를 과장해 구분을 만들어냈다. 수술실의 리추얼은 멸균 영역과 비멸균 영역을 구분하고, 수술의 단계들을 구분했다. 교관들의 리추얼은 비위계적이고 자유방임적인 민간 세계와 위계적이고 충성스러운 군대 세계를 구분했다. 이 모든 리추얼은 그 수행자들에게 심리적 자유를 주었다.

이 책은 다양한 일상 리추얼과 루틴이, 리추얼 없이는 구분되지 않앗을 범주 사이의 경계를 어떻게 만드는지 설명한다. 리추얼은 행위자의 심리적 자유를 향상시킴으로써 자유롭게 생각하고 느끼고 창의적으로 상상할 수 있게 한다. 더불어 리추얼 자체에 관한 성찰을 통해 혁신하고 변화할 수 있게 한다.

이 책의 구성

이 책에 등장하는 우리 삶의 규칙은 실로 다양하다. 우리는 식탁의 에티켓, 명절 의례 등 가족에 관련된 리추얼을 살펴볼 것이다. 종교 의식이나 병원 방문의 절차에 해당하는 리추얼을 살펴보고, 군인, 죄수, 병원의 환자 같은 직업과 상태별 리추얼에 관해서도 살펴볼 것이다. 또한 임신, 출산, 사망, 장례, 애도 등의 의례에 참여하는 방식에 관해서도 알아볼 것이다.

이 책의 목적은 리추얼이 우리를 위해 무엇을 할 수 있는지 알아보는 것이다. 리추얼이 주는 심리적 안정감은 사람들로 하여금 더 자유롭게 생각하고 느끼고 상상하고 성찰할 수 있게 한다. 또한 리추얼은 인간관계, 가족 관계, 긴급 상황, 장례식 등에서 마음에 안정을 준다. 집단의 소속감을 강화하고 타인과의 갈등을 예방하거나 해소해주기도 한다. 리추얼은 심리적 자유를 강화하는 신경 및 호르몬 메커니즘을 활성화한다. 감정의 표현을 돕기도 하고 감정을 숨기도록 돕기도 한다. 또한 상징과 리듬을 이용해 소통을 돕고, 한 인물이 수행해야 하는 다양한 역할을 분리한다. 마지막으로 리추얼은 우리가 시간과 공간을 잘 탐험해 나갈 수 있도록 돕는다.

리추얼을 통해 참여자들은 의미와 가치를 공유하는 동시에 자신만의 해석과 의미를 생각해볼 자유도 얻는다. 이것이 창의성과 혁신, 변화로 이어지기도 한다. 새로운 만남이나 누군가의 죽음을 대할 때 정해진 틀이 없다면 혼란을 초래하고 심리적으로 불편해진다. 코로나19 기간에는 수많은 일상의 루틴, 습관, 의례 등이 사라지며 많은 이들의 자유가 제한되기도 했다.

나는 이 책에서 우리 삶에서 수없이 수행하고 또 지금도 몸에 자연스럽게 배어 있지만 우리가 미처 깨닫지 못하는 리추얼이 무엇인지, 리추얼이 우리에게 어떤 영향을 주는지, 그리고 리추얼의 수행이 어떻게 역설적으로 심리적 자유를 주는지 보여주고자 한다.

1부 '틀이 있어야 더 자유롭다'에서는 리추얼과 자유를 정의하고 리추얼이 어떻게 생각에 자유를 주고 일상을 변화시키며 갈등을 예방하는지 설명한다. 2부 '생로병사를 감당하는 힘'에서는 가족, 의료, 사회, 종교적 맥락에서 리추얼이 어떻게 구성원을 자유롭게 하고 신체적·정신적 건강을 돕는지 보여준다. 3부 '리추얼이 없을 때 벌어지는 일'은 대형 참사와 실종, 임신과 유산, 이성 간의 만남 등 다양한 상황에 정해진 절차가 없을 때 우리가 어떤 혼란을 겪을지, 그것이 삶에 어떤 일을 초래할지 설명하고자 했다. 4부 '인간은 항상 틀 너머를 꿈꾼다'는 리추얼이 예술, 과학, 운동 등의 분야에서 어떻게 창의성을 강화하고 혁신과 변화를 돕는지 살펴본다.

달리 명시하지 않은 한, 이 책에 등장하는 모든 인용은 저자인 나의 연구와 면담에 참여한 이들과의 개인적인 소통을 출처로 한다는 점을 밝힌다.

틀이 있어야
더 자유롭다

1부에서는 다양한 종류의 리추얼에 관해 설명한다. 풍부한 예시를 활용해 리추얼이 어떻게 우리의 행동을 제한하면서도 생각과 감정, 상상과 성찰, 질문과 혁신의 자유를 어떻게 강화하는지 살펴본다. 리추얼은 종종 과장된 방식으로 시간과 공간, 그 외 여러 불분명한 상태와 범주를 명확히 한다. 이것이 우리에게 경계를 파악하고 그 경계 안에서 허용되는 모든 일을 할 자유를 준다.

1부는 또한 강력한 제약이 존재하는 상황에서도 리추얼이 어떻게 자유를 누릴 수 있게 해주는지 설명한다. 리추얼의 상징과 리듬이 참여자의 연결성을 강화해 소통을 돕고, 역할을 분리하고, 감정을 표현하거나 숨기는 것을 돕고, 갈등이 폭력으로 번지는 것을 방지하는 과정도 살펴본다. 마지막으로 리추얼을 수행할 때 활성화되거나 비활성화되는 뇌의 메커니즘도 알아본다.

1

삶에 형식이 필요한
이유

리추얼은 세상을 정돈해준다. - 폴 스톨러

*"적절한 의식을 지켜야 하는 거야." "의식이 뭔데?" 어린 왕자가 물었다.
(…) "의식은 어느 하루를 다른 날들과 다르게 만들어주고, 어느 한 시간을
다른 시간들과 다르게 만들어주는 거야." 여우가 말했다. - 앙투안 드 생텍
쥐페리*

생각은 자유의 우주다. - 유대 속담

많은 유명 작가와 종교학자, 사회학자, 인류학자가 리추얼을 정의
하고 설명해왔다. 구글에서 리추얼이라는 단어를 검색하면 10억 건
이상의 결과가 나온다. 아마존에 등록된 리추얼 관련 서적은 5만 권
이 넘는다. 이 책에서 사용되는 중심 단어인 '리추얼'에는 우리의 일
상을 지배하는 루틴을 비롯해 에티켓, 관습적 절차, 습관, 관례, 행동
규칙이나 지침, 의식 등이 포함된다. 이 책에서 리추얼은 '개인적 의

미를 담아 정기적이고 반복적으로 수행하는 일련의 행위'를 말한다.*
다양한 종류의 리추얼을 순서대로 정리해보면, 한쪽 끝에는 평범하
고 일상적인 루틴과 습관이 놓이고, 다른 쪽 끝에는 가장 열광적이고
도취적인 의식과 황홀경이 놓인다.

루틴 ▶ 습관 ▶ 관습적 절차 ▶ 에티켓 ▶ 규칙과 지침 ▶ 의식 ▶ 황홀경

루틴으로서의 리추얼은 우리의 일상생활을 채울 뿐 아니라 우리
가 서로를 대하는 지침이 된다. 시간과 공간, 관계에서의 일관성과
질서를 유지하기 위해서는 일정한 틀이 필요하다. 타인과 상호 작용
을 조정하기 위해서도, 서로 교류하고 협력하기 위해서도, 성인이 갖
는 대부분의 사회적 역할을 수행하기 위해서도 모두가 합의한 규칙
이 필요하다. 엄마와 아기, 남편과 아내, 가족 간의 상호 작용에도 일
정한 리추얼이 있다. 자녀 양육, 식사, 취침, 기상도 마찬가지다. 가
장 개인적이고 은밀한 사생활인 성생활을 하는 데도 서로 간에 주고
받을 규칙이 있어야 한다. 타인의 반응을 예측할 때도 우리는 다양한
신호를 필요로 한다. 이 모든 정해진 규칙, 신호, 루틴, 틀을 하나로
묶어 표현한 것이 리추얼이다.

* 강박 행동에서 나타나는 리추얼은 보통 사적이지만 그것이 과장된 경계를 만들어낸
다는 점에서는 공적 리추얼과 유사성을 지닌다. 단, 강박 행동자의 리추얼이 만드는 경
계는 공유된 범주 사이의 경계가 아닌 개인의 생각과 감정 사이의 경계다.

리추얼은 무엇인가?

◇◇◇

일반적으로 리추얼이라고 하면 행사나 의식 등을 떠올리는 사람들이 많다. 여기에는 미사, 세례, 바르미츠바유대교의 성인식 등 종교적 의식과 추수감사절 퍼레이드, 대통령 취임식, 공적인 인물의 결혼식이나 장례식 등 세속적 의식이 포함된다. 우리는 또한 명절의 식사나 새해의 시작, 독립기념일의 불꽃놀이 구경, 가족의 생일 축하, 유월절 등 전통적 축하 의식을 리추얼로 보기도 한다. 그런가 하면 판사가 법정에 입장할 때 기립하고, 국가의 유공자 묘에 화환을 바칠 때 묵념하고, 사병이 장교에게 경례하는 것 또한 리추얼로 인식한다. 종교의식을 비롯한 이러한 명백한 리추얼에는 인류학자 토머스 초르다스가 '신체적 주목'이라고 설명한 속성이 존재한다.

그런데 대부분이 깨닫지 못하지만, 사실 우리는 일상에서 끊임없이 리추얼을 수행하고 있다. 아침에 일어나서 늘 하는 행동들도 리추얼에 속한다. 다만 우리는 이것을 리추얼로 인식하지 않는다. 너무나도 당연히 여기기 때문이다. 리추얼은 우리의 일상적인 행동에 내재해 있기 때문에 대개 자신이 리추얼을 수행하는 중이라는 사실을 인식하지 못한다. 그러다 그것을 하지 못하게 되었을 때 오히려 낯설게 느끼며 마침내 깨닫는다. 리추얼이 원래의 방식대로 수행되지 않거나 기대했던 리추얼이 아예 수행되지 않으면 우리는 불편함을 느낀다. 좋아하는 찬송가의 멜로디가 갑자기 바뀌었다고 생각해보자. 식탁에서 음식이 다 차려지지도 않았는데 갑자기 누군가가 혼자 식사를 시작한다면 어떨까? 프로야구 경기에서 국가 연주가 갑자기 사라진다면? 분명 뭔가 불편한 감정과 함께 '이게 아닌데…' 하는 생각이 들 것이다. 갑자기 바뀐 멜로디에 놀라 "곡조가 틀렸다"고 말하거나 혼자서 식사를 시작한 사람에게 "그러면 안 돼"라고 말할 것이다.

리추얼의 변화는 혼란을 불러온다. 다음은 주디스 클라인펠트의 경험이다.

> 아래층에 있던 아들의 침실을 남편의 옷방으로 바꿨어요. 그런데 이상하게 언제부턴가 남편도 저도 서로에게 짜증이 늘더라고요. 도무지 이유를 못 찾고 그렇게 지내다가 문득 깨달았어요. 사실 저희에겐 일종의 규칙이 있었거든요. 위층의 옷방을 함께 쓸 때는 제가 먼저 퇴근해도 남편이 집에 올 때까지 기다렸다가 함께 옷을 갈아입으며 그날 있었던 일들에 관한 이야기를 나누곤 했죠. 그런데 남편의 옷방을 따로 만드니 그렇게 할 수가 없어서 소통이 부족해졌던 거예요.

코로나19 기간 동안 삶의 거의 모든 영역에서 너무나도 많은 리추얼이 사라지거나 급격히 달라졌다.

리추얼은 뇌에 어떤 영향을 주는가?

일상 리추얼을 수행할 때와 종교적 의례나 황홀경 리추얼을 수행할 때 활성화되는 뇌의 영역은 각각 다르다. 반복적인 루틴이나 습관의 경우 뇌 기저핵의 후방 배외측 선조체(구체적으로는 우측 후방 조가 비핵과 창백핵)가 활성화된다. 루틴이나 자동화된 습관은 암묵적·절차적 기억에 저장된다. 황홀경을 제외한 거의 모든 리추얼, 즉 습관, 루틴, 의식 등을 수행하는 동안에는 대뇌 피질 또한 활성화된다. 일부 치유 리추얼이 참여자 간의 애착과 유대감을 강화한다는 증거도 존재한다.

종교적 의례와 일부 의식, 황홀경은 감정을 담당하는 편도체를 활성화한다. 종교적 의례는 세로토닌과 노르에피네프린, 옥시토신을 비롯한 뇌의 신경전달물질 분비를 촉진하고, 이런 신경전달물질은 내인성 오피오이드를 분비하는 변연계와 기저핵, 소뇌를 자극한다. 종교적 의례는 규칙적이고 예측 가능한 리듬으로 우리 뇌를 편안하게 만든다. 대부분의 종교의식에는 묵상, 경전 읽기, 노래하기 등 예측 가능한 공통 요소들이 포함되어 있다. 신과 내세에 관한 사색은 신경세포에 긍정적인 메시지를 전달하고 마음을 평화롭게 만들어 뇌의 휴식을 돕기도 한다.

우리는 왜 리추얼의 중요성을 부정할까?

리추얼을 거부하는 이들이 대표적으로 꼽는 리추얼은 전통적 관습에 속하는 의례와 의식들이다. 현대 사회에서는 많은 사람들이 일부 국가적 의식과 종교적 행사를 제외한 의례를 탐탁지 않게 여긴다. 예로부터 내려온 의례를 무시하고 그 중요성을 등한시하는 것이다. 그런 리추얼이 자유를 구속하고 우리를 과거에 묶어두려 한다고 생각하는 사람도 많다. 전통을 수행하는 사람들을 정해진 대로 무비판적으로 움직이는 로봇 같은 존재로 보기도 한다. 우리가 흔히 하는 "그냥 의례적인 거야"라는 말에는 의례란 것이 조만간 사라져야 할 하찮고 사소한 행동이라고 폄하하는 인식이 깔려 있다. 많은 사람들이 의례가 낡고 시대에 뒤떨어진 행동을 상징한다고 생각하며, 처치 곤란한 과거 유물로 여긴다.

우리는 과거의 잘못된 관습과 제도로부터 해방되어 자유를 누리고 있다. 또 변화와 개선, 혁신의 힘을 지닌 미래의 중요성을 믿는다. 그런 의미에서 전통적 의례는 자유라는 개념과 어울리지 않는다. 정해진 움직임을 반복하는 리추얼이 자유를 가져올 수 있다는 말은 선뜻 받아들이기 어렵다. 우리는 '대체 어느 부분이 자유롭다는 거지? 의례 안에 어떤 자유가 있을 수 있다는 거지?'라는 질문을 던진다.

사실 리추얼을 대하는 우리의 태도는 양가적이다. 우리는 전통의 굴레에서 벗어나고 싶어 하면서도 그것이 주는 풍부한 상징성과 전통에 속하고 싶어 한다. 자유를 소중히 여기는 이들은 리추얼이 자유를 제한한다고 믿는다. 자신을 교양 있고 세련된 존재로 여기고자 하는 이들은 리추얼을 고수하는 사람을 단순하고 무식한 존재로 치부하려 한다. 많은 사람들이 새로운 전통을 발명하는 혁신가가 되길 희망한다. 이들의 눈에 기존 전통을 지키는 사람은 그저 수동적인 사람이다. '새 전통을 만들면 되는 세상에서 누가 옛 전통을 바랄까?'라는 부제를 달고 한 유명 저널에 소개된 어느 기고문은 기존의 리추얼을 시대착오적인 전통으로 보는 우리의 시각을 담고 있다. 그럼에도 우리는 매일의 일상에서 그것이 리추얼인지도 모른 채 많은 리추얼을 수행한다. 인류학자 메리 더글러스는 다음과 같이 주장했다. "리추얼은 지금까지 지속적으로 폄하되기만 했다. 이제 리추얼의 의미를 다시 파악하고 그 창의적 잠재성을 이해해야 할 때다."

시대와 함께 변화하는 리추얼

우리는 부모나 조부모 세대에 비해 리추얼을 훨씬 적게 수행하고 있다. 특히 전통 의식의 경우 더욱 그렇다. 과거 흔히 볼 수 있었던 공동체 리추얼 중 상당수가 사라졌다. 오늘날 우리에게 익숙한 리추얼은 루틴이나 관습적 절차, 에티켓, 습관, 행동 규칙이나 지침 같은 사적이고 개인적인 것이다.

미국의 경우 20세기 이전까지 구애, 결혼, 탄생, 죽음 등 인생의 대소사를 기념하는 리추얼이 광범위하게 존재했다. 청교도주의를 비롯해 다양한 종교적 배경을 지닌 미국인의 조상들은 여러 정교한 리추얼을 수행했다. 이민자들의 리추얼은 그들이 미국으로 가져온 정체성의 중요한 일부가 되었다. 사회적 교류 속에서 그중 일부는 다른 미국인들에게 수용되었다. 19세기 독일 이민자가 들여온 크리스마스트리나 산타클로스, 부활절 토끼가 그 예시다. 크리스마스 풍습은 미국에 사는 다른 많은 이에게 명절이라는 리추얼로 받아들여졌다.

지금과 비교해 관계가 더 긴밀했던 과거의 공동체에서는 공동체 리추얼이 유대감을 강화하는 역할을 했다. 그러나 제1차 세계대전과 제2차 세계대전이 많은 것을 바꿔놓았다. 남성들이 군에 징집되며 여성들은 새로운 역할을 맡아야 했다. 오랜 세월 같은 지역에 뿌리

내리고 살아가던 대가족은 여러 이유로 이동해야 했고, 이런 지리적 분산은 공동체의 구성을 바꿔놓았다. 20세기에 나타난 이 모든 변화는 리추얼의 변화를 불러왔다. 많은 리추얼이 과거의 공동체성과 정교함을 잃고 개인화되었다. 한편 과거의 리추얼이 사라진 자리에는 현대의 기술을 활용한 새로운 공동체 리추얼이 생겨나기도 했다. 대규모 콘서트나 음악 축제 등도 여기에 해당한다.

20세기 중반 이후, 개인적인 필요와 상황이 공동체의 필요보다 중요하다는 인식이 널리 퍼지게 되었다. 그 결과 현대 사회에서 의식으로서의 리추얼은 과거에 비해 간소화되었다. 이렇듯 그 규모와 중요성이 축소되기는 했지만, 리추얼은 여전히 우리의 삶에 중대한 영향을 주고 있다.

리추얼이라는 틀과 자유의 관계

◇◇◇

나는 이 책에서 리추얼이 우리에게 자유와 견디는 힘을 준다는 사실을 이야기하고자 한다. 내가 이런 이야기를 할 때 사람들은 정해진 대로 행동해야 하는 리추얼에서 어떻게 자유를 누린다는 말인지 의문을 표한다. 의례 속의 자유라는 말이 모순적으로 느껴질 수도 있다. 그러나 이 책에서 말하는 자유는 마음의 상태, 즉 거리낌 없이 생각하고 상상하는 심리적 자유로, 사적이고 내적이며 주관적이고 지적인 마음의 상태다.

자유는 미합중국 헌법 권리장전에 명시된 최상의 가치다. 구글에 자유(freedom)라는 단어를 검색하면 20억 건 이상의 결과가 나온다. 하지만 자유는 흔히 제한으로부터의 자유, 행동의 자유라는 의미로 사용된다. 이 책에서처럼 내면의 자아가 느끼는 심리적 자유라는 의미로 사용되는 경우는 드물다.

철학자, 정치학자, 인류학자, 심리학자를 비롯한 수많은 학자가 자유의 의미와 그것이 인류에 미치는 영향에 관해 토론을 벌여왔다. 철학자인 바뤼흐 스피노자는 "인간은 그 어떤 상태에도 자유로울 수 있다"고 주장했다. 심리학자 브루노 베텔하임은 자유를 '스스로를 다스릴 수 있는 인간의 내적 능력'이자 '내적 확신의 조용한 발현'으로 정의했다. 심리학자 롤로 메이는 "인간으로서 상상하고 생각하고 의문을 갖고 의식하는 우리의 능력은 모두 일종의 자유"라고 주장했다. 메이는 "마음의 영역에는 한계가 없다"고 주장한 철학자 버트런드 러셀을 인용해 자신의 주장을 뒷받침하기도 했다.

인류학자 브로니슬라브 말리노프스키는 제약 속의 자유에 관해 이렇게 말했다. "자유는 본질적으로 자신에게 잘 맞는 구속을 받아들이는 것이다. 자유는 제약이나 의무, 책임, 법의 부재가 아니며, 결코 그렇게 될 수도 없다." 작가 리처드 파워스는 이렇게 주장하기도 했다. "제약은 우리를 해방시킨다. 제약 없이 뭐든 할 수 있을 때는 어디로 가야 할지 알 수가 없다. 그러나 내용에 맞는 형식을 찾으면 무한한 가능성이 열린다. 가능성의 윤곽을 제한할수록 그 윤곽선 안쪽을 채울 가능성은 더 풍부해진다."

이것이 내가 말하고자 하는 자유의 진짜 모습이다. 심리적 자유 상태에서 마음은 자유롭게 방랑하며 다양한 이미지와 목소리, 생각, 느낌을 자연스럽게 생성한다. 연구에 따르면 리추얼은 마음의 방랑을 촉진한다. 집중이 필요한 작업을 수행할 때보다 리추얼처럼 루틴화된 작업을 수행할 때 마음이 더 자유롭게 방랑한다는 것이다.

어느 방향으로든 갈 수 있다는 것은 길이 없다는 뜻이다

자유는 무한하지 않다. 내적 자유조차도 결코 전적일 수는 없으며, 언제나 어느 정도 제약이 존재한다. 심리적 통제의 부재가 오히려 혼돈을 초래할 수 있다. 인류학자 도로시 리는 "무한한 자유는 혼돈과 두려움을 부른다"고 말했다. 도교에서는 "모든 길이 열려 있다면 길이 없는 것과 같다"고 한다.

완전한 자유는 불가능한 꿈이지만, 어디든 '자유의 틈새'라는 것은 존재한다. 이 틈새는 거의 모든 상황에 존재할 수 있다. 행동에 엄격한 제약을 받는 수감자들도 심리적 자유를 느낄 수 있다. 시인 프레더릭 랭브리지의 작품에는 다음과 같은 구절이 등장한다. '두 남자가 창살 너머를 바라본다. 한 명은 진흙을 보고, 다른 사람은 별을 본다.' 공포와 불신이 만연한 전체주의 사회에도 자유의 틈새는 존재한다. 작고 비밀스러운 이 자유의 틈새에서는 정부에 대한 반대와 저항, 조롱이 이루어진다.

심각한 질병으로 죽음을 마주한 이들도 자유의 틈새는 누릴 수 있다. 역사학자 토니 주트는 근위축성측색경화증, 즉 루게릭병으로 목

아래가 마비된 채 생활했다. 세상을 떠나기 여드레 전, 그는 자신이 누린 자유에 관해 설명했다. 그는 다른 사람들과 대화하그 논문의 내용을 받아쓰게 할 수 있었다. 혼자 있을 때면 쓰고 싶은 글의 내용을 떠올리거나 '머릿속에서 기억의 성을 지을 수도 있었다.' 마찬가지로 루게릭병을 앓은 스티븐 호킹도 "내 마음속에서 나는 자유롭다. 자유롭게 우주를 탐험하고 거대한 질문을 던질 수 있다"고 말한 바 있다.

여성이 남성에게 종속된 사회에서도 여성들을 위한 자유의 틈새가 존재한다. 관찰자의 눈에는 여성에게 자유가 전혀 없는 것으로 보이지만, 그들에게도 심리적 자유의 틈새가 있다. 인류학자 캐서린 유잉은 남편이 아내를 '성적 즐거움을 위한 소유물'로 여기고 시어머니가 살림의 사소한 부분까지 참견하는 파키스탄의 여성들에게도 '정신의 자율성'이 있다고 설명했다.

중국 문화를 연구한 키스 맥마흔은 많은 여성이 일부다처제 속에서 생활하고 하녀, 첩, 매춘부로 팔려 가던 문화권에서도 심리적 자유를 누릴 수 있었다고 주장했다. 맥마흔은 이들 여성이 일관되게 누린 심리적 자유를 개인적 주체성이라는 용어로 설명했다.

자유를 느끼고 있는지 어떻게 알 수 있을까?

◇◇◇◇

누군가가 자유를 느끼고 있는지를 타인이 판단하기는 매우 어렵다. 내면의 감정 상태나 경험의 의미는 타인은 물론, 때로 자기 자신도 쉽게 접근할 수 없는 영역이기 때문이다. 언어는 대개 내면적 상태나 감정 상태를 표현하기에 충분하지 않다. 우리가 리추얼을 수행하며 타인에게든 스스로에게든 "자유를 느끼고 있다"고 말하는 경우는 드물다. 어떤 제약 속에서 "기분이 어떠냐"는 질문을 들었을 때 실제 자신이 느끼고 있는 감정이나 내면의 상태를 제대로 설명하는 사람도 드물다.

한 사람의 내면적 상태를 이해하는 일은 불가능에 가깝다. 니콜로 마키아벨리는 "나는 웃지만 웃음은 내 안에 있지 않다. 나는 불타지만 그 불길은 밖에서는 보이지 않는다"고 말했다. 리추얼을 수행할 때 느끼는 마음의 자유에 관해 아프리카의 냐쿠사 부족은 "당신은 내 마음속 생각을 볼 수 없다"고 말하기도 했다. 인류학자 로드니 니덤은 리추얼 행위자의 실제 '내면 상태' 즉 행위자의 감정과 신념을 파악하는 것은 불가능하다는 점을 지적했다. "특정 상황에 맞는 타당한 내면 상태에 관한 규정을 이끌어내는 것은 종종 가능하다. 그러나 리추얼 수행자가 실제 그 상태에 있는지 확인할 구체적인 방법은 없다. 규정된 내면 상태에 도달하더라도 행위자가 그 상태를 벗어나 또 다른 감정에 사로잡힐 가능성이 존재하기 때문이다." 이를 바탕으로 니덤은 다음과 같은 결론을 내렸다. "리추얼 행위 그 자체로는 리추얼 수행자가 특정한 신념에 대해 특정한 태도를 지녔는지 여부를 파악할 수 없다."

결국 심리적 자유의 존재 여부는 유추할 수밖에 없다. 이는 타인에게뿐 아니라 자기 자신에게도 마찬가지다. 외부인의 눈에 자유가 없는 것처럼 보여도 리추얼에 참여하는 사람은 상당한 자유를 느끼고 있을 수 있다. 수술실에서 근무하는 간호사를 예로 들어보자. 수술실의 간호사는 순환간호사와 소독간호사로 나뉜다. 소독간호사는 집도의의 요청에 따라 정해진 방식대로 정확한 기구를 건네는 등의 역할을 한다. 순환간호사의 경우 소독간호사보다 독립적으로 움직이며 어느 정도는 자신의 재량에 따라 다수의 업무를 수행한다. 그런데 간호사들은 더 큰 자유를 누리는 것으로 보이는 순환간호사보다는 자유가 제한되어 있는 듯한 소독간호사 업무를 선호한다. 수술실 업무에 관한 질문에서 소독간호사와 순환간호사 모두 "간호사에게는 집도의의 요청이 있기 전에 예측함으로써 행동할 자유가 어느 정도 있다"고 답했다.

종교의식 같은 경우에도 관찰자의 눈에는 자유가 극도로 제한된 상태로 보일 수 있다. 그러나 그 의식을 수행하는 사람들은 대부분 자유를 느낀다. 그들은 자신이 지닌 심리적 자유 안에서 마음껏 생각하고 상상한다.

우리 일상은 루틴, 에티켓, 관습적 절차, 행동 규칙이나 지침, 습관, 의식 등 다양한 리추얼로 채워져 있다. 리추얼은 시간, 공간, 관계에서 일관성과 질서를 유지하고, 다른 사람과 함께하는 삶을 자연스럽게 조정할 수 있게 해준다. 리추얼이라는 틀은 구속적이고 제한적일 수 있으나, 그 안에는 심리적 자유가 존재한다.

여기서 말하는 자유는 행동의 자유가 아니다. 리추얼 자체가 행동을 규정하기 때문이다. 우리가 말하는 자유는 사적이고 내적이며 주관적이고 지적인 마음의 상태다. 그것은 어떤 영역에서 거리낌 없이 생각하고 느끼고 생각하고 상상하는 심리적 자유다. 다음 장에서는 '자유의 틈새'가 나타나는 다양한 예시를 통해 리추얼이 어떻게 자유를 누리게 해주는지 살펴보자.

2

틀이 어떻게
자유를 제공하는가?

정해진 루틴을 차례로 수행하는 행위에는 미학적이고 정서적인 즐거움이 있다. - 주디스 마틴(미스 매너스)

구속은 우리를 해방한다. - 장 이브 펠레그랑

일상의 사소한 일들을 자동화해 처리하면 여기에 사용할 정신력을 우리가 해야 할 본연의 일에 자유롭게 사용할 수 있다. - 윌리엄 제임스

우리는 어떤 틀에 갇혀 있다고 느낄 때, 하고 싶은 걸 당장 할 수 없을 때, 행동이 제한될 때 자유롭지 못하다고 말한다. 하지만, 아무런 틀 없이 무엇이든 마음껏 하라고 하면 과연 자유를 느낄까? 저녁에 자고 아침에 일어나며 아침, 점심, 저녁 정해진 시간에 식사를 하는 대신 매일 하고 싶을 때 하라고 하면 자유를 느낄까? 아마 며칠은 자유롭고 행복할 것이다. 하지만 그런 상황이 계속되면 언제 밥을 먹어야 할지, 언제 잠을 자야 할지 매번 생각하고 고민하면서 점점 속박을 느끼거나, 아니면 원래의 틀 안으로 돌아갈 것이다. 이는 사람이 틀 안에 오랫동안 있었던 습성 때문이 아니다. 기본적인 욕구들을 기본적으로 처리하게 될 때, 인간이 그것을 고민할 시간에 다른 생각들을 더 자유롭게 할 수 있게 된다는 것을 오래전에 깨달았기 때문이다.

종교의식 속의 자유

◇◇◇

예배 등 종교적 의식을 수행할 때는 대개 정해진 동작과 노래, 기도를 한다. 정해진 대로 열심히 따라 하는 신자들을 두고 아무런 자유를 느끼지 못하는 리추얼의 노예라고 생각하는 사람도 있을 것이다. 그러나 종교의식에 참여하는 사람들에게 자유를 느끼는지 묻는다면, 그 대답은 확실히 '예스'다. 심리학자 쉬나 아이엔가는 아홉 개 종교 600명의 신도를 대상으로 연구를 실시했다. 철저한 신앙생활을 하는 이부터 비교적 느슨한 신도까지 아우른 이 연구에서 아이엔가는 독실한 신자에게서 다음과 같은 사실을 발견했다. '그들은 수많은 규칙 안에서 오히려 더 큰 권한을 느끼는 것으로 보였다. 종교로 인해 많은 선택권이 박탈된 상태에서도 그들은 삶에 대한 통제력을 강하게 느끼고 있었다.'

예배에 정기적으로 참석하는 사람들이 모두 예배에만 집중하지는 않는다. 외부인의 생각과 달리 종교의식에는 영적 측면만 있는 것도 아니다. 물론 영적 측면이 많은 부분을 차지하지만, 예배 참석자 중에는 여기에 사용되는 음악이 좋아서, 동료 신도와 함께 하는 시간이 좋아서 오는 사람도 있다. 또한 이들은 예배에 참석하며 영적 경험과 더불어 마음의 방랑이 주는 자유를 경험하기도 한다.

매주 일요일 아침 미사에 참석하는 천주교 신자 짐에게 기도할 때 어떤 생각을 하는지 물었다. "사실 처음에는 딴생각이 꽤 많이 나요. 진행 중인 프로젝트를 생각할 때도 있죠. 그래도 시간이 좀 지나면 결국 미사에 집중하기 시작합니다." 매주 일요일 성당에 가는 이유를 묻자 짐은 아내와 아이들, 그리고 다른 교인들을 위해 그렇게 한다고 답했다. 짐은 집에서 기도할 때도 있고 성당에 가서 기도할 때도 있지만, 대개 성당에서 기도할 때 마음이 더 자유로워진다고 말했다.

매주 유대교 회당에 가는 실비아에게 안식일 예배에 갈 때 어떤 생각을 하는지 물으니 이렇게 답했다. "사실 저는 예배보다는 사람들 때문에 가요. 거기 있는 사람들이 내 친구고, 친구들과 함께 있으면 좋으니까요." 성공회교 신자 칼은 예배에 집중하다가도 문득 '오늘 저녁은 뭘 먹지?'라는 생각이 들기도 한다고 털어놨다. 조이스 캐럴 오츠는 "예배석의 지루함 속에 얼마나 많은 이야기와 시가 솟아났던 가" 하고 회고하기도 했다.

갈릴레오는 피사 대성당에서 매주 미사를 드렸다. 그는 미사 때마다 약 9미터에 달하는 줄에 매달린 커다란 청동향로가 좌우로 왕복하는 모습을 보았다. 그러던 어느 날 기도를 드리다가 향로의 왕복에 드는 시간을 계산해본 갈릴레오는 움직임이 크든 작든 그 시간이 일정하다는 사실을 깨달았다. 그렇게 갈릴레오는 진자운동을 시간 측정에 활용할 수 있다는 사실을 발견했다.

일부 미국의 후기성도교회_{모르몬교} 신도는 예배를 드리는 사원에 관해 이렇게 말한다.

사원은 가장 큰 지적·영적·정서적 창의성을 주는 공간이다. 주로 신앙을 지키는 이들이 이러한 창의성을 경험하지만, 파문을 당해 더 이상 신도가 아닌 이들도 유사한 경험을 한다. 성전이라는 공간과 리추얼이라는 틀 속에서 사유해온 경험은 이들에게 생각할 수 있는 공간을 열어준다.

여러 종교의 예시가 보여주는 바와 같이 경건한 의식을 수행하고 경전을 암송하며 정해진 대로 앉고 일어서고 박수를 치면서도 신도들은 자신이 자유롭다고 느낀다.

군대 안에서의 자유

◇◇◇

모든 조직 중에서 규율이 가장 빡빡한 곳이 어딜까? 아마 많은 사람들이 군대를 꼽을 것이다. 군대 조직에는 수많은 규정된 리추얼이 존재한다. 군대의 리추얼은 활동의 시간을 정하고 조직 내 위계를 정한다. 또한 의무적인 행동과 허가된 행동, 금지된 행동을 규정하는 역할을 한다. 제2차 세계대전 당시 서른의 나이로 징집된 저널리스트 로스 파멘터는 다음과 같은 기록을 남겼다. '신병훈련소에서 보낸 나날은 내 인생에서 가장 행복했던 시절로 언제까지나 기억될 것이다. 당시 내가 느낀 기분은 거의 환희에 가까웠다. 너무나도 큰 자유가 느껴졌기 때문이다. 태어나서 가장 많은 구속을 받은 시기였고, 신체적으로도 가장 큰 불편을 느낀 시기였다. 그러나 내가 느낀 환희의 감정은 계속되었다.' 수많은 제한과 구속에도 불구하고 파멘터는 처음 입대해 신병훈련을 받을 때부터 자유를 느꼈다고 회상했다. 그는 군인으로 생활하며 그 후로도 수많은 제약을 경험했지만 여전히 자유로웠다고 말했다.

파멘터는 자신이 자유를 느낀 이유를 생각해보았다. 그는 민간인의 삶과 군인으로 사는 삶을 나눈 경계에서 그 답을 찾았다. 과거 자신이 민간인으로서 지녔던 의무와 애착으로부터 분리되고 멀어짐으로써 그 자유가 가능했다며 이렇게 회상했다. '거친 일과 육체적 노동이 나를 고민 상태에서 벗어나게 해주었다. 무엇을 입을지, 무엇을 먹을지 같은 가장 간단한 고민에서도 나는 해방되었다.'

참호 속 병사들은 리추얼이 준 심리적 자유와 위안에 관해 말했다. 팀 오브라이언의 소설 《그들이 가지고 다닌 것들》에는 다음과 같은 내용이 등장한다.

노먼 보커와 헨리 도빈스가 매일 저녁 어두워지기 전에 하곤 했던 체커 게임이 기억난다. 체커 게임은 그들에게 하나의 의식이었다. 그들은 참호를 파고 게임판을 꺼내 하늘이 분홍색에서 보라색으로 변하는 동안 조용히 길고 긴 게임을 즐겼다. 그들의 체커 게임에는 휴식과 질서가, 사람을 안심시키는 뭔가가 있었다. 게임판은 반듯한 격자 모양이었다. 터널도, 산도, 정글도 없었다. 자신이 서 있는 곳이 어딘지 알 수 있었고, 자신의 점수도 알 수 있었다. 그곳에는 규칙이 있었다.

프리메이슨 리추얼 속의 자유

중세의 길드에서 시작된 프리메이슨은 세계에서 가장 오래된 사교 단체다. 그만큼 엄격한 전통을 가졌으며, 회원으로 가입하는 것 역시 엄격한 과정을 거친다. 그 모든 것이 프리메이슨의 리추얼이다. 프리메이슨을 연구한 학자들은 단체를 하나로 묶어주는 일종의 접착제로서 그들만의 리추얼이 지니는 핵심적인 중요성을 강조했다. '프리메이슨에서 리추얼은 가르침의 통로다. 리추얼은 단원을 프리메이슨의 일원으로 인정하고 구성원 간의 유대를 강화한다. 리추얼을 통해 세계 곳곳의 구성원들과 같은 경험을 나눈다는 사실을 깨닫게 되는 것이다.'

프리메이슨의 교훈과 가치는 의례와 상징을 통해 학습된다. 프리메이슨 의례는 회합에서 특유의 분위기를 조성해 참여자로 하여금 외부 세계에 관한 생각을 잠시 미뤄두고 인간과 영혼의 위대한 진리에 집중하게 한다. 프리메이슨은 리추얼을 활용해 신성과 세속을 구분한다. 이는 종교와 비슷하지만, 어떨 때는 종교의식보다 더 강제적이다. 프리메이슨은 의례를 무척 중시해서 의례 담당 관리자와 감시자를 두기도 한다. 2001년에는 의례 보존을 위해 프리메이슨복원재단이라는 단체가 설립되기도 했다.

프리메이슨 의례에서 상징은 다양한 의미와 감정, 이미지, 기억, 생각을 동시에 표현하고 이끌어낸다. '프리메이슨의 리추얼은 중요한 질문을 제기하고 일부 요소를 의도적으로 미지의 영역에 남겨둠으로써 단원 스스로 생각할 수 있도록 유도한다.' 다시 말해, 프리메이슨 의례는 자유를 부여한다.

교도소 안에서의 자유

◇◇◇

갇힌 사람에게는 자유가 없다고 생각하기 쉽지만, 가혹한 환경이 지배하는 곳에도 자유는 존재할 수 있다. 자유를 제한하는 가장 극단적인 사례는 감옥이다. 전쟁포로나 강제수용소의 수용자, 교도소의 수감자들이 그렇다. 감옥이나 수용소의 본질은 강력한 힘으로 행동의 자유를 제한하는 것이다. 창문 없는 수감실, 쇠창살과 철조망은 그 안에 갇힌 사람의 공간을 제한하고 시간 감각을 둔하게 만든다. 간수는 수감자들의 생활을 통제한다. 그들은 수감자의 식사, 수면, 화장실 사용에 관한 규칙을 정하고, 다른 수감자와의 소통을 제한한다. 심지어 전쟁포로는 언제 풀려날지 모르는 신세다. 수감자들은 하루, 일주일, 한 달의 흐름을 제대로 느끼지 못한다. 밤낮을 구분하기 힘든 경우도 있다. 갇혀 있는 시간은 구조가 없이 모호해 끝이 없는 것처럼 느껴진다.

이러한 제한적 상황에서도 어떻게든 루틴은 만들어진다. 수감자들은 루틴을 통해 끝이 보이지 않는 불명확한 시간을 구체적이고 관리 가능한 단위로 나눈다. 물론 고문을 당하는 경우, 또는 간수의 행동을 예측할 수 없는 경우는 이러한 시도가 불가능하지만, 많은 단순 수감자들은 루틴의 실행을 통해 자유의 틈새를 만들어낸다. 일부는 가혹한 감금 상황에서도 심리적 자유를 느꼈다고 말하기도 한다. 모로코의 케니트라 중앙교도소에 수감되었던 한 인권운동가는 일기에 이렇게 적었다. "자유란 자신이 원하는 것을 믿고, 원하는 것을 생각하고, 자신이 정의롭고 진실하다고 믿는 가치를 받아들이는 것이다. 자유를 느끼고 있다면 육체가 갇혀 있든 밖에 있든 아무런 차이가 없다. 우리는 영혼이 자유로울 때 자유를 얻으며, 육체가 어디에 있든 중요하지 않다."

일부 전쟁포로와 강제수용소 수용자는 시간과 활동에 과장된 경계를 설정함으로써 심리적 자유를 얻기도 한다. 넬슨 만델라는 27년 동안 남아프리카공화국의 로벤섬에 갇혀 지냈다. 그곳에 보낸 23만 6,520시간 동안 만델라에게는 할 일이 아무것도 없었다. 그렇지만 그는 다른 수감자들과 함께 리추얼을 만들어 그 막막한 시간을 관리했다. 예를 들어 섬 안에서 사람들은 하루에도 몇 번씩 늘 마주쳤지만, 논의할 사항이 있을 때는 절대로 마주친 김에 이야기하지 않았다. 그 대신 그들은 서로 만나서 이야기를 나눌 구체적인 날짜와 시간을 잡았다. 약속을 잡는 이 의식은 다른 외부적인 시간 구분이 거의 없었던 그곳에서 시간의 경계를 만들어주었다. 이 리추얼을 통해 수감자들은 상호 관계에도 어느 정도의 자율성을 확보할 수 있었다. 만델라의 동료 수감자는 이렇게 말했다.

사람들은 감옥 생활이 지루하다고 말한다. 그러나 로벤섬에 있는 동안 아무것도 안 하며 지루하게 보내는 사람은 없었다. 다른 수감자와 만나서 이야기하고 싶을 때는 반드시 미리 약속을 잡았다. 하루 24시간 함께 갇혀 있는데도 그렇게 했고, 모두 그 규칙을 엄격히 지켰다. 불쑥 찾아가서 "잠깐 그 이야기 좀 할 수 있을까?"라고 물으면 "아니, 지금은 안 돼. 약속이 있어"라고 답했다. 나도 그 규칙을 잘 지켰다. 그런 약속이 없었다면 그곳에서의 생활은 막막하고 무의미했을 것이다.

만델라보다 훨씬 더 강한 제약을 받은 수감자들은 다른 방법으로 자유의 틈새를 찾았다. 어떤 이는 특정한 행동에 시간을 할애했고, 어떤 이는 장기적인 과제에 정신을 집중했다. 그런가 하면 어떤 이는 자발적으로 일정표를 짜서 일종의 의례처럼 운동과 기도, 수면과 명상을 했다. 아주 좁은 공간에 갇힌 수감자들도 시간의 경계를 만들어 자유의 틈새를 찾았다. 그들은 수감실의 특정 위치에서 특정 행동을 반복하는 방식으로 리추얼을 행했다. 이를 통해 그들은 시간에 관한 통제력을 느끼고 심리적 자유를 누렸다.

이스라엘의 심리학자 아미아 리블리히는 이집트 감옥에 3년간 갇

혔던 이스라엘 전쟁포로 열 명을 면담했는데, 그중 한 명이 자신의 수감 생활에 관해 이렇게 들려주었다. "하루 루틴을 정했습니다. 오전 8시에 일어나서 30분 정도 운동을 하고 수감실 내부를 돌며 1킬로미터 정도 조깅을 했어요. 그러고 나서는 시간을 정해서 명상하면서 생각에 집중했죠."

에버렛 알바레즈 주니어는 미군 전쟁포로로 북베트남 수용소에서 8년 반 동안 수감 생활을 했다. 미군 역사상 가장 긴 포로 생활이었다. 그는 수용소의 특정 공간과 시간에 관련된 리추얼을 만들고 그 공간 안에서 자유를 찾았다. 또 자신이 고안한 종교적 의례로 시간의 흐름을 의식하며 정신을 온전히 유지할 수 있었다.

도착한 첫 일요일에 수용소가 위치했던 하노이 힐튼 뒤뜰에 나만의 상상 속 교회를 짓고 기도를 드렸다. 녹슨 못으로 벽면의 모르타르를 긁어 30센티미터 남짓한 크기의 십자가를 새겼다. 그리고 중요한 명절이 돌아올 때마다 벽을 긁어 표시했다. 그러면서 주기도문과 성모송, 사도신경을 암송했다. 기도를 통해 얻은 회복력으로 길고 긴 낮과 밤을 견뎌낼 수 있었던 것 같다.

노벨상 수상 작가이자 아우슈비츠, 부헨발트 수용소 생존자인 임레 케르테스는 자신이 경험한 자유의 틈새에 관해 다음과 같이 설명했다. "구속된 상태에서도 우리의 상상력이 자유롭다는 말은 사실이다. 삽이나 곡괭이를 쥔 손을 바쁘게 움직이면서도 나는 그런 자유를 누릴 수 있었다."

사형수 신분으로 18년 넘게 갇혀 지낸 데미언 에콜스는 갇혀 지내는 동안 무슨 생각을 했느냐는 질문에 다음과 같이 답했다.

루틴을 만들어 거기에 몰두해야 합니다. 운동과 명상 같은 것을 주기적으로 하는 거죠. 그림이든 글쓰기든 뭔가 연습을 시작해야 합니다. 자신만의 세계를 만들지 않으면 정신을 놓을 수밖에 없어요. 나만의 삶을 만들어야 한다는 생각이 나를 살렸습니다. 나를 둘러싼 벽 같은 것은 생각하지 않았어요. 책에 관해 생각하며 일주일에 다섯 권 정도씩 읽었습니다. 내게 허용되는 15분 전화 통화에 관해서도 생각했죠. 그런 것들이 그 안에서 나의 세상을 만들었습니다.

2012년, 5년 넘게 독방에 감금되었던 이스라엘의 젊은 전쟁포로 길라드 샬리트는 "정신을 온전히 유지하기 위해 무엇을 했습니까?"라는 질문에 다음과 같이 답했다. "제 비결은 매일의 일정과 계획, 활동을 일정하게 유지하는 것이었습니다. 매일 같은 시간에 일어나고 잠자리에 들었습니다. 그리고 거의 매일 같은 일을 했죠. 일상의 질서를 유지하고자 했습니다."

알렉산드르 솔제니친은 스탈린 시절 시베리아의 노동교화소에 수감되었다. 가혹한 수감 생활을 그린 그의 소설 속 등장인물들은 가끔 스탈린 치하의 러시아에서 사는 것보다 감옥에 갇혀 있는 게 낫다는 말을 한다. 소설에는 한 수감자가 석방된 뒤에 이렇게 말하는 장면이

나온다.

밖에서 보기에 우리는 수용소에 갇힌 수감자였지만 사실 우리는 자유로워진 거였어. 그곳에서 우리는 생전 처음으로 생각하는 모든 것을 입 밖으로 내 큰 소리로 말할 수 있었어. 두려워하지 않고 모든 생각을 숨김없이 자유롭게 나누는 것, 그것이야말로 행복이야. 자유는 종종 그 자체로는 충분하지 않아. 감옥을 주신 신께 감사해. 감옥은 내게 생각할 기회를 줬어.

스코틀랜드 오크니 제도의 램스홀름섬에는 이탈리아 전쟁포로들이 만든 자유의 틈새가 있다. 이 포로들은 단순한 심리적 자유를 넘어 적극적인 신체적 자유를 발휘해 그들이 갇혀 있던 작은 섬의 철조망 울타리 안에서 구할 수 있는 금속 반원통과 콘크리트, 석고보드, 철제 레일 등의 자재를 끌어모아 예배당을 만들었다. 그들은 예배당 앞에 현판을 세우고 이렇게 적었다. '철조망을 두른 수용소에 갇혀 영적·육체적·도덕적으로 많은 것을 박탈당한 상태에서도 여전히 그 안에서 자유를 찾을 수 있음을 우리 자신에게, 그리고 세상에 보여주고자 한다.'

이 모든 사례는 어떤 공간에 갇혀 행동에 제약을 받는 이들도 스스로 심리적 자유를 누릴 수 있다는 점을 보여준다. 그들은 자신에게 주어진 시간과 공간을 과장된 방식으로 여러 범주로 나눔으로써 이를 달성했다.

✦ ✦ ✦

　이 장에서는 종교인, 군인, 프리메이슨 단원, 수감자 등 외부인이 보기에 자유롭지 않은 이들에게 리추얼이 주는 자유를 살펴보았다. 이들은 리추얼의 경직성과 규칙의 엄격성, 환경의 제약에도 불구하고 내면에 있는 심리적 자유의 틈새를 얻어냈다. 넬슨 만델라는 무한정 주어진 막막한 시간 속에 의도적으로 약속이라는 리추얼을 만듦으로써 자유의 틈새를 만들어냈고, 제한적인 환경에 놓인 수감자들도 여러 리추얼을 통해 내면의 세계를 구축함으로써 자유의 틈새를 개척했다.

3

일상과 비일상을
나누는 경계

리추얼은 사회적 응집의 기본적 형태다. – 에밀 뒤르켐

리추얼은 사회적 질서와 사회적 연대가 기대고 있는 정서를 재확인하고 강화함으로써 사회 또는 사회 질서를 재창조한다. – 앨프리드 레지널드 래 드클리프 브라운

1부 나머지 부분에서는 우리 삶 속의 리추얼이 지닌 다양한 순기능을 살펴보고 그것이 어떻게 심리적 자유를 강화하는지 알아보고자 한다. 리추얼은 사람들을 하나가 되게 만들고 시간과 공간의 범주를 구분해주며, 갈등이 폭력으로 번지는 것을 예방한다. 리추얼은 감정의 표현을 돕는가 하면 필요할 때는 감정을 숨기는 것 또한 돕는다. 리추얼에 제한적이고 구속적인 여러 부정적 기능도 있지만 여기서는 다루지 않는다.

달력이 시간의 리추얼이다

◇◇◇

리추얼은 범주 사이의 구별이나 경계가 불분명해 구분이 필요할 때 수행된다. 이 말이 좀 어렵게 느껴진다면 사례로 쉽게 생각해보자. 누군가가 죽었을 때 우리는 장례식을 치른다. 리추얼을 통해 달라진 범주를 구분하는 것이다. 슬픔에 빠진 사람에게 장례식 절차에 필요한 일을 진행하고 문상객을 받으라는 것이 가혹해 보일 수도 있다. 하지만 가족이나 가까운 친구가 죽었을 때 해야 할 것이 아무것도 없다면 어떨까?

범주가 불분명한 상황에서 사람들은 어떻게 행동해야 할지 알지 못한다. 혼란에 빠지고 자신의 행동에 관한 확신을 잃어버린다. 그럴 때 리추얼은 정의된 행동을 통해 모호하거나 불분명한 범주를 구분해 시작 지점과 종료 지점에 과장된 경계선을 설정한다.* 리추얼은 특정 상황에서 어떤 범주가 작동 중인지 정의함으로써 범주별로 기대되는 행동을 명확히 한다. 심리학자들의 연구에 따르면 범주의 경계가 모호할 때 우리의 심리적 대처 능력이 실제로 떨어진다고 한다.

일상적인 사회생활은 행동과 사람, 장소, 시간의 조율에 의존한다. 여기서 리추얼은 언제 어디에서 다른 사람을 만날지 예측할 수 있게 해주고, 여러 상황에서 어떻게 행동해야 할지도 예측 가능하게

---

* 흥미롭게도 정의(define)이라는 단어는 최소 세 가지 어족(인도유럽어족, 셈어족, 피노우그리아어족)에서 '경계를 만든다'는 의미를 지니고 있다.

해준다. 1909년 인류학자 아르놀드 방주네프는 리추얼로서 '통과의례'라는 개념을 소개했다. 그는 이 개념을 활용해 사회에서 한 사람의 역할과 관계를 변화시키는 일련의 리추얼을 설명했다. 성년, 결혼, 임신, 출산, 사망 등이다.

시간이나 공간, 그 밖의 다른 많은 범주에도 명확한 경계는 존재하지 않는다. 리추얼은 과장된 반복적 행동으로 시간, 공간, 상황 등 불명확한 범주에 경계를 만드는 가장 보편적인 수단이다. 리추얼은 시간과 공간, 사건을 시작과 중간, 끝이 있는 개별적인 단위로 정의해준다. 인류학자 빅터 터너는 '인간은 살아가고, 숨 쉬고, 새로운 것을 만들어내기 위해 달력 위에 공간과 시간을 창조해야만 했다'고 주장했다.

현대 사회에서는 탄생, 생일, 졸업, 성년 도달, 결혼, 은퇴, 죽음 등 상태의 변화를 의례라는 리추얼을 통해 표시한다. 크리스마스, 라마단, 콴자크리스마스와 비슷한 시기에 아프리카계 미국인이 즐기는 축제, 나팔절유대교의 신년제, 부활절, 추수감사절, 현충일 등 다양한 종교적 축일과 세속적 명절이 리추얼로 표시된다.

사람과 사람을 연결해준다

◇◇◇

연결은 리추얼의 대표적 역할 중 하나다. 다른 사람과 함께 리추얼에 참여하는 행위만으로도 집단의 일원이 되었다는 강렬한 감정이 만들어진다. 리추얼은 타인과의 일치감과 화합, 연대감과 교감을 강화한다. 사람들은 리추얼에 함께 참여한 사람에게 동류의식을 느끼는데, 리추얼을 수행할 때 활성화되는 베타엔도르핀 등 내인성 오피오이드에서 기인한 것일 가능성이 크다. 사회학과 인류학 연구 문헌 중 대부분이 리추얼이 지닌 다른 목적이나 효과보다 연결성과 소속감 형성에 더 주목해왔다.

리추얼에서 같은 상징과 몸짓, 동작을 사용하며, 다른 참여자와 소통한다고 느낀다. 마찬가지로 같은 학교를 나왔거나 같은 군대에서 복무한 사람들, 또 같은 지역 출신의 사람들이나 민족이 동질감을 느끼는 것 역시, 같은 틀 안에서 생활했던 경험이 있기 때문이다.

마흔넷의 IT 전문가 메리는 고등학교 시절 친구들과 지금껏 나눠온 리추얼이 그들의 우정을 어떻게 돈독하게 했는지 설명했다. "저희는 서로의 결혼식에 참석했어요. 아버지가 돌아가셨을 때도 친구들이 모두 장례식장에 왔죠. 생일에는 잊지 않고 축하 카드를 주고받아요. 아이를 낳은 친구에게는 선물을 보내죠. 졸업 후 22년간 크리스마스 선물도 교환하고 있어요." 이러한 리추얼은 메리가 친구들과 공유하고 있는 친밀감의 상징이다. 메리는 친구들과의 우정에 관해 이야기하며 감정을 직접적으로 묘사하지 않았다. 직접적인 표현이 없어도 친구들과 나누는 리추얼이 자신들의 우정을 상징적으로 보여준다고 생각했기 때문이다.

형의 결혼에 관한 질문을 받은 브루스는 결혼식 의례를 상세히 설명하는 것으로 답했다. 최근 어머니를 여읜 루시에게 괜찮은지 묻자 그녀는 장례식 후 일주일간 망자를 애도하는 유대교의 장례 의례를 상세히 설명하는 것으로 답했다. 그들에게 결혼식이나 추도식은 각자가 경험한 사회적 지지에 관한 상징이었다.

인류 역사에서 지난 천 년 동안 나타난 많은 집단에서 볼 수 있듯 리추얼은 집단과 그 집단의 가치에 관한 동질성을 강화한다. 리추얼은 소속감을 높여 참여자의 고립감을 낮춘다. 반대로 리추얼의 부재는 고립으로 이어지기도 한다. 익숙하지 않은 리추얼을 경험할 때도 이런 일이 발생한다. 결혼을 통해 전혀 다른 리추얼을 지닌 가족의 일원이 되는 경우, 또는 전혀 다른 전통을 가진 나라로 이주하는 경우가 그렇다. 낯선 리추얼에 적절한 참여 방법을 모르면 우리는 소외감을 느낀다. 그러다 차차 익숙해지면 공동체의 일원으로서 함께 마음껏 느끼고 상상하고 성찰할 수 있는 심리적 자유가 증가한다.

시간과 공간을 명확히 구분해준다

◇◇◇

리추얼은 계절, 요일, 주, 명절, 낮과 밤의 시작과 끝을 표시해준다. 리추얼이 주는 명확한 경계가 없다면 우리는 특정한 시간의 범주가 언제 시작하고 언제 끝나는지 분명히 알 수 없다. 예를 들어보자. 여름이나 겨울의 시작은 언제일까? 첫 더위나 첫눈이 왔을 때일까? 하지나 동지일까? 달력에 적어둔 날짜로 시작되는 걸까? 명절은 어떨까? 시계가 자정을 가리킬 때 시작되는 걸까? 아니면 명절 당일에 해가 뜰 때 시작되는 걸까?

리추얼은 한 사람이 성인이 되는 시기, 또는 결혼이나 사망 등 생애주기의 특정한 시점을 정의한다. 그런데 우리는 언제부터 '인간'으로 정의될 수 있을까? 태어난 그 시점일까? 난자와 정자가 만나 태아가 됐을 때일까? 출생 신고를 한 시점일까? 아이가 성인이 되는 시점은 언제일까? 여자아이의 경우 첫 월경 시점일까? 고등학교 졸업 시점이나 첫 직장에 취업했을 때일까? 아니면 부모의 집에서 독립할 때일까?

리추얼은 달력과 시계의 시간을 더 명확하게 해준다. 이는 주중, 주말, 종교적 축일, 낮과 밤, 계절 등 각각의 범주에 맞춰 행동할 수 있게 해주는 단서가 된다. 그 단서에 따라 사람들은 주말에는 쉬고 밤에는 자며, 명절에는 특별한 옷차림을 하거나 평소와 다른 음식을 먹는다. 사람들은 자발적으로 특별한 날에 맞는 감정의 틀에 자신을 맞추고, 그 의례를 함께 따르는 다른 이들과 덕담을 주고받는다.

하루, 한 주, 한 해, 계절, 회의 또는 식사의 시작 시점이 불분명하면 사람들은 어떻게 행동할지 모르고 혼란에 빠진다. 어떤 일의 시작과 끝을 알리는 리추얼이 없으면 참가자들은 자신에게 기대되는 행동이 무엇인지 알 수 없다. 식사의 시작이나 끝을 알리는 리추얼이 없다면 언제 식사를 시작해야 할지, 언제 자리에서 일어나야 할지 혼란이 생긴다. 들판에서 벌어진 결혼식처럼 말이다.

시간과 공간이 명확해지면 사람들은 질서를 느낀다. 행사의 시작을 알리는 의례적 선포는 참여자에게 앞으로 일어날 일에 관한 정보를 준다. 결혼식을 비롯한 세속적 행사에서는 음악으로 그 시작을 알리기도 한다. 야구 경기의 시작을 알리는 규정이 없다면 실제 경기의 시작 시점은 모호해질 것이다. 어떤 리추얼은 그 시작과 끝을 직접적인 언어로 알리기도 한다. "회의를 시작하겠습니다" "잠시 정회하겠습니다" "주목해주십시오" "대통령께서 입장하십니다" 등의 안내가 그러한 예시다. 이런 의례적 안내에 따라 참여자들은 다음에 무엇을 기대하고 어떤 행동을 취해야 할지 가늠한다.

리추얼은 아침에 일어날 때, 밤에 잠자리에 들 때, 전화를 받을 때, 문자에 답할 때, 차나 비행기에 탈 때, 손님을 맞이할 때, 모임 자리에서 떠날 때, 병원이나 치과·상점·식당에 갈 때, 심지어 성생활 같은 사적인 활동을 수행할 때도 무엇을 해야 할지 알려준다(대부분의 커플은 자신들이 사용하는 미묘한 신호, 즉 리추얼을 서로 잘 알아챈다). 시간을 명확히 정의하는 리추얼이 없다면 집이나 직장, 모임을 언제 떠나야 할지, 전화는 언제 끊어야 할지, 문자에는 언제 답해야 할지 불분명해진다. 리추얼을 통해 활동의 시작과 끝을 명확히 정의하면 참여자는 그 활동의 경계 안에서 자유롭게 행동할 수 있다.

다음으로 나아갈 수 있게 해준다

◇◇◇

우리의 대표적 일상인 가족 식사는 어떤 모습인가? 식탁에는 보통 지정된 자리가 있다. 누구의 음식을 가장 먼저 놓을지, 필요한 게 있을 때 어떻게 전달해달라고 해야 할지, 식사 자리에서 허용되는 대화 주제와 그렇지 않은 주제가 무엇인지, 식사를 마치고 언제 어떻게 자리에서 일어나야 할지 모두 알고 있다. 하지만 지인의 식사 자리에 초대받았다고 생각해보자. 자주 어울리는 사람이 아니라면 우리는 긴장하게 될 것이다. 어느 자리에 앉아야 할지, 언제 식사를 시작해야 할지, 식탁에서 다른 사람들과 어떻게 소통하는 것이 적절한지 모르기 때문이다. 이것은 우리가 그 자리의 식사 리추얼을 잘 알지 못하기 때문이다. 이렇게 리추얼에 익숙하지 않은 경우에는 다른 사람의 반응과 기대에 신경을 써야 하다 보니 익숙한 자리에 비해 심리적 자유를 누리지 못한다.

1909년 방주네프의 표현에 따르면 이는 일종의 '전환'이다. 전환은 기본적으로 변화이며, 변화는 사회의 삶과 개인의 삶에 혼란을 초래하기 때문에 조정이 필요하다고 주장했다. 방주네프는 리추얼이 변화의 부작용을 줄이고 조정을 쉽게 해준다고 설명했다.

죽음은 전환의 대표적 사례다. 사망이 선고되면 주변 사람들은 고인을 위해 여러 리추얼을 수행한다. 그들은 고인의 죽음을 인정하고 애도하는 심리적 과정을 시작한다. 의식이 끝나면 매장이나 화장을 준비하고, 망자를 땅에 묻거나 화장한 유골을 뿌리며 기도한다. 그 후에는 유족과 가까운 이들이 며칠, 몇 주, 또는 몇 년간 고인을 애도하고, 고인의 기일이 다가오면 의례를 수행한다. 고인이 묻힌 곳을 방문해 대화를 나누기도 한다.

그런데 혼수상태에 빠지거나 중증 치매에 걸려 삶과 죽음의 경계가 불분명한 경우에는 어떻게 행동해야 할지 혼란을 느낀다. 망자를 위한 죽음 의례와는 달리, 살아 있지만 예전의 모습을 잃은 사람을 위한 별도의 리추얼이 없기 때문이다. 이런 경우 주변 사람들은 죽음과 관련된 의례의 수행 시점이 다가오기 전까지 혼란을 겪는다. 유산, 주변에 사인을 알리기 어려운 죽음, 실종이나 대형 참사의 희생자도 마찬가지다. 코로나19 기간에 정해진 절차대로 장례를 치르지 못하고 화장된 경우도 그러했을 것이다. 유족과 주변 사람들은 리추얼의 부재 상태에서 고인을 애도할 자유를 잃게 된다.

외과 수술실 같은 현대적이고 과학적인 환경에서도 의료 종사자들은 여러 리추얼을 수행한다. 수술실의 리추얼이 없다면 의사와 간호사는 멸균 영역과 비멸균 영역을 쉽게 구분할 수 없고, 멸균 물체가 오염될지도 모른다는 우려에 아무것도 만질 수 없게 된다. 이런 '전환'은 코로나19 기간에 개인 보호장비의 착용이라는 리추얼로 확장되어 많은 환자를 감염으로부터 보호했다.

지금 소개한 전환의 사례들은 뒤에서 소재별로 더 상세히 살펴볼 것이다.

상징의 무한한 해석이 갈등을 줄여준다

◇◇◇

리추얼의 가장 두드러지는 특성은 바로 상징이다. 사람들은 상징을 통해 리추얼의 구체적 메시지를 넘어선 다양한 의미를 해석해낸다. 대부분의 리추얼에는 강력한 상징이 활용된다. 참여자는 그 상징을 보며 집단에 소속감을 느낀다.

의미의 부여만 있다면 무엇이든 상징이 될 수 있다. 음악, 말, 의상, 깃발, 물건, 모양, 향기, 춤이나 행진 같은 몸의 움직임 등 많은 것이 리추얼의 상징이 될 수 있다. 상징은 좁은 상황적 의미를 넘어 여러 의미와 감정, 이미지, 기억, 생각을 동시에 이끌어내고 소통한다는 점에서 강한 힘을 지니고 있다.

상징은 소속의 기쁨, 함께한다는 안도감 같은 강렬한 감정을 불러일으킨다. 또한 애국심, 신앙심, 인류의 선함에 관한 믿음 등의 생각 또한 불러일으킨다. 그런가 하면 반목하는 편의 상징은 증오의 감정을 상기시키기도 한다. 리추얼의 상징들은 참여자의 감정을 한 방향으로 일치시킨다. 마음속으로는 다른 생각을 품고 있는 경우에도 상징에 동일한 반응을 보임으로써 참여하는 다른 이에게 같은 감정과 신념, 생각을 가진 것처럼 보일 수 있다.

그러나 상징에 관한 반응에는 역설이 존재한다. 상징의 의미는 다수에 의해 공유되지만, 개인의 고유한 해석도 분명 가능하기 때문이다. 특정한 의식에서 같은 상징을 보고 같은 행동을 하면서도 마음속으로는 각자 그 상징에 관한 자신만의 이미지를 떠올릴 수 있다. 예를 들어 국기가 게양되면 우리는 모두 자리에서 일어나는 같은 행동을 한다. 그러나 마음속으로 떠올리는 이미지는 모두 다를 수 있다. 어떤 이는 전쟁에 참전했을 때의 기억을 떠올리며 격한 감정을 느낄 것이다. 학교에 다닐 때 교실에서 외우던 '국기에 관한 맹세'를 떠올리는 사람도 있을 것이다. 정치적 시위에서 훼손됐던 국기를 떠올리는 사람도 있을 수 있다.

리추얼에서 상징은 모호하며, 때로는 모순적이고 논쟁적이다. 똑같은 상징이 사람에 따라 정반대의 것을 의미할 수도 있다. 깃발, 십자가, 초승달, 국가 등은 여러 상반된 생각을 동시에 상징할 수 있다. 예를 들어 기독교의 십자가는 인류에 관한 연민이라는 종교적 가치를 상징하지만, 백인우월단체 쿠클럭스클랜Ku Klux Klan, KKK의 십자가는 소수자 혐오를 상징한다.

상징을 통한 갈등 해소

상징은 통합된 것처럼 보이게 함으로써 사회의 모순과 갈등을 가려주며, 서로 다른 신념을 가진 이들을 하나로 모아 통합과 화합에 관한 환상을 준다. 리추얼의 상징은 갈등이 마음 밖으로 표출되는 것을 방지해 폭력적 행동의 발생을 예방해주기도 한다.

이런 일은 상징이 지닌 이미지의 압축성 덕분에 가능하다. 상징은 동일성과 연결성, 화합을 강조하면서도 광범위한 해석의 자유를 허용하기 때문이다.

상징과 자유

상징은 다양한 방법으로 리추얼의 참여자는 물론 관찰자의 심리적 자유까지 향상시킨다. 상징이 지닌 단일성과 획일성, 순응성은 거기에 속하지 않은 외부인의 눈에 자유롭지 않은 것처럼 보이기도 한다. 그러나 이들의 마음속에는 그 상징에 관해 개별적으로 생각하고 해석할 자유가 존재한다.

이는 상징이 다양한 해석을 허용하며, 개인은 하나의 상징을 여러 의미로 해석할 수도 있기 때문이다. 우리는 모두 특정한 상징을 자기 삶과 연관지어 생각한다. 이로써 자기만의 방식으로 리추얼에 의미를 둘 자유를 얻는다. 이렇게 다른 의미를 가지면서도 타인과의 결합을 통해 단절과 차이, 역설과 갈등을 최소화한다. 결론적으로 상징은 현실을 재구성하고 새로운 사회적 조정을 만들어낼 수 있다.

리듬으로 동질감을 느낀다

◇◇◇

행동과 언어를 연구하는 철학자 수전 랭어는 이렇게 주장했다. "생명 활동의 가장 특징적인 원리는 리듬이다. 모든 생명에는 리듬이 있다. 리듬의 본질은 하나의 사건을 끝내고 새로운 사건의 시작을 준비하는 것이다."

지구와 태양, 달의 리듬은 빛과 어둠의 시간, 계절에 따른 기온의 변화, 하루, 한 주, 한 달, 한 해를 표시한다. 현대 사회에서 적용하는 주중과 주말의 구분은 일과 여가의 많은 활동에 리듬을 부여한다. 그리고 리듬은 생활에 질서를 부여하며, 삶을 더 규칙적이고 예측 가능한 것으로 만들어준다.

단순하든 정교하든 모든 리추얼에도 고유한 박자와 리듬이 있다.

이 고유한 리듬은 우리가 나누는 대화나 엄마와 아기의 상호 작용에도 존재하고, 부부나 친구 사이에도 존재한다. 상호 작용의 리듬은 모든 생명체의 삶의 일부로서 사건을 구분하고, 차례로 주고받는 대화나 단체 합창 또는 춤처럼 사람과 시간, 공간을 동기화한다. 리듬에 맞춘 상호 작용은 집단 정체성을 강화하는 역할을 한다.

리듬은 아기가 양육자에게 적응해 애착을 형성할 수 있게 하고, 수면-각성 주기 형성에도 영향을 준다. 유아뿐만 아니라 성인의 애착 형성에도 도움을 준다. 부부는 같은 리듬의 상호 작용을 통해 행동과 심박수의 리듬을 맞춘다. 가임기 여성들 사이에서는 자신의 주기와 상관없이 비슷한 시기에 월경을 연달아 겪는 경우가 있어 월경이 전염된다는 이야기도 종종 한다. 그런데 실제로 일부 연구에서는 여성 룸메이트 사이에, 또는 함께 생활하는 모녀 사이에 생리 주기가 비슷하게 조율되는 경우가 있다는 사실이 드러났다.

리듬이 있는 리추얼은 참여자와 관찰자 모두에게 강한 감정을 불러일으킨다. 이는 뇌의 변연계와 기저핵이 활성화되어 내인성 오피오이드 분비가 증가되며 나타나는 현상이다. 다른 사람과 같은 리듬으로 하는 행동은 혼자가 아니라는, 서로 연결되어 있다는 느낌을 준다. 이런 리추얼에서 우리는 굳이 말을 주고받지 않더라도 리듬화된 동작으로 상호 작용 의지를 소통함으로써 상대방과 더 큰 동질감을 느낄 수 있다.

종교적 충성심과 정치적 신념의 발로

◇◇◇

현대 사회에서 종교의식과 정치적 의례는 참여자에게 충성심을 심어줄 수 있다. 종교의식은 종교적 사상을 전하는 것 외에 강렬한 감정을 전달해 종교 단체에 대한 소속감을 강화한다. 스물여섯의 천주교 신자 앤드루는 미사에 참석할 때의 느낌을 이렇게 설명했다. "성당에 들어서는 것만으로도 경외감이 들며 차분해져요. 신이 저를 온통 감싸고 있는 기분이죠. 특히 영성체를 할 때는 더 그렇습니다. 신과 하나가 된 기분이에요. 제 나약함을 겸허히 인정하면서도 강해지는 느낌이 듭니다."

자칭 유대계 무신론자인 쉰하나의 네이선은 유대교 회당 예배에 참석할 때 느끼는 정서적 효과에 관해 다음과 같이 말한다. "회당에 가면 평온하고 평화로워요. 나와 같은 사람들과 함께 있다는 기분이죠. 내가 아는 기도문에 집중하면 그날 하루 나를 괴롭게 했던 모든 일을 잊을 수 있습니다. 평온함을 얻을 수 있죠." 종교의식은 특히 감정을 고조시킨다. 한 명은 신도, 다른 한 명은 비신도지만 앤드루와 네이선은 종교의식에서 평온함과 평화로움을 느꼈고, 신과의 교감과 더불어 다른 신도들과의 교감을 경험했다.

종교 단체는 아이들이 어렸을 때부터 종교의 리추얼을 가르치는 것을 선호한다. 기독교의 주일학교, 이슬람 교육기관인 마드라사, 유대교의 탈무드와 토라 등도 여기에 해당한다. 사제 프란시스코 사비에르가 주창한 것으로 알려진 '일곱 살까지 가르친 내용이 평생을 간다'는 예수회의 유명한 표어는 어린 시절 배우는 의례의 역할을 명시적으로 언급하고 있다. 유대인들은 종종 자녀가 세 살이 되면 토라를 암송할 때마다 사탕을 주며 교육을 시작하기도 한다. 맥스 글럭먼이나 메리 더글러스 같은 인류학자들은 리추얼이 감정을 만들어낼 수 있다고 설명했다. 더글러스는 "겉으로 보이는 것이 마음가짐으로 변한다"고 주장하기도 했다. 데이비드 커처는 리추얼이 사람들을 하나로 모으는 역할을 한다며, 그런 의미에서 종교의식의 참여는 신념보다는 연대감을 강화한다고 주장했다.

종교의식과 정치적 정체성

종교적 정체성과 정치적 정체성은 밀접하게 연결되어 있는 경우가 많다. 종교의식은 집단의 다른 구성원들에 대한 충성심을 강화하는데, 이는 정치적 동일시로도 확대될 수 있다. 정치 운동과 종교 운동은 모두 참여자의 충성심과 동일시를 강화하기 위해 리추얼을 활용해왔다.

종교의식을 통한 정치적 동일시 사례는 무수히 찾아볼 수 있다. 많은 국가에서 천주교가 그런 역할을 했고, 종교 개혁 초기에 개신교가 그랬다. 전통적인 가족 단위의 종교의식을 확대해 정치적 권력 구조로 발전시킨 마야 제국이 그러했으며, 고대부터 현대까지 중동 지역의 이슬람교, 개신교, 유대교 종교 공동체가 그랬다. 퀘이커교는 17세기 중반 설립된 이래 정치 운동에 특히 적극적인 모습을 보였다. 퀘이커교는 종교적 정체성의 일환으로 노예제 철폐, 여성 평등권 증진, 평화 운동 등 국제 운동에 적극적으로 참여해왔다.

리추얼과 신념의 자유

리추얼은 강렬한 감정 상태를 불러일으켜 신념을 만들거나 충성심을 강화할 수 있다. 그러나 참여자 모두가 그 리추얼이 대표하는 사상을 믿거나 거기에 충성하는 것은 아니다. 리추얼의 참여자는 각자가 원하는 대로 믿고 느끼고 생각하고 상상하며 성찰할 자유가 있다. 이러한 자유는 리추얼이 신념과 반대되는 경우에도 같은 효과를 낼 수 있다. 이러한 예시는 정부에 반대되는 신념의 표출이 금지된 독재 정부 등에서 찾아볼 수 있다.

심리적 자유를 활용한 신념의 고수가 정신적 건강은 물론 신체적 건강도 강화한다는 연구 결과가 많다. 시베리아의 감옥에 9년 동안 수감되었던 소련의 반체제 인사 나탄 샤란스키는 다음과 같은 경험을 털어놓았다. "스탈린이 죽었을 때 정말 기뻤습니다. 그러나 겉으로는 학교에 있던 사람들과 함께 울었죠." 유대인 강제수용소에 수감된 적이 있는 폴 마커스도 내적 자유와 강한 신념이 수용소 안에서 생존하는 데 도움을 주었다고 말했다.

하레디라고 불리는 유대교 근본주의자들은 신앙의 리추얼을 통해 신념의 자유를 드러낸다. 미국과 이스라엘을 비롯한 여러 나라에서 종교 공동체를 이루고 생활하는 하레디는 독특한 복장을 착용하고 공동체의 다양한 리추얼을 지켜간다. 반대되는 신념을 가진 이들은 이를 공동체와 공유할 수 없기 때문에 일부는 공동체를 떠나는 결정을 내리기도 한다.

소통의 촉진

◇◇◇◇

리추얼의 중요한 기능 중 하나는 소통이다. 리추얼을 통한 소통은 가족으로 치면 비단 부모와 자식뿐만이 아니라, 조상과 후손까지 세대를 이어 신념과 관습을 영속화하는 중요한 수단이다. 인류학자 에드먼드 리치는 "우리는 자기 스스로에게 집단적 메시지를 전달하기 위해 전통 리추얼에 참여한다"고 주장하기도 했다.

이 소통의 리추얼은 어렵고 거창한 것이 아니다. 인사할 때, 방에 들어오거나 나갈 때, 누군가를 소개할 때, 누군가를 위해 건배할 때, 전화를 걸거나 받을 때, 문자에 이모티콘을 사용할 때 등 다양한 상황에서 일어난다. 이런 형식화된 소통 리추얼에 참여하는 이들은 사람들이 자신에게 기대하는 것이 무엇인지 알고 행동한다. 그런데 코로나19 기간에는 소통 리추얼에 큰 변화가 생겼다. 코로나19 이전에는 친구와 인사할 때 악수하거나 가볍게 입을 맞추었는데, 그런 소통이 갑자기 팔꿈치 부딪치기나 허공 입맞춤으로 대체되면서 불편함이나 불쾌감을 느낀 이도 있었다. 또 직접 대면하기보다 전화나 문자로 소통하면서 오해가 발생하곤 했다.

이는 리추얼이 가진 특성 때문이다. 보통 리추얼은 메시지를 정확하게 전달하지 않는다. 상징과 행동을 통해 전달되는 리추얼의 메시지는 모호할 수밖에 없다. 그래서 메시지를 보내는 사람과 받는 사람 모두 자신만의 방식으로 그 메시지를 해석할 자유를 갖는다. 정보의 빈칸이 존재하는 간결한 메시지는 발신자와 수신자 모두에게 행간이라는 여지를 준다. 다시 말해 그 메시지가 의미할 수도 있는 바를 추측해볼 수 있는 것이다. 따라서 메시지를 보내는 사람에게는 표정을 통해 드러날 수 있는 감정의 다양한 측면을 숨길 자유도 있다. 정신분석 상담을 진행할 때 환자는 소파에 누워 상담을 받음으로써 분석가의 표정을 보지 않고 자기 마음속의 생각과 감정, 상상, 성찰에 마음껏 집중할 수 있고, 분석가는 말을 하거나 침묵을 지키며 환자를 자유롭게 분석할 수 있다.

감정의 분출

◇◇◇

리추얼은 사람들의 감정 표현을 하나로 모아 개인이나 공동체의 치유를 돕기도 한다.

9/11 테러가 발생한 뉴욕 그라운드 제로에서는 매년 추모 의식이 개최된다. 여기에는 늘 많은 사람들이 참여하는데, 유족의 상실감을 치유하고 테러리스트에 대항하는 국가의 결속을 강화하는 효과가 있기 때문이다. 이러한 리추얼은 희생자들을 기리는 데 집중함으로써 가해자에 관한 복수의 감정은 표출하지 않는다. 2018년 미국 피츠버그 '생명의 나무' 유대교 회당 공격 사건으로 열한 명의 유대인이 목

숨을 잃었을 때 피츠버그는 물론 미국 전역의 유대인과 기독교인, 무슬림이 애도와 치유를 위한 의식에 참여했다. 희생자를 기억하고 관용을 강조하는 이러한 리추얼이 가해자를 향한 증오와 복수의 표현 억제에 도움이 되었을 수 있다.

리추얼 참여자는 특히 다른 사람들도 자신과 같은 생각과 느낌을 가지고 있다는 점을 깨달으면서 상실감과 고통을 치유할 수 있다.

이번 장에서는 리추얼이 시간, 공간, 상태의 범주를 어떻게 구분하는지 살펴보았다. 리추얼은 종종 모호할 수도 있는 범주를 과장된 방식으로 구분해 명확하게 만들어준다. 이로써 사람들이 일상과 비일상을 구분하고 다음으로 나아가는 힘을 얻을 수 있다는 사실을 알 수 있다. 범주의 경계를 명확히 알고 나면 참여자는 그 경계 안에서 모든 것을 할 수 있는 자유를 얻는다. 한편으로 범주의 경계가 명확하지 않으면 자유가 제한되고 혼란이 야기되며, 타인과의 관계에 방해를 받고 그 결과 예상치 못한 행동을 초래할 수 있다는 점도 여러 사례를 통해 알아보았다.

리추얼은 어떻게
갈등을 예방하는가?

행동에 한계를 설정해두면 갈등의 가능성을 원천적으로 낮출 수 있다.
– 주디스 마틴

모든 인간관계에는 갈등의 가능성이 존재한다. 가족, 친구, 동료 등 대상을 막론하고 식사 시간, 파티, 회의 등 사람이 함께하는 모든 상황에서 발생할 수 있다. 군대, 법정, 운동경기장, 정치 무대 등 다양한 곳에 갈등과 적대적 관계의 가능성이 내재해 있다. 리추얼이 이런 갈등을 방지하는 결정적인 역할을 할 수 있다. 대부분의 대인 관계나 조직 관계에서는 갈등의 분출을 방지하는 데 에티켓과 법, 규칙을 비롯한 리추얼을 활용한다. 또 앞서 3장에서 다뤘던 것처럼, 갈등 상황에서 범주 간의 경계를 과장된 방식으로 구분함으로써 역할을 명확히 하고, 표출 가능한 감정 및 행동과 그렇지 않은 것들을 정의한다.

이혼한 남편과 딸을 공동양육하고 있는 안나마리아는 딸 앞에서 갈등을 보여주지 않기 위해 역할을 분리하고 행동을 명확히 하는 리추얼을 활용했다. 이혼한 남편과 사이는 썩 좋지 않았지만 엄마와 아빠 사이를 오가며 절반씩 시간을 보내는 딸 조이 앞에서는 그런 감정을 숨기고 싶었다. 그래서 안나마리아와 전남편은 조이 앞에서 서로를 대하는 규칙과 리추얼을 정했다. 둘은 조이가 한쪽 집을 떠나 다른 집으로 갈 때는 아이의 짐을 챙기며 반드시 인사를 나누고, 챙겨야 할 옷과 약에 관한 구체적인 지침을 전달하기로 했다. 그리고 조이가 데리러 온 부모와 함께 떠날 때는 남는 쪽이 늘 "가서 재미있게 지내"라고 말하기로 했다. 이 리추얼을 통해 부부는 서로의 역할을 명확히 했다. 그 결과 조이는 안정감을 느꼈고, 양쪽 부모는 서로에 대한 묵은 분노를 조금씩 완화해갈 수 있었다. 결론적으로 리추얼이 참여자 모두에게 심리적 자유를 주었다.

리추얼은 세 가지 방법으로 갈등을 예방한다. 첫 번째는 감정의 일부는 표현하고 일부는 숨기도록 하는 것, 두 번째는 동일한 사람과 다른 상황에서 상호 작용할 때 역할을 분리하게 하는 것, 세 번째는 리추얼의 틀 안에서 공격성의 표출을 부분적으로 허용하는 것이다.

감정 숨김을 통한 갈등 예방

◇◇◇

리추얼은 감정이 고조된 상황 또는 어떤 말이나 행동을 해야 할지 불분명한 상황에서 활용 가능한 일련의 규정된 대응법을 제공한다. 미스 매너스는 '일상생활에서 우리가 서로를 죽이지 않게 막아주는 것은 바로 에티켓'이라고 했다.

질투심, 증오, 혐오, 공격성, 불안, 성적 욕구 등은 인간의 기본적인 감정이지만 지나치게 노골적으로 드러날 경우 인간관계나 사회집단을 위협할 수도 있다. 사회생활의 참가자가 제대로 기능하기 위해서는 감정의 적절한 조절이 필요하다. 미스 매너스는 한 인터뷰에서 "에티켓의 핵심은 바로 그 인위성에 있다"고 말했다. 인위적 행동이라는 프로세스를 거치면 극단적인 감정이 타인에게 용인 가능한 방식으로 표현된다.

상담가 리처드 골든은 리추얼의 역할에 관해 이렇게 말했다. "가정생활에서 리추얼은 감정을 다스리고 억제할 시간을 줌으로써 그것이 일상으로 흘러넘치는 것을 막아준다." 리추얼은 평소와 같은 모습을 연출해 불안감과 분노를 진정시키기도 한다. 불안감이나 분노 조절에 관한 대부분의 지침서는 명상, 이완, 숫자 20까지 세기, 운동 등 구체적인 리추얼을 강조한다.

미국 연방대법원은 이념적으로 큰 이견을 지닌 아홉 명의 대법관으로 구성되어 있다. 그들은 갈등을 예방하고 감정을 숨기는 데 리추얼을 적극적으로 활용한다. 대법관들은 서로를 정중하게 대하는 것으로 잘 알려져 있다. 루스 베이더 긴즈버그와 안토닌 스칼리아는 이견을 뛰어넘어 진심 어린 우정을 나눈 것으로 유명하다. 대법관들은 대중의 눈이 닿지 않는 곳에서도 다양한 리추얼로 서로에 대한 존중을 지켜나간다. 긴즈버그 대법관은 이러한 리추얼을 대법원의 관습으로 소개했다. "매일 아침 법정에서 하루를 시작하기 전에, 매번 사건 토의 전에 우리는 악수를 합니다. 모든 참여자가 돌아가며 총 서른여섯 번 악수하죠. 생일을 맞은 대법관이 있으면 점심 식사 전에 건배하고 생일 축하 노래를 부릅니다."

리추얼을 함께 수행함으로써 서로 감정이 다른 사람들이 마치 같은 감정을 공유하는 것처럼 보일 수 있는 것이다. 그러면 눈앞의 갈등을 막을 수 있을 뿐만 아니라 심리적 안정감도 함께 얻는다. 타인이 실제 어떤 감정을 느끼는지는 아무도 알 수 없기에, 참여자 각자는 자신이 원하는 대로 생각할 수 있다. 그런 면에서 리추얼은 집단의 관계를 유지하면서 개별적인 마음의 자유를 지킬 수 있게 해준다.

역할 분리를 통한 갈등 예방

◇◇◇

우리는 살아가며 여러 역할을 동시에 수행한다. 누군가의 자녀, 누군가의 배우자, 누군가의 부모, 그리고 일터에서 맡은 누군가의 상사, 누군가의 동료, 누군가의 부하처럼 다양한 역할이 있다. 리추얼이 그 역할을 명확히 구분해 다양한 역할의 분리를 돕는다.

역할을 구분해줄 리추얼이 없다면 사람들은 자신이 어떤 역할을 수행 중인지 알지 못해 혼란에 빠질 수 있다. 그런 혼란은 우리의 상호 작용과 생각의 자유를 제한할 수 있다. 리추얼이 없다면 우리는 특정 상황에서 자신이 어떤 역할을 하고 있는지 명확히 인식하지 못한다. 예를 들어 당신의 형제가 은행 직원이라고 가정해보자. 당신의 형제이자 은행의 직원인 그에게 돈을 빌려달라고 하면 어떻게 반응할까? 은행원으로서 이자율이 명시된 대출 계약서를 요구할까? 아니면 형제로서 그냥 돈을 빌려줄까? 그가 형제의 역할을 할지 은행원의 역할을 할지 추측하는 것은 혼란스럽고 어색한 일이 될 수 있다.

부모가 자녀를 홈스쿨링으로 가르치고 있다면, 특정 시점에 그들은 부모일까, 교사일까? 자녀가 있는 집에서 재택근무를 하고 있다면, 부모는 그 시간 동안 부모일까, 직장인일까? 결혼한 부부가 동업하고 있다면, 그들은 동료일까, 부부일까? 선생님과 페이스북 친구가 된다면, 인터넷상에서 선생님은 권위의 존재일까, 친구일까? 동료였던 두 사람 중 한 명이 상사로 승진한 경우, 이 둘은 어떤 역할로 소통해야 할까? 이 사례들은 모두 리추얼을 통한 역할의 명확한 분리가 필요한 경우다. 역할이 분리되지 않으면 참여자들이 그에 맞는 마음가짐을 가질 수 없으며, 자신이 해야 할 행동을 파악하지 못해 심리적 자유를 잃게 된다.

그럼 이제부터 현대 사회에서 흔히 볼 수 있는 이중 역할 사례들을 살펴보고 역할 혼란이 심리적 자유를 어떻게 제한하는지 알아보자. 역할 혼란은 적절한 행동 방식을 파악하고 그에 맞는 마음가짐을 준비하기 힘들게 만든다. 이럴 때 적절한 리추얼을 활용하면 역할들 사이의 경계를 과장되게 정의해 참여자의 행동 방식 파악을 돕고 심리적 자유를 증진할 수 있다.

홈스쿨링에서 부모 역할과 교사 역할

현대 사회에서 대부분의 아동에게는 부모가 아닌 별도의 교사가 있다. 부모와 교사는 각각 다른 역할을 한다. 교사는 격식과 권위를 가지고 규정된 범위의 행동에 관해 집중적으로 지도해 아동이 필요로 하는 지식과 기술을 교육한다. 부모는 격식을 차리지 않고 친밀한 방식으로 폭넓은 범위의 행동에서 아동과 상호 작용한다.

그런데 아이가 홈스쿨링으로 교육을 받는 경우 부모가 교사의 역할도 함께 수행해야 한다. 이런 상황에서는 아이도 부모도 자신에게 요구되는 역할과 행동에 관해 혼란을 느낄 수 있다. 예를 들어 부모가 아이에게 책을 읽으라고 하면 그것은 부모로서 하는 말일까, 교사로서 하는 말일까? 부모가 자녀에게 쓰는 자애로운 언어를 교사의 역할을 하고 있을 때 사용해도 될까? 아이는 교사 역할을 하는 부모에게 평소처럼 떼를 쓰거나 투정을 부려도 괜찮을까?

부모와 교사라는 두 가지 역할을 동시에 수행하려다 보면 혼란이 발생한다. 언제 어떻게 행동해야 할지 확신을 갖기 어렵고, 행동 방식을 고민하다 보면 심리적 자유의 일부를 잃게 된다. 그러나 리추얼을 통해 두 역할을 과장된 방식으로 구분하면 자녀는 눈앞의 부모가 현재 어떤 역할을 수행 중인지 명확히 알 수 있다. 명확한 구분과 분리는 부모에게도 자녀에게도 행동의 자유와 더불어 생각하고 느끼고 상상하고 성찰할 심리적 자유를 준다.

미국의 전 국무장관 콘돌리자 라이스는 2학년으로 학교에 입학하기 전까지 홈스쿨링으로 교육을 받았다. 라이스의 어머니는 과장된 리추얼을 통해 집을 생활 공간과 학교로 분리하고, 어머니로서의 자신과 교사로서의 자신, 그리고 자녀인 라이스와 학생인 라이스를 분리했다. 홈스쿨링 수업이 있는 주중에 라이스는 "외투를 입고 현관문으로 나가서 집 앞 보도 끝까지 걸어갔다가 다시 현관을 통해 집으로 들어왔다." 라이스는 다른 학생들과 마찬가지로 온종일 수업을 들었다. 한 가지 다른 점이 있다면 그녀가 유일한 학생이고 어머니가 유일한 교사라는 점이었다. 쉬는 시간과 점심시간도 따로 정했고, 정해진 시간에 수업을 했다.

르네 또한 어머니를 선생님으로 삼아 홈스쿨링을 받았다. 르네와 어머니는 집에 있는 방 하나를 교실로 지정해 역할을 구분했다. 르네는 당시의 리추얼을 다음과 같이 설명했다.

교실로 지정한 방이 따로 있었어요. 문턱 하나 차이였지만 마치 산 너머처럼 다르게 느껴졌죠. 그 방에는 동생도 들어올 수 없었어요. 거기 있을 땐 엄마를 엄마라고 부르지 못하고 화이트 선생님이라고 불러야 했죠. 엄마용 책상과 의자가 있고, 제가 쓰는 책상과 의자도 따로 있었어요. 교사 역할을 할 때 엄마의 태도는 완전히 달랐어요. 전혀 우리 엄마 같지 않고, 감정적으로 거리감이 느껴졌다고 할까요? 수업 시간에는 수업에 관련된 대화만 허용됐어요. "저녁 메뉴는 뭐예요?" 같은 질문은 금지였죠.

두 사례에서 모두 엄마와 딸 사이의 친밀한 행동과 언어는 교사가 사용하는 격식의 언어로 대체되었다. 홈스쿨링에서의 과장된 역할 분리는 고도로 형식화된 리추얼을 통해 가능했다. 분리를 통해 특정 시간과 공간에서 수행되는 역할을 명확히 함으로써 리추얼의 참여자는 각자의 역할 안에서 자유롭게 생각하고 느끼고 상상하고 성찰할 수 있었다.

승진 후 동료 및 직장 상사 역할

동등한 직급에서 일하던 동료가 승진해 상사가 되면 새로운 역할로 혼란이 발생할 수 있다. 상사가 된 사람도 예전의 동료도 서로를 새로운 역할에 맞춰 대해야 할 의무가 생긴다. 승진으로 상사가 된 한 사람은 이런 고충을 토로했다. "승진하기 전에는 브라이언과 예전 상사에 관한 농담도 해가며 격의 없이 어울려 지냈어요. 그런데 이제 제가 브라이언의 상사가 된 거죠. 브라이언의 업무에 개선이 필요한 부분이 있는데 그걸 말하기가 너무 힘들어요."

세라와 키샤는 오랜 동료이자 절친한 친구였다. 그런데 키샤가 승진해 세라의 상급자가 되면서 친구 역할과 상사-부하직원의 역할 경계가 모호해졌다. 세라와 키샤는 함께 여러 활동을 즐기며 우정을 쌓아갈 자유를 잃었고, 새로운 역할로 인해 행동의 자유도 일부 잃었다. 예를 들어 세라는 키샤와의 친분을 이용한다는 오해를 받을까 봐 예전이라면 망설임 없이 청했을 업무 관련 도움을 청하지 못했다. 키샤는 상사로서 세라의 업무를 지적해야 할 때 한 번씩 주춤했다. 결국 세라와 키샤는 친구 관계와 상사-부하직원 관계 사이의 경계 부재로 자유를 잃게 되었다.

친구 역할과 상사-부하직원의 역할을 인정하고 구분하고 분리하는 리추얼이 있었더라면 브라이언과 세라, 키샤가 새로운 역할에 더 잘 적응할 수 있었을 것이다.

교사-페이스북 친구 역할

한편 인터넷으로 인해 다양한 사람이 연결되며, 온라인상의 삶이 구체화될수록 역할을 구분하는 경계가 희미해져 혼란이 가중되고 있다. 페르닐라 요세프손과 프레드리크 하넬은 연구를 통해 교사와 학생이 페이스북 '친구'가 되었을 때 발생하는 혼란에 관해 다음과 같은 사실을 발견했다.

학생 중 일부는 페이스북에서도 교사를 여전히 교사로 인식했다. 다른 일부는 페이스북의 교사는 학생들의 행동을 지켜보거나 판단하고 정보를 제공하는 역할을 하는 게 아니라 사적인 인물로서 사적인 생각을 표현한다고 인식했다. 학생들은 이런 상황에서 '적절한 행동'이 무엇인지에 관해 혼란을 느꼈다. 일례로 한 학생이 페이스북에서 과한 만우절 장난을 쳐서 다른 학생들이 놀라고 걱정한 일이 있었는데, 학생들과 페이스북 친구였던 교사가 교사로서 이를 언급하지 않고 사적인 방식으로 대응한 것에 큰 실망감을 표했다.

역할에 관한 혼란이 일며 학생들과 교사는 페이스북 친구 관계를 끊었다. 그러자 그들은 다시 각자 교사의 역할과 학생의 역할을 명확히 분리할 수 있었다. 연구는 '교사가 페이스북에서 학생과 친구가 되는 경우 그곳에서 자신이 어떤 역할을 기대하는지 명확히 알려야 한다'는 결론을 내렸다. 교사와 학생의 역할을 명확히 하면 페이스북 친구 맺기가 가져올 수 있는 혼란을 방지하고, 서로를 어떻게 대해야 할지 미리 파악해 심리적 자유를 누릴 수 있다.

사적인 시간을 침범하는 업무

학생과 교사뿐 아니라, 기술 선진국에서는 많은 직종에서 업무 시간과 개인 시간의 명확한 분리가 점점 어려워지고 있다. 업무는 가족과 시간을 보내는 중이나 휴가 중에도 불쑥 끼어 들어온다. 이런 분리의 부재는 상당 부분 인터넷과 연결성에 의해 촉진된다. 의료회사의 CEO인 서른아홉의 한 남성은 "아내도 저도 업무 중인 때와 그렇지 않은 때를 구분하기가 아주 어렵습니다"라고 토로했다.

일과 여가 사이의 경계가 모호해 혼란을 겪는 이들에게 전문가들은 그 경계를 과장해볼 것을 제안한다. 길 고든은 "언제든 어디서든 침범해 들어오는 일과 개인의 삶, 가족의 삶 사이에 선을 그어야 한다"고 강조했다. 그는 업무 대응성을 기준으로 한 주를 '근무 중' '반근무 중' '휴식 중'의 세 범주로 나눌 것을 제안했다. 경계를 과장해 일과 집을 분리함으로써 '과도한 업무의 침범'을 통제할 수 있다는 것이다.

배우자 – 직장인 역할 갈등

미국에서는 부부가 모두 재택으로 근무하는 경우가 점점 늘고 있다. 지난 10년 동안도 재택근무는 이미 증가 추세였으나, 코로나19 유행으로 그러한 근무 형태가 폭발적으로 늘어나면서 부부 간 갈등이 증가하고 있다. 이런 갈등은 단순히 부부가 장시간 함께 있기 때문에 벌어지는 것이 아니다. 집에서 배우자이자 직장인이라는 두 가지 역할을 동시에 수행하며 상호 작용하기 때문에 발생한다. 배우자의 역할은 그 범위가 넓다. 배우자는 생활 전반을 친밀하게 공유하며, 서로의 성적 파트너이기도 하다. 반면 직장인의 역할은 거의 업무 목표에 국한된다.

부부가 함께 재택근무를 할 경우에는 친밀하고 개인적인 역할과 각자 수행하는 업무적 역할 사이에 경계가 불분명할 수 있다. 예를 들어 근무시간 중에 한 명이 "저녁은 뭐 먹을까?"라거나 "주말에 어디 갈까?"라고 묻는다고 하자. 이는 배우자로서 던지는 질문이다. 여기에 배우자로서 답해야 할지, 직장인으로서 업무에 집중해야 할지 결정하기는 쉽지 않다. 처음에는 아무 거리낌 없이 대답하더라도, 이런 부부로서의 대화가 잦아지면 슬슬 뭔가 이상하다고 느낄 것이다. 서로의 심리적 자유를 지키기 위해서는 가정 내 공간과 시간을 분리하는 규칙을 통해 배우자로서의 역할과 직장인으로서의 역할을 구분할 필요가 있다. 〈뉴욕타임스〉는 코로나19 기간 동안 집에서 함께 재택근무하는 부부를 위해 경계를 설정하는 다양한 방법을 제시했다. 여기에는 각자의 홈오피스 공간을 확보하는 방법, 서로 업무 방해가 가능한 시간을 설정하거나 업무 시간을 미리 정하고 지키는 방법 등이 포함되었다.

해리와 에스더 부부는 서로 다른 직장에 다니며 집에서 재택으로 근무했다. 두 사람은 두꺼운 벽을 사이에 두고 각자의 사무공간에서 일했다. 근무일에는 역할의 혼동을 피하기 위해 과장된 경계를 활용해 구분을 명확히 했다. 또한 근무시간 중에는 서로의 업무를 방해하지 않기로 하는 등 나름의 리추얼을 지켰다. 에스더는 이렇게 설명했다. "저희는 '저녁 뭐 먹을까?' 같은 질문도 직접 가서 하지 않고 전화로 했어요. 근무일에 할 말이 있을 때는 메시지를 남겨서 따로 대화 약속을 잡기도 했죠."

코로나19 확산으로 재택근무가 길어지면서 해리와 에스더가 만든 과장된 경계는 양쪽 모두에게 큰 도움이 되었다. 부부는 근무시간에는 업무에만 집중할 자유를 얻었고, 일을 마친 후에는 가족과의 화목한 시간에 집중할 자유를 얻었다.

부모-직장인 역할 갈등

부부간에는 경계를 명확히 하는 게 그다지 어렵지 않지만, 어린 자녀가 있는 집은 상황이 또 다르다. 이때는 부모가 적절한 리추얼을 활용해 업무와 양육의 경계를 명확히 함으로써 아이와 부모 모두 상호작용이 가능한 시간과 그렇지 않은 시간을 미리 파악해야 한다. 여기서도 과장된 방식으로 역할을 분리하면 자녀가 부모의 업무를 불쑥 방해하는 것을 예방할 수 있다. 이로써 부모가 짜증을 내거나 화를 내는 것을 예방해 부정적인 반응으로부터 자녀를 보호할 수 있다.

매기는 집의 방 하나를 사무실 삼아 컴퓨터를 놓고 일했다. 그런데 일하는 중이라고 아무리 설명해도 아이들이 끊임없이 들이닥쳤다. 그녀는 고민 끝에 홈오피스 문에 일종의 공지문을 붙였다. '엄마가 일하는 중에는 알람이 울릴 때까지 방해 금지'라는 내용이었다. 놀랍게도 효과가 있었고, 아이들은 전처럼 아무 때나 들이닥치지 않았다. 대신 알람이 울리면 "엄마, 휴식시간이에요"라고 외치며 달려왔다. 부모가 의식적 경계를 활용해 상호 작용이 가능한 특정 시간과 공간을 미리 설정하면 부모와 자녀는 부모의 근무시간에 무엇을 기대해야 할지 미리 파악해 심리적 자유를 얻는다.

작가인 리사 벨킨도 과장된 경계를 활용해 작가로서의 역할과 엄마 역할을 구분했다. 리사는 홈오피스 책상 앞에 '업무 중'과 '휴식 중' 표시를 걸기로 했다. 리사의 어린 아들들은 책상 앞의 표시를 보고 '엄마가 일하는 중인지 말을 걸어도 되는 상태인지' 구분할 수 있었다. 역시 작가인 마거릿 로런스는 아이들이 자고 있는 이른 아침과 밤에 글을 썼다. 그녀는 이러한 시간 구분으로 부모와 작가의 역할을 분리했다. 아이들이 학교에 간 사이에 글을 쓸 때도 있었지만, 하교 두 시간 전에는 글쓰기를 마무리했다. 작가에서 엄마로의 역할 전환을 위한 준비였다.

매기와 리사, 마거릿은 간단한 리추얼을 활용해 자녀들에게 특정 시간과 장소에 어떤 행동을 기대해야 할지 명확히 알렸다. 그 결과 부모도 자녀도 심리적 자유를 얻었다. 이 사례들은 리추얼이 시간과 공간에 과장된 경계를 설정해 모든 참여자에게 더 큰 자율성을 준다는 사실을 보여준다. 역할 사이의 경계가 모호해지면 참여자들의 심리적 자유는 줄어들었다.

감독-배우 역할 갈등

영화에서 감독이 배우의 역할을 겸하는 경우도 종종 있다. 이 경우 역할의 분리가 제대로 되지 않으면 함께 일하는 사람들은 물론 감독이자 배우인 본인에게도 혼란이 야기될 수 있다. 감독과 배우의 경계를 과장하는 리추얼을 통해 두 역할을 적절히 분리하면 함께 작업하는 이들은 그 사람이 특정 시간에 어떤 역할을 수행하고 있는지 알 수 있어 혼란을 피한다. 감독 겸 배우인 본인 또한 한 번에 하나의 역할만 수행하고 그 역할에 맞는 마음가짐에 자유롭게 집중할 수 있다.

몇몇 작품에서 감독과 배우를 겸했던 조지 클루니는 두 가지 역할을 절대 동시에 할 수 없다며 "한 번에 하나씩만 해야 한다"고 강조했다. 여러 영화를 연출한 배우 로버트 레드퍼드 또한 감독과 배우의 역할을 분리함으로써 한 가지 역할에만 집중할 수 있는 자유를 얻었다며 이렇게 말했다. "영화 〈호스 위스퍼러〉에서 저는 감독이자 배우였습니다. 하지만 역할의 분리를 중요하게 생각했죠. 분리를 통해 제가 맡은 캐릭터에 전념할 수 있습니다. 그 인물의 머릿속으로 들어가는 거죠. 분리가 중요합니다."

조지 클루니도 로버트 레드퍼드도 경계의 과장을 통해 혼란을 줄이고 특정 시점에 수행해야 할 역할에 관한 잠재적인 갈등을 줄일 수 있었다. 역할 사이의 명확한 경계는 함께 일하는 이들은 물론 그들 자신에게도 심리적 자유와 행동의 자유를 주었다.

조직

역할과 지위를 정의하는 조직 리추얼은 조직 안에서 일하는 이들에게 심리적 자유를 준다. 모든 조직에는 사업을 수행하고 내외부의 사람들과 소통하는 일반적인 방식이 존재한다. 이러한 일반적인 방식을 이해하고 자신의 역할을 파악한 사람들은 거기에 익숙하지 않은 신입 구성원이나 외부인에 비해 더 자유롭게 생각하고 행동할 수 있다. 즉, 조직 내 역할이 명확히 정의되면 자율성이 강화된다는 의미다.

각종 협회는 회원 간의 행동이나 전문적인 역할에 있어 지켜야 할 사항을 구체적인 지침으로 제시한다. 이런 지침은 허용된 행동과 금지된 행동을 구분하는 경계로 작동한다. 조직 내에 역할과 지위에 관한 혼란이 있으면 갈등과 결근 등의 문제가 발생한다는 연구 결과도 있다.

국제 관계에서도 역할과 물리적 경계의 명확한 구분이 자유를 주는 것으로 드러났다. 연구에 따르면 국가의 역할과 물리적 경계를 명확히 하는 조약은 폭력을 제한하고, 경계가 명확히 정의되지 않는 경우 폭력이 발생하는 것으로 나타났다. 그러므로 경계를 명확히 하는 것은 평화 유지에도 도움이 된다고 볼 수 있다.

정책, 규칙, 지침, 양해각서, 에티켓 등은 특정한 관계에서 기대되는 역할을 명시하는 리추얼이다. 이러한 리추얼은 관계에서 발생할 수 있는 혼돈과 폭력을 막고 잠재적인 갈등 상황을 규정한다. 또한 이해관계의 충돌을 규정·분리·제한하고, 역할이 불분명할 때 발생할 수 있는 일부 갈등을 예방한다.

반항 행동의 부분적 허용을 통한 갈등 예방

◇◇◇

운동선수들은 승리를 위해 서로 몸을 부딪치며 경쟁하지만, 거기서 싸움과 폭력이 발생하지 않고 경기 후에 결과를 두고 다투지도 않는다. 변호사들은 법정에서 자신과 자신의 의뢰인에게 유리하도록 상대를 공격하지만 이 또한 폭력으로 이어지지는 않는다. 이는 그 직업과 장소에 규칙이라는 리추얼이 있기 때문이다. 비단 운동선수나 변호사만이 아니라, 갈등이나 적대 관계를 다루는 일이 많은 군인이나, 정치인들에게도 리추얼은 특히 중요하다. 법, 규칙, 지침의 형태를 한 리추얼은 모호하고 상충되는 상황에서 감정의 불필요한 소모를 막는다. 이는 갈등이 폭력적으로 분출되는 것을 예방한다.

식사나 파티, 회의 자리에도 참석자 사이의 갈등을 예방하는 에티켓 리추얼이 있다. 미스 매너스는 "입 밖에 내고자 하는 생각이 논쟁적일수록 에티켓은 더 필요하다"고 말하기도 했다. 흥미롭게도 동물들 또한 신체적 공격을 예방하기 위해 리추얼을 수행한다.

공적 허용으로서의 리추얼

'공적 허용'으로서 리추얼의 개념은 1954년에 인류학자 맥스 글럭 먼이 주장했다. 공적 허용은 평상시에는 일반적으로 허용되지 않는 행동을 허가하는 것을 의미한다. 이러한 허용은 마르디 그라천주교 문 화권에서 사순절 단식이 시작되기 전 기름진 음식을 먹는 사육제의 마지막 날로, 다양한 일탈 행위가 허용된다나 새해 전야, 권력자를 향한 농담과 풍자 등에서 볼 수 있다. 공적 허용은 역할의 반전을 통해 남성과 여성, 어른과 아이가 반대로 행동하는 것을 허용한다. 힘없는 이들은 공적 허용을 통해 권력자의 복종을 연출한다. 공적 허용은 정해진 경계 안에서 행동의 자유를 강화하고, 생각과 감정, 상상과 성찰의 자유가 표현되도록 돕는다.

공적 허용은 안정된 집단의 규정된 경계 안에서만 이루어질 수 있다. 또한 집단의 구성원이 그 경계를 잘 이해하고 준수한다는 전제가 있어야 한다. 집단의 안정성과 행동의 경계가 부족한 경우 집단은 공적 허용 행동에서 위협을 느낀다. 공적 허용은 외관상 특정 인물이나 집단에 관한 도전으로 보이지만, 이미 합의된 규칙대로 행동하는 것이기 때문에 실제 도전은 아니다. 공적 허용 행동을 수행하는 사람들은 도전의 용인된 한계를 엄격히 지킨다. 또 미리 합의된 경계 안에서 갈등을 과장하기도 하며, 공동의 반항을 연출함으로써 집단 내부의 결속을 도모한다.

스포츠 경기에서 관중들은 흥분하면 발을 쿵쿵 구르거나 술에 취해 야유를 보낸다. 자리에서 일어나 뒷사람의 시야를 가리기도 하고,

선수와 심판에게 고함을 치거나 "심판 죽어라!" 같은 과격한 말을 외치기도 한다. 모두 일반적인 상황에서는 허용되지 않지만, 경기가 지속되는 동안에는 허용되는 공적 허용 행동이다. 새해 전야의 자정에는 평소라면 신체 접촉을 할 만큼 가깝지 않은 사람과 포옹하는 일이 허용된다. 그러나 새해 행사가 끝나고 나면 그런 행동은 대부분의 성인에게 사적 영역 침범에 해당하는 부적절한 행동이 된다.

반항과 자유의 리추얼로서의 마르디 그라

매년 뉴올리언스의 마르디 그라 축제 참가자들은 평상시에 금지된 행동을 하며 일탈을 즐긴다. 마르디 그라 리추얼은 평소 우리가 인정하는 지위와 특권, 역할과 금기를 일시적으로 유예하고 극단적인 생각과 행동의 자유를 허용한다. 마르디 그라 리추얼은 케이준 문화프랑스령 식민지였던 미국 남부를 중심으로 발달한 문화에 확립된 역할을 뒤집고 가치를 전복한다. 케이준 문화는 전통적으로 근면한 노동, 독실한 신앙, 비폭력, 보수적인 가족과 공동체의 책임을 강조한다. 남성과 여성의 전통적인 역할을 중시하기도 한다. 그러나 마르디 그라는 이러한 규범 중 상당수를 뒤집는다.

만취, 채찍질, 경미한 기물 파손이 용인된다. 남자는 여자를 흉내 낸 외설적인 옷차림을 하고, 여자는 군중에게 구슬 목걸이를 던지며 가슴을 노출하기도 한다. 가면이 주는 익명성은 참가자들로 하여금 다른 사람이 된 듯 더욱 자유롭게 행동하도록 만든다.

모든 것이 통제를 벗어나 보인다는 사실이, 또는 곧 통제 불능에 빠질 것 같은 위태로움이 마르디 그라라는 반항 리추얼에 흥분을 더한다. 그러나 통제 불능으로 보이는 마르디 그라 리추얼에도 다른 반항 리추얼처럼 명확한 한계가 존재한다. 집단 내에 존재하는 규칙은 지나친 음주를 포함해 도를 넘어선 행동을 제한한다. 예를 들어 마르디 그라 축제에는 가벼운 채찍질이 동반된 놀이가 있다. 그러나 그런 행동이 과한 경우에는 비난의 대상이 된다. 다른 공적 허용에 해당하는 행동도 마찬가지다. 여성의 순간적인 가슴 노출은 허용되지만, 그 외의 신체 부위를 과도하게 드러내면 역시 비난의 대상이 된다. 음주 또한 허용되지만 취해서 선을 넘는 행동이 연출되면 바로 제재가 가해진다. 앞서 설명한 바와 같이 마르디 그라 리추얼의 경계 안에는 자유가 존재한다. 그러나 공적 허용 행동이 그 경계를 넘는 순간 비난과 제재가 가해지며 참여자는 자유를 잃게 된다. 이처럼, 케이준 문화가 중시하는 모든 가치는 경계 안에서 한정된 자유를 허용하는 리추얼을 통해 유지된다.

리추얼로서 '농담'의 허용

권력을 지닌 사람에 관한 비꼬기와 풍자는 농담을 이용한 일종의 자유 리추얼이다. 이런 리추얼은 대상에 관한 존경이 담겨 있을 때 성립한다. 미국 문화에서 농담은 주로 점잖은 행사의 참석자들이 주빈에 관한 악의 없는 조롱과 비판, 놀림을 늘어놓으며 익살맞은 찬사를 보내는 리추얼이다. 놀림은 대상이 되는 주빈이 실제로는 존경받고 있다는 보장을 전제로 성립한다. 주빈이 미움받는 경우라면 그를

놀리려는 사람도 없을뿐더러, 있다고 하더라도 조롱이나 모욕이 허용되지 않을 것이다. 예를 들어 도널드 트럼프는 대통령 당선 전 백악관 출입기자단 연례 만찬에서 농담의 대상이 되곤 했다. 그런데 트럼프는 그런 리추얼에서 실제 적대감을 느꼈고, 당선 이후 열린 만찬에 참석하지 않았다. 이는 전례가 없는 행동이었다.

농담이 재미있으려면 용인 가능한 행동의 경계를 아슬아슬하게 넘나들어야 한다. 다른 반항 리추얼과 마찬가지로 농담을 이용한 자유 리추얼은 역할과 관계의 경계선이 확실하고 안정적으로 알려져 있을 때만 성립할 수 있다. 글럭먼은 이에 관해 다음과 같이 설명했다. "사회 질서가 위험에 처하는 순간 반항 리추얼은 부적절한 행동이 된다. 애초에 반항 리추얼의 목적은 사회 안에서 자신의 역할에 순응하거나 의문을 제기하지 않는 (또는 제기하지 못하는) 사람들의 통합이기 때문이다."

인류학자 앨프리드 레지널드 래드클리프 브라운은 농담 리추얼과 놀리기에는 '허용된 무례함'이 내재되어 있다고 강조했다. 리추얼에 참여하는 이들은 허용된 무례함과 실제 무례한 행동의 경계를 알고 있다. 농담의 대상이 되는 쪽이 불쾌감을 느끼는 것을 막기 위해서는 농담을 하는 쪽도 듣는 쪽도 모두 그 경계를 알고 수용해야 한다. 농담 리추얼은 적대적 행동이 공개적인 갈등으로 번지는 것을 막음으로써 자유를 준다. 또한 농담 리추얼에서 발휘되는 창의성은 참여자들이 누리는 생각과 감정, 상상과 성찰의 자유를 증명한다. 공적 허용이나 반항 리추얼같이 농담 리추얼도 관계의 기본적인 안정성이 보장되어 실제 관계에 위협이 되지 않을 때만 가능하다.

공적 허용과 반항 리추얼은 정해진 범위 안에서 조율된 반항을 연출함으로써 집단의 결속을 강화한다. 참여자는 리추얼의 경계 안에서 상당한 행동의 자유와 심리적 자유를 누릴 수 있다. 현대 사회의 많은 조직에는 내부로부터 발생하는 갈등과 위협이 있지만, 이러한 리추얼이 있는 한 앞으로도 잘 유지될 것으로 보인다.

리추얼은 행동의 경계를 설정한다. 대부분의 사회적 관계에서 갈등은 필연적이지만, 리추얼이 역할을 명확히 해줌으로써 갈등이 일어나지 않도록 돕는다. 리추얼은 또한 상호 이해된 범위 안에서 반항적인 행동을 허용함으로써 갈등을 예방한다.

생로병사를
감당하는 힘

2부에서는 식사나 명절 같은 가족생활에서 일어나는 일상적인 리추얼을 살펴보고, 리추얼이 어떻게 우리 삶을 건강하게 하는지 알아본다. 또한 임신과 출생, 의료, 수술, 죽음 등 생로병사에서 리추얼이 어떤 방식으로 우리의 심리적 안전과 자유를 보장하는지 살펴본다.

코로나19는 전 세계의 거의 모든 일상 리추얼에 급격한 변화를 불러왔다. 미국을 기준으로 2020년 3월부터 시행된 봉쇄령은 가족의 일상 리추얼과 개인의 생로병사 리추얼을 바꿔놓았다. 실업률이 높아지며 많은 가정에 경제적 어려움이 닥쳤고, 감염은 가족의 삶과 의료 대응에 지장을 초래했다. 이는 상징적인 사례. 일상이 무너지면 불확실성과 혼란이 가중되기에, 우리는 이를 방지하기 위한 처방으로서의 리추얼을 다양하게 마련했다. 이들을 살펴보는 한편, 일상에서 벗어나는 상황, 즉 비일상에서 기존 리추얼로는 해결할 수 없는 새로운 변화에 대응해 리추얼이 어떻게 작동하는지도 살펴본다.

5

가족이라는
테두리

가족이 가까울수록, 가족의 존재가 오래 지속될수록, 의식은 더욱 풍성해
진다. – 어니스트 왓슨 버제스, 하비 제임스 로크

가족 리추얼은 위안과 연결감, 일상성을 준다. – 윌리엄 J. 도허티

우리는 전통을 통해 가족의 연결성을 강화한다. 전통은 소속감을 주고, 지
지와 이해를 느끼게 한다. – 스티븐 R. 코비

우리는 집에서 어떤 틀이나 규칙에 구애받지 않고 자유롭게 살아
간다고 생각할 수 있지만, 집에서도 수많은 리추얼의 틀 안에서 살아
가고 있다. 모든 가족에게는 정해진 리추얼이 있다. 매일의 인사에서
부터 명절을 지내는 방식까지, 그 종류는 매우 광범위하다. 가족 리
추얼은 다양한 방식으로 나타난다. 구성원 간의 교류 방식, 공간의
활용법 등도 가족 리추얼에 해당한다. 가족 구성원이 아침에 일어나
서 무엇을 하고 잠자리에 들기 전 무엇을 하는지, 하루 또는 저녁 시

간, 주말이나 명절을 어떻게 보내는지 등의 일과도 가족 리추얼에 해당한다.

함께 모여 식사할 때 누가 어느 자리에 앉고 식탁에서 어떻게 행동해야 할지도 리추얼이다. 리추얼은 소통이 가능한 시간과 불가능한 시간도 정한다. 일요일 저녁 식사, 생일, 기념일이나 명절 등을 축하하는 방식에 관한 리추얼도 있다.

리추얼은 가족에 소속된 구성원을 정의하고 가족의 통일성을 강화한다. 또 가족의 기억과 역사를 강화한다. 가족 리추얼은 조부모나 의붓자녀, 이복형제처럼 가족 내 지위가 불명확한 이들의 통합을 돕는다. 여기에는 위탁 아동이나 동거인도 포함될 수 있다. 리추얼은 관계에 관한 이견을 조정하고 구성원을 가족의 일원으로 정착시키는 접착제 역할을 하기도 한다.

사실 자신이 수행하는 리추얼, 그중에서도 일상적으로 수행하는 루틴에 관해 의문을 품는 사람은 드물다. 일상 리추얼은 그저 뭔가를 하는 당연한 방식으로 이해된다. 그러다가 그 리추얼이 수행되지 않을 때 그것을 의식한다. 식사 자리에 당연히 있어야 할 사람이 없을 때, 항상 바깥쪽으로 풀리게 걸던 화장실 휴지가 반대 방향으로 걸려 있다든가 치약을 다르게 짜는 경우도 여기에 해당한다. 자녀가 독립해 분가했을 때, 동거 또는 결혼으로 함께 사는 사람이 생겼을 때, 가족 구성원이 사망했을 때, 이혼이나 재혼으로 구성원이 바뀌는 등 큰 변화가 있을 때도 우리는 가족 리추얼을 인지한다.

가족 리추얼은 가족과 가족이 아닌 사람을 구분한다. 구성원을 하나로 묶고 가족이라는 것에 의미를 부여하며, 구성원 간의 정서적 애착, 친밀감, 소속감을 만든다. 또 구성원의 역할을 구분해 갈등을 줄이거나 예방한다.

가족 안에서 리추얼은 종종 암묵적인 규칙으로 표현된다. 가족끼리 상의하고 싶은 일이 있을 때 구성원들은 따로 말하지 않아도 언제 어디서 그 이야기를 꺼내는 게 가장 적절할지 알고 있다. 리추얼을 깨고 엉뚱한 때에 말을 꺼냈다가는 부모가 "식사 시간에 그런 이야기는 하지 말자"라고 말할 수도 있다.

가족 구성원에게는 자기들끼리만 공유하는 사적 언어가 있는 경우가 많다. 구성원은 모두가 그 의미를 이해한다는 것을 알기 때문에 자기들만 아는 농담, 암호나 상징, 약어를 거리낌 없이 사용한다. 예를 들어 한 구성원이 "쟤 또 저러네"라고 말하면 다른 구성원은 다른 설명 없이도 누구를 지칭하는지 이해할 것이다. 이런 사적인 언어는 소속감과 공감, 다른 구성원과의 일체감을 강화한다.

중요한 점은 가족 리추얼이 같은 방식으로 상호 작용하고, 공간을 공유하고, 시간을 조율하고, 공통의 신념 체계를 반복적으로 확인하게 함으로써 구성원에게 자유를 준다는 점이다. 구성원은 리추얼이 주는 용인된 한계 안에서 자유롭게 행동할 수 있다. 한편으로는 리추얼로 인해 자유의 제약을 느낄 가능성도 존재한다.

이번 장에서는 이런 내용을 중심으로 가족의 삶에 녹아든 리추얼을 살펴본다.

21세기 가족

◇◇◇

21세기의 가족 리추얼은 가까운 과거와 비교해도 많은 면에서 달라졌다. 우선 몇십 년 전과 비교해 가족 형태가 무척 다양해졌다. 맞벌이 부모가 늘어났고, 한부모 가족, 게이와 레즈비언 가족, 이혼과 재혼으로 재구성된 가족, 결혼하지 않고 동거하는 커플, 독립했다 돌아와서 다시 부모와 사는 성인 자녀, 이혼한 부부의 자녀 공동양육, 다가족 가구도 증가했다.

가족은 각 구성원의 개별 활동 증가와 통신수단의 발달 및 확산으로 크게 변화했다. 가장 큰 변화는 많은 가정에서 함께 식사하는 풍경이 낯설어지고 있다는 점이다. 식사뿐 아니라 잠자리에 드는 시간, 출근 시간, 등교 시간, 귀가 시간도 제각각인 경우가 많다. 과거에 비해 함께 식사하는 일이 줄어들고 즉석식품을 구매도 늘다 보니 음식 준비에 드는 시간도 줄어들었다. 사실 혼자든 함께든 집에서 밥을 먹는 일 자체가 드물어졌다. 외식이 증가하고, 특히 패스트푸드점에 가는 것이 일상화되었기 때문이다. 가족의 구성원은 일반적으로 각자의 루틴에 따라 생활하며, 다른 구성원과는 그저 가끔 생활 반경이 겹칠 뿐이다. 이런 변화는 구성원 간의 교류 방식에 영향을 주고, 이는 다시 가족 리추얼에 영향을 준다.

전자 미디어의 침투는 1990년대부터 가족생활의 여러 측면에 영향을 주었다. 전화, 문자, 이메일 등을 통해 끊임없이 밀려 들어오는 외부의 연락은 가족 구성원이 다른 구성원과 시간을 보내는 방식을 바꿔놓았다. 같은 방식으로 업무 또한 가족생활에 침투했다. 어른도 아이도 집에 함께 있는 가족보다 물리적으로 함께 있지 않은 다른 사람들과 교류하고 싶은 유혹에 빠졌다.

몇 년 전까지만 해도 잭슨네 가족은 아침과 저녁 식사를 함께 하며 대화를 나누곤 했다. 10대인 아들들은 숙제를 마친 후 텔레비전을 보는 것이 일과였다. 그런데 이제 잭슨 씨는 식사를 마치면 먼저 업무 이메일을 확인하고, 그다음에는 페이스북과 엑스 계정을 확인한다. 10대 아들들은 문자와 소셜미디어를 확인하고 비디오게임을 한다. 가족 구성원 네 명은 각자의 방에서 컴퓨터를 만지며 시간을 보낸다. 모두 머리맡에 휴대폰을 두고 잠들며, 아버지는 아침에 문자를 보내 아들들을 깨운다. 집에 함께 있을 때조차 문자로 소통하기도 한다.

가족 리추얼에 이런 큰 변화가 나타나면서 평온하고 안정적이었던 과거에 대한 향수가 나타나기도 한다. 리처드 필스버리는 과거를 이렇게 회상했다. "내가 스물두 살이 될 때까지 매주 토요일 저녁에는 조부모님 댁에 모여 식사를 했습니다. 정확히 오후 6시가 되면 50킬로미터 이내에 사는 대가족이 모두 모여 콩 요리와 롤빵, 양배추 샐러드, 과일 파이를 나눠 먹었죠."

실제로 과거에는 가족이 더 많은 활동을 함께 했다. 지역사회 동질성이 강하고 이동이 적었던 시절에는 공동체와의 상호 작용 또한 더욱 활발했다. 그러나 많은 사람들이 그리워하는 가족과 지역공동체의 평온한 과거는 선택적 기억에 기반한 이상화된 모습인 경우도 있다. 더 많은 시간을 함께했을 때 가족은 갈등을 겪었고, 그중에는 심각한 사례도 꽤 많았다. 또한 일부 주민을 배제하는 분열된 공동체도 많았다. 그럼에도 과거에 향수를 느끼는 것은 현재의 관점에 맞춘 기억의 재구성인 경우가 많다.

하루의 시작과 마무리

◇◇◇

가족 리추얼은 대개 단순한 편이지만 구성원에게는 정서적으로 큰 의미가 있는 경우가 많다. 아침에 일어나서, 또는 집을 나서거나 귀가하며 나누는 인사가 그렇고, 잠들기 전에 잘 자라고 나누는 인사가 그렇다. 많은 가족 리추얼이 매일, 매주 반복된다. 어떤 구성원은 신문의 특정 코너를 먼저 읽고, 어떤 구성원은 기상 직후에 이메일을 확인한다. 또 다른 구성원은 매일 아침 밖에 나가 날씨를 확인한다. 매주 금요일 모두 귀가를 마치면 온 가족이 아이스크림을 사러 나가기도 한다. 리추얼은 육아 루틴이 되기도 한다. 부모가 일요일마다 아이를 데리고 산책하거나, 잠자리에 들기 전 책을 읽어주거나 숙제를 도와주는 것 등이 여기에 포함될 수 있다.

존 레비는 퇴근 후 집에 오면 아들과 함께 산책을 가거나 조깅을 한다. 날씨가 좋지 않을 땐 집 안에서 술래잡기를 한다. 존은 아무리 피곤해도 아들을 위해 시간을 낸다고 했다. "보고 싶은 텔레비전 프로가 있어도 꾹 참죠. 지금 아들과 시간을 보내지 않으면 나중에 후회할 것 같아요." 재닛 휘팅은 토요일 아침마다 세 자녀와 외식을 한다. "아이들이 토요일 아침을 손꼽아 기다려요. 엄마와 특별한 시간을 보낼 수 있다는 걸 알기 때문이죠."

가족 리추얼 중에는 과거와 연관된 것이 많다. 이러한 리추얼은 과거의 감정을 현재로 전달한다. 베로니카 체임버스는 다음과 같이 회상했다. "어머니는 천주교 신자였어요. 저는 엄마가 촛불을 켜고 기도하는 모습을 보며 자랐죠. 어릴 때는 그 의미를 이해하지 못했지만, 왠지 그 빛에 끌렸어요. 나이가 들면서 촛불을 켜는 것이 제 리추얼이 되었어요. 이제 거의 매일 밤 촛불을 켜요. 자신을 다독이고 싶을 때는 좋은 향이 나는 걸 켜죠."

리추얼은 과거를 환기시켜 그 상징과 의미를 미래로 이어간다. 어떤 가족은 매일 저녁 서로에게 "오늘 있었던 일 중 제일 좋았던 게 뭐야?"라고 묻는다. 그 질문을 들으면 아무리 힘든 하루였어도 가족에게 들려줄 만한 기분 좋은 일이 한 가지는 떠오른다고 한다. 앱스타인 부부는 저녁 식사 자리에서 아이들에게 '오늘 누군가에게 도움이 되는 일을 했는지' 묻는다.

그런데 여러 일에 치이다 보면 가족이 함께 보낼 시간을 마련하기 어려울 때도 있다. 한 어머니는 "도무지 함께 보낼 시간을 내기가 어렵다"며 달력에서 '가족의 밤'을 지정해서 따로 빼두어야 할 정도라고 토로하기도 했다.

결혼이나 동거를 통해 함께 살기로 결정하면 사람들은 각자 자신이 지켜온 가족 리추얼을 가지고 온다. 그중에 어떤 것을 유지하고 통합할지, 새로운 생활에 어떤 방식으로 편입시킬지 협의한다. 결혼,

특히 재혼으로 가정이 새로 구성되는 경우에 리추얼에 관한 기대치의 차이가 더 두드러진다. 새로운 부부나 가족 구성원은 한쪽의 리추얼을 다른 쪽이 따르거나 새로운 리추얼을 만들어내는 방식으로 새로운 생활에 적용할 리추얼을 찾기 위해 애쓴다.

아침 리추얼

대부분의 가족 구성원은 아침에 일어나서 출근이나 등교하고, 각자 볼일을 볼 때 서로의 활동을 조정해 맞춘다. 욕실 사용, 식사, 아이들 등교 준비, 자동차 열쇠 찾기 등 모든 아침 리추얼에는 각자의 리듬과 기대가 있다.

스텔라 데 바로스 바쁜 하루에도 일어나자마자 하는 기도를 빼먹지 않는다. "사는 게 너무 정신없어요. 기도는 바쁜 생활 속에 숨을 고르기 위한 방편이죠. 이 리추얼은 제가 크고 작은 일에 대처하는 데 도움이 됩니다."

가족 구성원이 욕실을 함께 사용할 때도 리추얼이 있다는 사실은 모두 알 것이다. 밖에 기다리는 사람이 있을 때 욕실에서 어느 정도 시간을 보내는지, 누가 먼저 사용하고 맨 마지막에 사용하는지, 욕실에 함께 들어갈 수 있는 사람은 누구인지, 밖에서 기다릴 때는 노크를 하는지 말을 거는지, 칫솔은 어디에 놓는지, 치약은 어떻게 짜는지, 비누는 어디에 놓는지, 화장지는 어느 방향으로 거는지, 어느 수건을 쓰는지, 그 외 물건들을 욕실 어디에 놓는지 등이 모두 그러한 리추얼이다. 이것이 제대로 지켜지는 한 모든 구성원이 기대에 맞춰 행동하고 각자 볼일을 신속하게 마칠 수 있다. 그러나 누군가가 욕실을 너무 오래 독점하거나 노크 없이 욕실에 들어오고 치약을 다르게 짜거나 휴지를 다른 방향으로 거는 등 리추얼에 어긋나는 행동을 하면 일부 구성원은 짜증을 내거나 화를 낼 수 있다.

잠자리 리추얼

우리는 대부분 잠자리 리추얼을 가지고 있다. 여기에는 실제 잠에 빠지기 위한 리추얼과 숙면을 위한 신체적인 준비 리추얼이 포함된다. 침대를 같이 쓰는 커플이 잠자리에 들기 전 함께 하는 리추얼도 있다. 어떤 커플은 함께 텔레비전을 보기도 하고 각자 책을 읽기도 한다. 잠들기 전의 대화나 포옹도 리추얼이 될 수 있다. 섹스를 하고 싶거나 그냥 자고 싶을 때 보내는 신호도 리추얼이다. 결혼해 두 자녀를 키우고 있는 서른셋의 홀리는 다음과 같은 잠자리 리추얼을 소개했다.

저희 부부는 자러 가기 전에 잠시 시간을 내서 같이 차를 마셔요. 몇 분일 때도 있고 가끔 더 오래 마실 때도 있죠. 차를 다 마신 후에는 남편이 집 안을 다니며 불이 켜지거나 문이 열린 곳은 없는지 확인해요. 저는 씻고 양치한 후 잠옷을 입고 아이들 방을 들여다봐요. 대개 잠들어 있죠. 그다음에는 알람을 맞추고 보통 같은 시간에 잠자리에 들어요. 남편도 저도 항상 정해진 쪽에서 자요. 주중에는 피곤해서 둘 다 금방 잠들어요.

어린아이들은 부모가 재워줄 때 하는 리추얼에 예민하다. 할머니가 가끔 손자를 돌보게 될 때 아이들은 늘 리추얼 순서를 상기시켜준다. 예를 들어 할머니가 양치질 전에 잠옷부터 입으라고 하면 순서가 틀렸다고 말한다. 자기 전에 책을 읽어줄 땐 어디에 앉아야 하는지, 잘 자라는 인사는 어떻게 해야 하는지, 불을 끌 때 어떤 말을 해야 하는지도 알려주곤 한다.

가족 식사와 축하 자리

◇◇◇

과거가 종종 평화롭고 목가적인 모습으로 미화되듯, 가족 식사와 축하 자리도 지나치게 이상화되곤 한다. 이런 이상화는 옛날 텔레비전 드라마에서 가족 구성원이 모두 한자리에 모여 음식을 나누고, 화기애애하게 대화하며 농담을 주고받는 모습으로 그려지곤 한다. 그러나 앞서 언급한 바와 같이 요즘에는 식사를 함께 하지 않거나 못하는 가족이 많다. 일하는 시간이 전반적으로 길어지고 근무시간 자체가 불규칙해지는 데다 야근하는 경우까지 늘어나면서 부부나 자녀가 함께 식사할 기회가 줄어들었다. 업무, 통학, 외부 활동 등으로 구성원 각자의 일정이 개별화되며 함께 밥 먹기 위한 시간 조율이 어려울 때도 많다. 빈곤 가정이나 그 외 다양한 문제를 겪는 가정도 밥을 같이 먹기 어려운 경우가 많다.

사실 가족 식사는 이상화된 이미지와 정반대일 수 있다. 많은 가정이 짧은 시간에 급하게 식사하고, 얼마 안 되는 그 시간에도 텔레비전, 전화, 문자, 이메일이 끼어들기 일쑤다. 가족 식사가 패스트푸드점에서 이루어지는 일도 흔해졌다. 가족 식사 자리에서는 언쟁과 다툼이 발생하기도 하고, 부모는 자녀의 식습관에 잔소리를 늘어놓기도 한다. 그러나 중요한 것은 가족 식사 리추얼이 우리에게 심리적 자유를 준다는 점이다.

식사 시간 리추얼

많은 가족에게 식사 시간은 리추얼이다. 가족에 관련된 50여 년간의 연구를 검토한 한 2002년 보고서를 보면, 가족과 리추얼에 관해 다룬 35개 문헌에서 가장 자주 언급된 리추얼이 저녁 식사인 것으로 나타났다. 심리학자 바버라 피스는 가족 식사에 관해 이렇게 말했다. "우리는 함께 밥을 먹으며 하루를 돌아보고 미래를 계획한다. 가족끼리만 이해하는 농담과 별명이 간간이 섞이는 식사 자리의 대화에는 특유의 리듬이 있다."

각 구성원은 식사에 누가 참석하는지, 누가 어디에 앉는지, 누가 음식을 준비하는지, 음식이 어떤 식으로 담기는지('가족 스타일'로 함께 놓고 먹는지 개별 접시로 나눈 후 먹는지), 누가 음식을 식탁으로 가져오는지 예측할 수 있다. 별도의 이야기가 없어도 모두 언제 식사를 시작해야 할지 알고 있다. 고기 요리가 늘 한 가지씩은 나온다거나 하는 식으로 어떤 종류의 음식이 나올지도 대부분 예측할 수 있다. 접시에 있는 음식을 모두 먹어야 하는지, 남겨도 되는지도 정해져 있다. 음식을 전달해달라고 하는 방법, 식사가 끝나는 시점, 식사를 마친 뒤 해야 하는 행동 등도 예측 가능하다. 이런 모든 리추얼이 참여자에게 심리적 자유를 준다. 그 자리에서 무엇을 기대해야 할지 알고 있고, 다른 구성원의 지지를 받고 있음을 알고 있으며, 자유롭게 자신을 표현할 수 있기 때문이다. 심리학자 수 존슨은 "확정적인 안정감을 느끼면 우리는 도움이 필요할 때 감정적 위험을 감수하고 편하게 도움을 청할 수 있다"고 말했다.

스티븐 코비는 가족 식사 자리에서 느낀 가족의 정서적 지지에 관해 다음과 같이 말했다.

나와 잘 맞지 않는 여자를 만나면서 힘든 시기였다. 어느 날 가족이 모인 저녁 식사 자리에서 갑자기 모두가 자신과 안 맞는 사람을 만났던 경험을 털어놓기 시작했다. 그러고는 그 상황을 벗어났을 때 얼마나 홀가분했는지 이야기했다. 당시에는 바로 깨닫지 못했지만 모두 나를 위한 이야기였다. 이 일을 계기로 내 안위와 성공을 진정으로 바라는 가족의 지지가 얼마나 소중한지 깨닫게 되었다.

엄마들이 주로 모이는 웹사이트에서 리추얼에 관한 토론이 있었는데, 몇몇은 자기 가족의 식사 리추얼을 다음과 같이 소개했다.

"어린 시절 저희 집에서는 매일 모두가 식탁에 둘러앉아 함께 저녁식사를 하는 게 중요한 전통이었어요. 텔레비전을 보면서 밥을 먹는 건

용납되지 않았죠. 저는 식탁에서 나누던 그 화기애애한 대화가 참 좋았어요. 그래서 지금도 그 전통을 이어가려고 합니다."

"어린 시절, 우리 가족은 일요일이면 하얀 냅킨을 깔고 가장 좋은 그릇과 특별한 수저, 근사한 유리잔을 꺼내서 식사했어요. 어린아이도 똑같았죠."

"일요일 오후에 할머니가 오시면 탄산음료를 마실 수 있었어요. 아빠는 저희가 쓸 유리잔을 야단스럽게 고르시고 빨간 체리도 하나씩 넣어주셨죠."

상담심리학자 바버라 커의 어린 시절 저녁 식사 시간은 시끌벅적하면서도 행복했다. "저녁 식사는 매일 같은 시간에 했어요. 대화가 끊임없이 이어졌죠. 저를 비롯해 형제자매는 아주 소중하고 중요한 존재가 된 기분이었어요. 부모님은 저희 이야기를 듣는 걸 좋아하셨고, 저희의 이야기를 귀담아들으며 어떤 하루를 보냈는지 묻곤 하셨어요."

심리학자 윌리엄 도허티는 가족과의 정기적인 피자 외식이 구성원 간의 소통과 일체성에 어떤 '정서적 중요성'을 가졌는지에 관해 다음과 같이 썼다.

이사하고 나서 금요일 밤이면 10대인 두 아이와 피자를 먹으러 나가는 것이 리추얼이 되었다. 그 전통이 몇 년 동안 지속되며 피자 외식은 대화와 소통의 시간으로 자리 잡았다. 그 시간은 우리가 가족임을 느끼게 하는, 우리 삶의 일부가 되었다. 우리는 늘 같은 피자집에 가서 같은 피자를 시키고, 같은 방식으로 테이블을 세팅했다. 그리고 피자를 다 먹을 때까지 실컷 대화를 나누고는 집으로 돌아갔다.

식사 리추얼은 가족 간의 갈등을 예방할 수 있다. 구성원들은 이야기를 나눌 수 있는 주제와 피해야 할 주제를 파악하고 있고, 리추얼에 따라 자기 감정을 표현하거나 숨길 수 있기 때문이다. 많은 가정에서 식사 리추얼, 특히 저녁 식사 리추얼은 가족 정체성 형성에 기여한다. 이런 리추얼은 가족의 소통을 강화하고 교류를 자유롭게 하며, 서로에 대한 지지를 느끼게 해준다. 식사 시간에는 하루 동안 있었던 일들을 이야기하는 자리일 뿐 아니라, 과거의 이야기를 공유하고 미래를 계획하는 자리이기도 하다. 구성원은 식사 리추얼을 통해 연대감을 느낀다. 그뿐만 아니라 서로에 대한 지지를 확인하고 감정의 표현을 조절하며 적절히 소통한다. 흥미롭게도 식사 시간 리추얼이 음식을 더 맛있게 느껴지게 한다는 연구 결과도 있다.

추수감사절, 크리스마스, 그 외의 명절

◇◇◇

음식 칼럼니스트 비 윌슨은 명절 음식에 관해 이런 글을 썼다. '우리는 왜 매년 먹는 명절 음식에 설렐까? 우리가 느끼는 것은 메뉴 선택의 압박에서 벗어났다는 해방감이 주는 설렘일 수도 있다. 그런 의미에서 리추얼은 우리를 자유롭게 한다.' 추수감사절, 크리스마스 등의 명절 리추얼은 미국 가정에서 중요한 위치를 차지해왔다. 명절은 함께 사는 가족 외에도 대가족이 모여 과거로부터 이어져 온 리추얼을 수행하는 날이기도 하다.

많은 사람들이 완벽한 명절에 관한 이상적인 이미지를 떠올리며 기대를 품곤 한다. 온 가족이 모인 행복하고 화목한 명절을 꿈꾸는 이도 많지만, 사실 현대 사회에서 이런 기대가 충족되기는 쉽지 않다. 실제로 그런 이상적인 모습은 드물다. 가족이 지리적으로 멀리 흩어져 사는 경우도 있고 해체와 재결합을 거친 가족도 있으며 구성원 간에 갈등이 존재하는 가족도 있다. 전자 기기의 방해도 빼놓을 수 없다. 이런 다양한 방해 요소로 인해 많은 사람들이 명절에 실망과 슬픔을 느끼기도 한다.

추수감사절

추수감사절은 미국에서 대가족이 모여 만찬을 즐기는 몇 안 되는 법정공휴일이다. 추수감사절이 청교도를 미화하고 원주민 대량 학살을 감춘다는 비판도 있지만, 이 명절 리추얼은 미국인의 전통문화로 자리 잡았다. 이민자와 자녀들은 추수감사절 리추얼을 통해 자신들이 미국인임을 느끼고 청교도가 자신들의 조상이라 여기게 되기도 한다.

추수감사절 식사는 일반적인 식사와는 구분되는 리추얼이다. 비윌슨은 이와 관련해 이렇게 말했다. "푸짐하게 차린 추수감사절 식탁을 마주하면 우리는 갑자기 모두 명절 전문가가 된다. 언제 어떤 음식을 내고 어떻게 먹어야 할지에 관해 모두가 독단적인 의견을 맹렬히 내세운다." 대부분의 가족 식사 리추얼과 마찬가지로 추수감사절 리추얼에도 거의 같은 참석자가 같은 좌석 배치로 참여한다. 칠면조를 자르는 방식도, 음식의 종류도, 음식을 제공하는 순서도 매년 비슷하다. 갑자기 뭔가가 달라지면 참여자는 의아함과 함께 낯설다는 느낌을 받을 것이다. 늘 오던 참석자의 부재나 늘 먹던 음식의 부재는 중요한 변화에 속한다. '칠면조구이가 없으면 추수감사절이 아닌' 것이다.

크리스마스

크리스마스는 서양에서 시작되어 지금은 대부분의 기독교 국가에서 명절이 되었다. 기독교인에게 크리스마스는 12월 25일이지만, 동방정교회에서는 1월 7일이다. 미국과 서유럽에서는 크리스마스에 대부분의 관공서와 사업장이 문을 닫고, 대중교통 또한 축소되거나 운행하지 않는다. 크리스마스 전야에는 많은 기독교인이 교회에 가거나 자정 미사에 참여한다. 동방정교회 또한 크리스마스 전야에 성찬을 가진다.

가족과 친구, 연인들 사이에 카드와 선물을 주고받는 크리스마스 리추얼이 가장 유명하다. 크리스마스트리를 세우고 매년 같은 장식품으로 꾸미는 리추얼을 지닌 가족도 많다.

카터의 집에서는 매년 '크리스마스 토론회'가 열린다. 짐은 크리스마스 트리와 예쁜 장식, 캐럴을 좋아한다. 반면 집안일 때문에 늘 피곤한 제인은 괜히 할 일만 늘어난다며 집을 꾸미고 선물을 사서 포장하고 크리스마스 음식을 만들고 먹을 시간에 잠이나 잤으면 좋겠다고 말한다. 결국 제인의 설득으로 올해는 트리 장식을 하지 않고 외식을 하기로 결정한다.

트리가 없으면 크리스마스가 아니라고 섭섭해하는 이들도 있다. 그러나 트리와 선물이 크리스마스의 핵심은 아니다. 중요한 것은 32년간 매년 트리를 장식하고 그 아래에 예쁘게 포장한 선물을 잊지 않고 놓아둔 가족의 사랑이다. 가족을 더 강하게 만드는 것은 바로 그런 사랑이다.

이상화된 크리스마스 리추얼에는 종종 갈등이 내재해 있다. 많은 가정이 크리스마스 리추얼에 정서적으로 큰 의미를 두며, 또 많은 사람들이 완벽한 크리스마스에 관한 환상을 품는다. 그런 이들은 트리의 장식 방법부터 장식물에 담긴 의미, 선물의 포장 방식에서 개봉 순서까지 많은 것을 완벽하게 연출하고자 한다. 크리스마스 리추얼에 참여하는 이들은 그것을 즐기면서도 비판적인 생각을 가질 수 있다.

완벽한 크리스마스에 관한 기대는 그렇지 못한 현실을 만나 실망을 변할 수도 있다. 빈곤이나 가족 간의 다툼, 함께하지 못한 구성원에 관한 그리움, 받지 못한 선물에 관한 아쉬움 등이 크리스마스의 기쁨을 반감시키기도 한다.

서점에 가보면 사랑이 넘치는 즐거운 크리스마스를 만드는 법에 관한 지침서도 있다. 크리스마스 연출 지침서가 따로 있다는 것은 그만큼 명절 리추얼이 쉽지 않다는 사실을 보여준다. 중요한 것은 명절 리추얼의 여러 특성 중 어떤 요인이 우리에게 자유를 주고 또 어떤 요인이 자유를 제한하는지 밝혀서 리추얼이 갖는 순기능을 더욱 크게 하는 것이다.

    이 장에서는 평범한 루틴에서부터 명절 식사와 축하 자리까지, 다양한 가족 리추얼이 각 구성원의 가족 정체성을 어떻게 강화하는지 살펴봤다. 리추얼은 가족 구성원 간의 시간과 공간 조율을 돕고, 감정의 표현과 숨김 또한 돕는다. 리추얼의 상징은 가족 구성원의 소속감을 높여주는 한편, 모두가 자유롭게 생각하고 느끼고 상상하고 리추얼에 관해 성찰하게 함으로써 갈등을 예방한다.

6

리추얼은
건강을 다스린다

전통과 리추얼은 가족을 결속하고 구성원에게 특별하다는 기분을 느끼게
해주며 자녀들에게 가치와 의미를 전달한다. – 줄리 보든 데이비스

우리는 앞서 5장에서 가족 리추얼이 참여자에게 심리적 자유를 준다는 점을 살펴봤다. 그런데 가족을 가족답게 만들어주는 리추얼은 비단 심리적 건강뿐만 아니라 육체적 건강에도 중요한 역할을 한다. 이번 장에서는 가족 리추얼 중에서도 식사가 어떤 방식으로 구성원의 신체적·정신적 건강에 기여하는지 살펴보고자 한다. 또한 스트레스나 위기, 변화 상황에서 가족을 어떻게 보호하는지도 살펴본다. 아동 발달 전문가 시빌 월린은 "가족 리추얼은 어려운 감정에 관한 보호막을 제공하고 회복력을 심어준다"고 주장했다.

월린에 따르면 가족 리추얼은 다음의 여러 방법으로 회복을 돕는다. 첫째, 가족 구성원을 연결하고 다시 가족의 역사와 더 큰 공동체,

공동의 축하 문화에 연결한다. 둘째, 경외심·경건함·감사함 등 강렬하고 긍정적인 감정을 일깨운다. 셋째, 변화가 닥쳤을 때 안정감과 예측 가능성을 제공한다. 넷째, 개별 구성원이 어려움을 겪거나 사라지더라도 가족은 지속된다는 확신을 준다. 다섯째, 가족의 성취와 좌절, 그로부터 배운 교훈, 미래의 목표 등을 성찰하며 가족의 가치와 정체성을 세대에서 세대로 전달한다. 여섯째, 위안과 자신감, 긍정의 힘을 준다.

가족 상담사 돌로레스 커런은 500명의 가족 전문가를 대상으로 설문을 실시해 건강한 가족의 15가지 특성을 발견했다. 여기에는 '풍부한 리추얼과 전통이 주는 강한 가족애'가 포함되었다. 임상심리학자 메리 파이퍼는 리추얼이 가족이 함께 보내는 시간을 보호하고 가족을 품어준다고 설명하며 "바쁜 일정은 삶을 훔치고 가족 리추얼은 삶을 되찾아준다"고 말했다.

가족 리추얼도 다른 리추얼과 마찬가지로 1970년대 이후 점차 약화되고 있다. 한부모 가정의 증가, 근무시간의 불규칙성, 집밥을 먹는 가족 식사 감소, 전자 통신의 방해 등이 리추얼을 약화시켰다. 각 구성원의 외부 일정이 늘어나며 가족이 함께 보내는 시간은 점점 감소했다. 실제로 가족 리추얼에는 다양한 요인이 영향을 준다.

이 장에서 논의하는 연구들은 가족 리추얼과 건강의 관계를 보여주지만 그 인과를 규정하지는 않는다. 다만 일부 연구의 저자는 인과관계를 제시하기도 한다.

저녁을 함께 먹는 집의 아이들이 성공한다

◇◇◇

새삼스럽게 들리겠지만, 정해진 시간에 식사를 하는 것은 건강한 식습관을 장려하고 비만이나 당뇨, 천식, 암 등 만성 질환의 개선에 도움이 된다. 특히 혼자 먹는 것보다 가족이 함께 하는 것이 정신적으로도 더 좋다. 변화는 긴장감을 준다. 이 긴장감을 완화해주는 것이 매일 반복되는 루틴, 즉 리추얼이다. 일상으로 돌아왔다는 느낌이 긴장을 완화하고 스트레스를 줄여주는 것이다.

이런 일상을 깨는 큰 사건 중에 하나가 가족 중 누군가가 아픈 것이다. 가족의 질병이나 만성 질환은 모든 구성원에게 영향을 끼친다. 질병이 발생하면 가족이 기존에 수행하던 리추얼의 성격과 빈도에 변화가 생길 수밖에 없다. 이럴 때 평소보다 루틴을 더 반복하거나 의식을 강화하는 것은 매우 중요하다. 39개의 논문을 분석한 한 연구에 따르면 만성 질환의 발생으로 어려운 상황에서 루틴과 리추얼이 구성원들에게 평상성을 어느 정도 되찾아 주는 것으로 나타났다.

부모와 자녀가 함께하는 루틴은 양쪽 모두의 정신 건강에 도움이 된다. 확고하게 정립된 루틴은 젊은 엄마의 육아를 포함해 개별 구성원의 기능에 긍정적인 영향을 준다. 가족에게 예측 가능한 루틴이 존재하면 유아와 취학 전 아동의 건강에 도움이 되고 자녀의 행동 조절이 수월해진다. 부모가 이혼한 341명의 아동을 대상으로 한 연구에서 규칙적인 취침 루틴의 존재는 아이의 2년 후 학업 성취도와 관련성을 보였다. 단, 이런 결과가 반드시 인과 관계를 의미하는 것은 아니며, 다양한 요인이 작용했을 수 있다. 취침 루틴의 규칙성은 결석 횟수의 감소 및 전반적인 건강 상태와도 관련이 있다. 칭얼거리는 아이를 침대에 눕히고 울음을 달래고 잠들었는지 확인하고 아이의 방을 나오는 루틴이 체계적인 가정일수록 아이가 자다가 중간에 깨는 빈도가 낮았다.

주 4회 이상 식사를 함께 하는 가족의 자녀들이 더 높은 학업성적을 보였으며, 평균 체중 또한 더 잘 유지하는 경향이 있었다. 이러한 아이들은 저연령기에 약물이나 알코올을 사용할 가능성이 작았고, 과일과 채소를 더 섭취할 가능성이 컸다. 미국 남부 농촌지역의 빈곤한 아프리카계 미국인 가정에서는 루틴이 규칙적인 가정일수록 어머니와 자녀 간 상호 작용의 질이 높고 어머니의 자존감 또한 더 높게 나타났다. 도심 지역 저소득 아프리카계 미국인 가정의 경우, 가족 루틴의 규칙성이 학업적 성공과 관련성을 보였다.

리추얼, 심리적 안녕, 스트레스, 그리고 소통

가족 리추얼은 구성원의 심리적 안녕과는 비례 관계를, 스트레스와는 반비례 관계를 보인다. 규칙적인 리추얼과 루틴이 가족 구성원의 스트레스를 줄이고 회복력을 높인다는 사실은 여러 연구에서 드러났다. 니콜 요리오는 스트레스 지수가 낮은 가족의 일곱 가지 특징을 제시했는데, 그중 하나가 '일상 리추얼의 적극적 수용'이었다. 41개 가족을 대상으로 진행된 한 연구에서 아동의 절반은 정신과 치료를 받고 있었고 나머지 절반은 그렇지 않았는데, 후자의 가정이 가족 리추얼 항목에서 훨씬 높은 점수를 기록했다.

세 명의 연구자가 32개의 다양한 가정을 나흘 동안 관찰하며 하루의 모든 활동을 기록하고 가족의 스트레스 정도를 측정한 연구가 있다. 이 연구에서도 스트레스 지수가 낮은 가족은 일상적인 리추얼을 더 많이 실천하는 것으로 드러났다. 또한 저녁 시간에 하루 일에 관한 대화를 나누는 부부일수록 스트레스가 적었으며, 스트레스 호르몬인 코르티솔의 수치가 낮게 나타났다. 요리오는 이에 관해 다음과 같은 결론을 내렸다.

과거에는 자연스러운 즉흥성과 설렘이 부부 관계를 좋게 한다고 생각했지만, 실제 가족 관계를 돈독하게 하는 것은 일상과 연속성이다. 부부가 일과를 마치고 커피 한 잔을 마시는 것, 자녀가 잠자리에 들 때 부모가 이야기책을 읽어주는 것 같은 사소한 순간이야말로 가족생활을 편안하게 만들고 부부를 친밀하게 만드는 원동력이다.

가족 리추얼은 구성원 간의 소통과도 관련이 있다. 대학생 250명을 대상으로 가족 리추얼과 소통의 상관관계를 조사한 결과, 리추얼이 많은 가정일수록 성인 자녀를 포함한 자녀와 부모의 의사소통이 더 활발한 것으로 드러났다. 또한 가족의 루틴에 더 많은 의미를 두는 가정의 자녀는 불안의 정도가 더 낮게 나타났다.

가족 리추얼은 자녀의 심리적 안녕에도 중요한 역할을 한다. 32개의 논문을 검토한 결과, 가족 루틴과 리추얼은 부모의 양육 능력, 자녀의 적응력, 결혼생활에 관한 만족도와도 관련이 있었다. 학령기 아동 75명을 대상으로 식사 시간 상호 작용을 조사한 연구에서는 타인의 활동에 진정한 관심이 담긴 상호 작용을 경험한 아이들이 감정 조절에 더 익숙한 것으로 나타났다. 또 부모의 답변을 바탕으로 평가했을 때, 이런 아이는 심리·사회적 문제가 내면화되는 경향이 낮은 것으로 나타났다.

청소년 527명을 대상으로 연구한 결과 적응력이 높은 청소년은 약물 남용이나 우울증, 학업 동기 부족, 또래 관계 문제를 지닌 청소년에 비해 일주일에 성인 가족 구성원과 함께 식사하는 횟수가 더 많은 것으로 나타났다. 이는 꼭 부모가 아니더라도, 조부모나 성인 친척과 함께 저녁 식사를 하는 청소년의 경우에도 부모와의 식사 시간이 적은 부분을 메워주는 결과를 보였다.

주 5회 이상 가족과 함께 식사하는 청소년은 그보다 적거나 아예 가족 식사를 하지 않는 청소년보다 가족 내 스트레스와 긴장감이 낮게 나타났다. 또한 가족 식사 횟수가 많은 청소년은 심각한 문제가 발생했을 때 부모와 상의할 확률이 높았고, 부모 또한 자녀를 자랑스럽게 생각하는 경우가 많았다. 즉, 가족의 회복력은 일관된 규칙과 리추얼, 루틴을 통해 향상된다고 볼 수 있다.

루틴은 청소년의 안녕감을 나타내는 지표로써 스트레스가 높아지는 시기에 가정생활의 안정감과 연속성을 제공한다. 많은 청소년이 통제력을 강화해주고 안정성을 느끼게 해주며 정체성의 표현에 도움을 준 요소로 루틴을 꼽았다.

고민이 있을 때 가족에게 솔직히 털어놓는 여자아이들은 그렇지 않은 아이들에 비해 우울감이 낮고 참여도가 높은 것으로 나타났다. 그 밖에도 많은 연구가 가족의 루틴과 리추얼이 사회적 연결성과 비례 관계에 있으며 불안 및 우울증과는 반비례 관계에 있다는 점을 시사했다.

학업적 성공

공부를 잘하는 학생들의 경우도 마찬가지였다. 고등학교 졸업반 학생 2,000여 명을 대상으로 한 설문에서 일관되고 잦은 가족 식사가 학업에 긍정적 영향을 미치는 것으로 드러났다. 15년에 걸쳐 65개 가족을 연구한 결과 가족 식사에서의 대화는 아이들의 어휘력 향상에도 도움이 되는 것으로 나타났다. 식탁에서 더 많은 대화를 나누는 가정의 3~4세 아이는 5세가 되었을 때 더 풍부한 어휘력과 문해력을 보였다. 7세에서 11세까지의 남녀 아동을 대상으로 한 연구에서는 가족 식사를 자주 하는 가정의 아이들이 학교생활과 성취도 평가에서 더 우수한 모습을 보였다.

가족과 함께 먹으면 몸에 더 좋다

◇◇◇

지금까지는 가족 리추얼이 지닌 정신 건강상의 이점을 살펴보았다. 이제 가족 리추얼이 신체적 건강에 주는 영향, 그중에서도 식습관 개선과 질병 완화에 미치는 영향에 관해 살펴보자.

리추얼과 건강한 음식

가족 리추얼은 식단의 질에 영향을 준다. 68개 과학 보고서를 분석한 결과 가족과 함께 식사하는 청소년은 초기 성인기에 양질의 식단과 건강한 식사 패턴을 보였다. 가족과 함께 하는 저녁 식사는 건강한 식단 섭취 패턴과도 연관되어 있었는데, 가족 식사의 빈도가 높을수록 과일과 채소의 섭취가 증가하고 튀긴 음식과 탄산음료, 포화지방과 트랜스지방 섭취가 감소했다. 이는 혈당 상승을 막고 섬유질 및 미량 영양소 섭취 증가로 이어졌다.

식사할 때 텔레비전을 시청하지 않는 가족은 시청하는 가족에 비해 더 건강한 식사를 한다. 텔레비전을 보며 식사하는 가족의 식단 구성은 과일과 채소의 비중이 작았고 피자와 군것질 비중이 컸다. 텔레비전을 켜놓은 채 식사하는 습관은 건강한 음식 섭취뿐 아니라 대화에도 부정적인 영향을 미치는 것으로 나타났다.

리추얼과 비만

가족과 함께 하는 식사가 아닌 식사 풍경에서 자주 볼 수 있는 것이 패스트푸드, 즉석식품, 폭식, 빠르게 먹는 모습이다. 이는 모두 비만율과 관련이 있다. 미국의 국민건강영양조사에 따르면 2017년에서 2018년 기준 어린이의 19.3퍼센트, 성인의 42.4퍼센트가 비만에 해당했다. 정기적인 가족 식사와 비만 사이의 반비례 관계를 보여주는 연구는 다수 존재한다. 9~11세와 13~15세 자녀를 둔 312개 가족을 대상으로 한 연구에서는 아버지가 패스트푸드점과 레스토랑에서 보내는 시간과 자녀가 그러한 음식점에서 보내는 시간 사이에 연관성이 큰 것으로 드러났다. 체질량지수를 기준으로 비만과 가족 리추얼의 상관관계를 조사한 한 연구에서는 집밥을 먹는 빈도가 높은 가족은 그 외의 장소에서 식사하는 가족에 비해 아동과 성인 모두 낮은 체질량지수를 보였다. 폭식 역시 가족 저녁 식사의 빈도와 반비례하는 것으로 나타났다.

기타 질병

만성 질환을 앓고 있는 사람들에게 식습관은 매우 중요한 건강 요인이 된다. 특히 정기적으로 약을 복용해야 하는 질환의 경우 가족 식사 루틴은 약을 꾸준히 먹는 데 도움을 준다.

천식 관리에서 가족 루틴이 중요한 역할을 한 예를 살펴보자. 가족 루틴이 도심 지역의 천식 아동에게 주는 영향을 조사한 한 연구에서는 루틴을 가진 가족일수록 예방 약물 투여를 더 잘 지키고 환경적 유발 요인에 덜 노출되는 것으로 드러났다. 또한 부모가 높은 양육 스트레스에 노출된 상황에서 가족 리추얼이 천식 아동의 보호 기능을 수행하는 것으로 나타났다. 유아 호흡기 감염이 발생했을 때 규칙적인 루틴이 존재하는 가정의 아이들이 더 빠르게 회복한다는 연구 결과도 있다.

1형 당뇨를 앓고 있는 아동의 경우 루틴이 문제행동의 감소와 치료 순응에 긍정적인 영향을 주는 것으로 나타났다. 암 치료 중인 아동의 가정 또한 가족 리추얼의 수준이 높을수록 더 강한 희망과 결속력을 보였고, 가족 리추얼이 적은 가정에 비해 삶의 질이 높은 것으로 드러났다.

알코올중독자가 있는 가족 역시 함께 하는 식사로 알코올 섭취를 통제할 수 있는 것으로 나타났다. 또한 알코올중독의 부부간, 세대 간의 전이 또한 감소하는 모습을 보였다.

에이즈 보균자 어머니를 둔 청소년 자녀 118명을 대상으로 한 연구에서는 가족 리추얼의 빈도가 높은 가정의 자녀일수록 자아 개념 발달 정도가 높고 공격성과 불안감, 걱정, 우울감, 품행장애, 폭음의 발생 비율이 낮았다. 만성 근골격계 통증 환자 50명과 그 배우자를 대상으로 한 연구에서는 루틴과 의미 있는 리추얼이 환자 개인과 가족 모두에게 통증 관련해 더 나은 결과를 주고, 긍정적인 기분을 느끼게 하는 것으로 나타났다.

리추얼, 결혼, 그리고 종교

◇◇◇

점점 길어지는 노동시간, 근무시간의 불규칙성, 외부 활동의 증가로 인해 현대 사회에서 가족 리추얼을 지키는 일이 점점 어려워지고 있다. 근무시간이 불규칙한 부모들은 어쩔 수 없이 집 밖에서 끼니를 해결하는 일이 많아진다. 현대에 이런 모습은 당연하게 여겨지고, 오히려 저녁에 집에 모여서 밥을 먹는 규칙을 고수하는 것이 더 어렵고 힘든 일처럼 보일 수 있다. 그러나 많은 어려움에도 가족과 정기적으로 시간을 보내려 노력하는 사람들이 결혼생활과 부모로서의 삶에 더 만족하는 경향이 있는 것으로 나타났다. '저녁이 있는' 가족은 결혼생활의 안정성을 높이고 부모 역할을 하는 성인 구성원들의 만족도를 높인다.

루틴을 공유하고 가족 리추얼의 맥락에서 의미를 만드는 행동은, 사람들의 결혼생활 만족도를 낮아지게 만드는 원인으로 지목되는 육아 초기 단계에 가정을 유지하는 데 도움을 준다.

종교도 가정에서 안정감과 유대감을 형성하는 데 중요한 역할을 한다. 종교적 리추얼을 함께 수행하는 평균 9년 차 부부 120쌍을 대상으로 결혼생활 만족도와 종교적 명절 리추얼의 연관성을 조사한 한 연구에서는 이들의 결혼생활 만족도가 명절을 별로 지키지 않는 비슷한 조건의 부부보다 더 높은 것으로 드러났다. 명절 장식을 하거나 촛불을 켜는 등 명절 리추얼에 참여하고 의미를 찾는 행동은 부부의 결혼생활을 더욱 공고히 한다. 단, 남편 쪽의 만족도는 리추얼의 의미와 더 연관되어 있고, 아내 쪽의 만족도는 리추얼의 수행과 더 연관되어 있는 모습을 보였다.

가족 리추얼 안의 자유

정신과 의사 프레더릭 포드는 가족 리추얼에 관해 쓴 글에서 리추얼을 규칙에 빗댔다. 모든 가정에는 규칙이 있으며, 구성원은 그 규칙을 따르는 한 자유를 누릴 수 있다. 포드는 규칙이 명확하지 않거나 규칙을 파악할 적절한 방법이 없는 경우 가족 구성원이 불안이나 분노 등의 감정적 증상을 보일 수 있다고 경고했으며, 가족 안에서 개인적인 시간을 확보하는 리추얼 또한 의도적으로 수행해야 한다고 권장했다.

이 장에 인용한 수많은 연구는 식사와 축하를 위한 가족 리추얼이 구성원의 정신적·신체적 건강과 긍정적인 상관관계에 있다는 증거를 제시한다. 가족 리추얼에 참여하는 아동과 청소년은 어휘력과 학업 성적에서 우수한 모습을 보였다. 그들은 더 건강한 식습관을 선택하고 긍정적인 가치관을 드러냈다. 가족의 정해진 규칙과 약속은 약물 남용, 우울증과 자살, 폭력, 학교 문제, 폭식과 구토, 과도한 체중 증가 등의 고위험 행동을 피하는 데도 효과적이다. 특히 결혼생활 안정성을 강화해주는 것으로 나타났다.

7

죽음을
마주하는 법

표면적으로 장례식의 대상은 망자지만, 장례식으로 도움을 받는 사람은
죽은 사람이 아니라 산 사람이다. 장례식은 사실 남은 이들을 위해 수행된
다. – 레이먼드 퍼스

애도에는 개인이 경험할 수 있는 가장 강렬한 감정이 수반된다. 여기에는 슬픔과 절망, 고뇌, 두려움, 무력감, 우울감, 그리움은 물론 분노와 회한, 후회, 죄책감까지도 포함된다. 애도의 강렬함은 종종 광기와 두려움, 몸이 말을 듣지 않는 괴로움 등으로 묘사되기도 한다. 반면 어떤 이는 오히려 아무 감정도 느껴지지 않는 무감각을 경험하기도 한다. 프로이트는 애도가 '삶에 대한 정상적인 태도에서 크게 벗어난 상태'라고 말했다.

죽음은 사적이고 개인적인 상실일 뿐 아니라, 구성원을 잃은 공동체의 상실감도 불러온다. 이로 인해 개인과 공동체 모두의 안정감과 연속성을 무너뜨린다. 그런 상황에서 죽음에 관한 리추얼은 애도하는 개인과 공동체의 치유를 돕는다. 리추얼은 상실에 의미를 부여하고 유대를 재확인한다.

전 세계의 모든 사회에는 구성원의 죽음에 대처하고 극복하기 위한 리추얼이 존재한다. 애도의 형태는 무한대에 가깝다. 격렬한 울음과 통곡으로 애도하는 문화권이 있는가 하면, 삶에 대한 기쁨과 웃음으로 표현하는 문화권도 있다. 어떤 문화권에서는 감정을 드러내지 않은 채 의연하고 절제된 모습을 보인다. 필리핀의 일롱고트족과 인도네시아의 술라웨시족은 비통과 분노 속에 '머리사냥말 그대로 이웃의 머리를 사냥하는 행위로, 슬픔이나 분노 등의 감정을 조절하기 위해 행해졌다'을 나간다. 전통적인 아일랜드식 경야에서는 상스러운 놀이를 시끌벅적하게 즐기며, 마다가스카르의 바라족은 관능적인 춤을 추기도 한다. 북미 북서부 해안 원주민은 포틀래치라는 잔치를 열고, 아마존 일부 지역에서는 가족의 유해 일부를 먹기도 한다. 페루의 히바로족은 망자에 관한 기억을 지우려 애쓰며, 수단의 딩카족에는 존경받는 지도자가 자발적으로 생매장되는 풍습이 있다.

미국에서는 애도할 때 격한 감정을 드러내지 않는 의연하고 금욕적인 태도를 높게 산다. 이런 태도는 16~17세기 칼뱅주의 청교도 문화에 뿌리를 두고 있다. 정신과 의사인 콜린 파크스는 "모든 상황에 자신의 감정을 적절히 통제하는 모습이 애도하는 바른 모습이라고 여겨진다"고 썼다. 라디오 방송에 전화를 건 한 익명의 청취자는 애도에 관해 "그냥 무작정 참아야지 별수 있나요"라고 말하기도 했다.

그러나 거의 모든 사람들에게 슬픔의 감정은 압도적이다. 애도해야 하는 상황에서 스트레스 호르몬 수치는 크게 증가한다. 셰익스피어는 작품에서 "내 혀는 내 슬픔을 다 말하지 못한다"고 쓰기도 했다. 희곡 〈리처드 2세〉에는 다음과 같은 구절이 등장한다.

진정 내 슬픔은 모두 내 안에 있네
겉으로 드러나는 이 모든 한탄은
괴로운 영혼을 조용히 채우는
보이지 않는 슬픔의 그림자에 불과하도다.

소설가 조앤 디디온은 사별 후 느낀 감정을 '파괴적인 파도처럼, 발작처럼, 무릎의 힘을 빼고 눈을 멀게 하고 삶의 일상성을 완전히 말살하는 불안'으로 묘사했다. 그녀는 남편이 갑작스럽게 죽고 나서 1년이 지난 후에야 어느 정도 정상적인 상태로 돌아올 수 있었다.

작가 빌 헤이스는 상실에 관해 다음과 같이 썼다. "엄청난 상실로 인한 고통은 뇌 손상과도 같다. 마치 좀비처럼, 걸어 다니기는 하지만 도무지 똑바로 생각할 수 없으며 약에 취한 것 같은 느낌이 든다." C. S. 루이스는 이렇게 말하기도 했다. "지금껏 내게 애도가 두려움과 비슷한 느낌을 준다고 말해준 사람은 없었다. 실제 두려운 것은 아니지만 뱃속이 울렁거리며 마치 두려움과 비슷한 감각이 느껴진다. 술에 조금 취하거나 가벼운 뇌진탕이 온 것 같은 느낌이 들 때도 있다." 루이스는 애도 중인 사람이 느끼는 고립감에 관해서도 이야기했다. "세상과 나 사이에 보이지 않는 담요가 둘려진 것 같았다."

조이스 캐럴 오츠는 첫 남편의 갑작스러운 죽음 후 느낀 감정을 이렇게 표현했다. "하룻밤 사이에 모든 것이 바뀐 기분이었다. 내면에서는 천둥소리를 내며 쏟아져 내리는 눈사태가 나를 통째로 집어삼켰다. 눈사태는 내 머리를 강타하고 입안을 잔해로 가득 채웠다. 머리를 세게 맞아 시력이 흐려진 것 같았다."

이번 장에서는 죽음으로 인한 상실에 관련된 리추얼을 살펴본다. 임종, 장례식, 추도식, 망자의 매장 또는 화장, 애도, 죽음 이후의 추도 등은 다른 리추얼들과 마찬가지로 산 사람이 상실의 현실을 느끼고 생각하고 상상하고 성찰하고 받아들일 수 있는 자유를 얻도록 도와준다.

죽음을 분리하고 변환하는 리추얼

◇◇◇

리추얼의 가장 중요한 역할 중 하나는 상실에 대처하는 것이다. 그리고 인간이 느끼는 가장 큰 상실은 죽음이다. 종교의 모든 철학과 관습 역시 사람이 죽음과 관련해 느끼는 정서적 부담을 완화하는 것을 목표로 한다. 장례식을 비롯한 많은 리추얼이 남겨진 사람들로 하여금 죽음의 현실을 받아들이고 죽은 자에 관한 기억을 품은 채 다시 일상을 살아갈 수 있게 하는 '전환'의 역할을 한다. 또 생물학적 죽음을 받아들이는 동시에 '영혼'으로 다시 살도록 전환하는 역할도 한다.

죽음에 관한 리추얼은 죽음이 진행되는 과정과 임종의 순간에도 수행되지만, 대부분 죽음 이후의 과정에 집중된다. 여기에는 임종을 맞는 방식, 시신의 관리, 장례식, 추도식, 매장 등이 포함된다.

죽음의 의례는 다른 리추얼과 마찬가지로 경계를 정의한다. 이 경계는 산 자와 죽은 자, 시간의 흐름, 그리고 그에 따라 나타나는 상실과 애도의 인정 단계들을 정의한다. 이 경계를 구분함으로써 남은 사람들이 죽음의 현실을 받아들이고 이를 뒤에 남기도록 함으로써 상실의 고통을 견뎌내고 일상으로 돌아올 수 있게 해준다. 분리와 전환의 리추얼을 연구한 방주네프는 이런 리추얼에서는 '일종의 자율성이 허용되어야 한다'는 결론을 내렸다.

죽음의 변화

◇◇◇

20세기까지만 해도 미국과 유럽에서는 대부분이 자기 집 침대에서 가족에게 둘러싸인 채 임종을 맞았다. 타지에서 사고를 당하거나 치명적인 질병에 걸린 경우, 전쟁 등에서 사망하는 경우만이 예외였다. 임종이 다가오면 가족, 자녀, 친구, 이웃과 기타 지역사회 구성원들이 병상 주변으로 모이는 것이 일종의 공공 의례였다. 임종 후에는 그들이 관을 직접 무덤으로 옮기거나 무덤으로 향하는 마차에 실었다. 시신은 친척과 이웃들이 잠들어 있는 지역 교회에 묻히는 경우가 많았다.

장수하는 사람이 드물었던 과거에는 아기나 어린이, 출산하던 산모가 사망하는 일이 흔했다. 모두가 죽음을 피할 수 없는 삶의 자연스러운 일부로 받아들였으며, 죽음을 공동체 생활에서 분리하지 않았다. 과거에는 죽음을 특별히 더 두려운 사건으로 간주하지 않았다.

20세기와 21세기

20세기에 들어서며 과거 중시했던 죽음에 관련된 리추얼 중 상당수가 크게 축소되거나 사라졌다. 죽음은 더 이상 공동체가 자연스럽게 공유하는 공적 사건이 아니었다. 죽음은 사적이고 개별적이며 고립된 사건이 되었고, 점점 더 의료화되었다. 죽음이 삶에서 분리되어 고립된 데는 인구 증가, 인구 이동의 증가, 고령화, 병원이나 요양원, 장례식장 같은 시설의 증가 등이 영향을 끼쳤다.

제1차 세계대전에 참전한 많은 미군 병사가 고향에서 멀리 떨어진 곳에서 사망했다. 가족들은 여러 이유로 삶의 터전을 옮겨야 했다. 거주자의 이동이 잦아지며 지역 공동체와 이웃 관계에도 변화가 생겼다. 죽음을 맞이할 시점에 가까운 곳에 가족이 살고 있을 확률이 줄어들었다. 집에서 임종을 맞는 경우도 감소했고, 임종 후 매장 전까지 망자의 시신을 집에 두는 경우도 줄어들었다.

20세기가 되며 대규모 시설이 죽음을 위한 '집'이 되었다. 많은 사람들이 집이 아닌 병원과 요양원에서 임종을 맞았다. 장례식장과 장의사, 보존처리사가 가족과 이웃, 교회가 하던 일을 대신하게 되었다. 입관 전 마지막 대면과 장례, 매장에 관련된 세부적인 사항은 이런 이들의 담당이 되었다. 보존처리사는 방부제와 화장품 등을 사용해 고인이 산 사람처럼 보이도록 꾸몄다. 이렇게 장례 산업과 병원, 요양원이 가족의 일을 대신하게 되면서 과거에 중시되었던 리추얼들은 대폭 축소되거나 사라졌다. 죽음은 20세기와 21세기를 거치며 우리의 눈앞에서 점점 사라졌다.

우리는 죽음을 직접적으로 뜻하는 단어를 피하는 경향이 있다. 예를 들어 위키피디아에는 죽음을 에둘러 말하는 표현이 258개나 등재되어 있다. 우리는 '죽다'라는 표현 대신 '돌아가다' '숨을 거두다' '유명을 달리하다' 등의 완곡한 표현을 사용한다. 프랑스의 역사학자 필리프 아리에스는 "기술은 죽음 자체가 사라졌다는 환상을 줄 때까지 죽음의 영역을 침식한다"고 말한 바 있다. 프랑스어의 경우 일상적인 대화와 뉴스 보도에서 죽음을 '사라짐disparu'이라고 표현한다.

'죽음을 향하는' 리추얼의 부재

◇◇◇

모든 생명은 태어난 그 순간부터 죽음을 향해 가고 있다. 그런데 그중에서도 명확하게 죽음의 그림자가 보이는 사람들이 있다. 난치병이나 불치병으로 시한부 선고를 받은 이들이나 뇌사 상태의 환자, 자발적 호흡이 어려워 인공호흡기를 달고 있는 사람들이 그렇다. 이들은 삶과 죽음 사이의 과도기적 상태에 있다. 죽어가고 있는 사람, 그리고 그들의 가족이나 친구를 위한 리추얼은 드물다. 죽어가는 사람도 그 주변 사람도 분명 상실을 겪고 있지만, 명확한 리추얼이 없는 상황에서 그들은 죽음으로 이어지는 과도기적 상태를 쉽게 인정하지 못한다. 실제 21세기 미국에서 발생하는 많은 죽음은 만성적인 질병에 의한 것으로, 느리고 점진적으로 진행된다. 점진적인 죽음의 진행을 경험하는 사람은 모호하고 불분명한 상태에 놓인다. 완전히 살아 있지도, 그렇다고 죽지도 않은 상태이기 때문이다.

'죽어가고 있지만 죽지는 않은' 상태는 관련된 모든 사람에게 두려운 일이다. 가족 구성원과 친구들, 그리고 죽어가고 있는 사람은 그 불확실성으로 인해 불안을 느낀다. 죽어가는 사람과 산 사람 모두 공포와 불안, 외로움을 느낀다. 그리고 양쪽 모두 혼자라는 기분을 느낀다. 신체의 쇠락과 정신의 붕괴 또한 공포와 불안, 반감과 혐오, 그리고 분노를 불러일으킬 수 있다.

루이즈 샤트랑은 인공호흡기에 의지한 채 삶과 죽음 사이에 놓인 환자를 아무런 리추얼도 없이 대면해야 하는 가족들의 불안함, 그리고 마침내 죽음이 찾아오고 의례가 시작되었을 때 가족들이 슬픔 속에서도 느끼게 되는 심리적 해방감을 설명했다. 13장에서는 유산으로 인한 태아 사망, 대형 참사로 인한 죽음, 코로나19 기간 중 사망 등의 사례를 통해 죽음 리추얼의 부재가 어떤 식으로 심리적 자유를 크게 위축시키는지 살펴볼 예정이다.

나 역시 암으로 친구를 잃어본 경험이 있다. 그 친구는 죽음에 이르기까지 수년이라는 기간이 걸렸다. 오랜 시간에 걸쳐 죽어가는 그녀의 상태에 관해 지인들은 일종의 불편함을 느꼈고, 시간이 흐르며 병문안을 가는 사람도 줄어들었다. 작가 알렉스 위첼은 치매에 걸린 어머니를 보며 마치 어머니가 천천히 사라지는 것 같은 느낌을 받았다고 설명했다. "엄마는 사라졌지만 사라진 게 아니었다. 엄마는 여전히 엄마였지만, 내가 아는 엄마는 아니었다. 돌아가셨다면 차라리 더 단순하게 그 상실을 슬퍼할 수 있었을 것이다. 그러나 엄마가 멀쩡히 내 앞에 앉아 있는 상태에서는 그것도 쉽지 않았다." 그녀의 글을 읽은 사람들은 아무런 리추얼도 없이 사랑하는 사람을 서서히 잃은 고통을 인터넷에 털어놓았다. "저희 어머니도 수년간 치매를 앓으며 점점 사라져갔습니다. 8년 동안 요양원에 계시며 아주 조금씩 죽어간 것과 다름없죠. 그런 어머니를 지켜보는 건 그 어떤 장례식보다 더 고통스러웠습니다."

삶의 쇠퇴와 다가오는 죽음 사이의 경계가 모호한 불확실성 속에서 그 고통을 덜어줄 리추얼마저 없다면 주변 사람들은 거기에 온통 얽매일 수밖에 없다. 죽어가는 사람에게도 그 가족에게도 무슨 말을 해야 할지, 어떤 행동을 해야 할지 갈피를 잡지 못한다. 죽어가는 사람의 상태에 관한 명확성이 없고, 어떻게 행동해야 할지를 알려주는 리추얼도 없으니 사람들은 심리적 자유를 잃게 된다.

천주교에서는 죽어가는 이에게 병자성사를 행한다. 신부가 종교적 절차로 죄를 씻는 기도문을 읊는데, 사후세계로의 여정을 보호해주는 병자성사와 신부의 기도는 가족에게 위안을 준다.

의사들 또한 죽어가는 환자와 그 가족을 대할 때 마음이 종종 불편해진다. 환자를 치료하고 희망을 주는 것을 주된 목적으로 하는 의사들의 훈련은 환자가 죽어가는 상황에서 오는 무력감과 상충된다. 내가 면담한 한 외과 의사는 죽음이 임박한 환자의 남편에게 "할 수 있는 것을 다 하고 있다"며 "폐가 회복되기를 기대해보자"고 말했지만 나중에 내게 따로 완전히 망가진 폐 엑스레이 사진을 보여주며 "내일 아침이면 돌아가실 것 같다"고 말했다. 또 다른 의사는 치료가 불가한 암 환자에게 "수술은 필요 없을 것 같다"고 에둘러 말했다. 안타깝게도 환자는 안도의 한숨을 내쉬며 의사에게 감사를 표했다.

외과 의사들은 종종 환자의 생명을 연장하는 효과가 그다지 크지 않고 삶의 질을 떨어뜨릴 가능성만 존재한다는 것을 알면서도 다른 치료나 임상 시험을 권하기도 한다. 이는 치료에 중점을 두는 의사들의 문화와 일치한다. 죽어가는 환자와 그 가족은 오로지 희망을 유지하기 위해 그러한 의료적 조치를 받아들이곤 한다.

호스피스 리추얼

말기 환자들을 위한 호스피스 병원은 죽어가는 환자와 그 가족 및 친구, 호스피스 직원을 위한 리추얼을 만들기도 한다. 뉴욕주 올버니의 세인트피터스 호스피스 병원의 직원들은 환자의 생일과 결혼기념일은 물론 국경일과 계절의 변화를 기념하기 위해 촛불과 음악, 꽃, 향기를 활용한 다양한 치유, 화해, 축하 리추얼을 준비한다. 환자가 좋아하는 기도나 노래, 시, 사진, 미술 작품을 활용하기도 한다. 호스피스에서는 악기와 '발언 막대기' 등의 도구를 활용한 그룹 활동으로 환자들의 생각 표현을 장려한다. 직원들 또한 환자를 돌보며 느끼는 슬픔과 좌절, 분노 등을 완화하기 위해 별도의 리추얼을 활용한다. 호스피스 병원은 이러한 리추얼로 직원들이 정신적으로 소진되는 것을 예방한다고 말한다.

서구 문화권에서 비교적 최근 나타난 '임종 도우미'가 죽어가는 환자와 그 가족에게 다양한 정서적 · 영적 · 실질적 지원을 제공한다. 이들은 환자의 이야기를 들어주고 가족의 장례 계획을 돕기도 한다. 한 달가량 진행되는 임종 도우미의 교육 과정에는 다양한 리추얼과 의식 또한 포함되어 있다.

생전 장례

일본인과 일부 일본계 미국인들 중에는 딱히 죽음에 가깝지 않은 상태에서 자신의 장례를 치러보는 고령자가 늘고 있다. 이 '생전 장례'의 주인공은 자신의 죽음 리추얼을 직접 계획하고 진행한다. 리추얼에 참석한 가족과 친구들은 주인공에게 감사의 말과 찬사를 보낸다. 주인공도 가까운 이에게 미리 감사를 전하고 작별 인사를 건넨다. 생전 장례는 그런 의미에서 장례식보다는 결혼 피로연과 비슷하다. 분위기는 엄숙하기보다 밝고 흥겨우며, 방문객들은 '유족'에게 애도를 표하는 게 아니라 '하객'에게 축하를 전한다.

생전 장례는 주인공이 의무적으로 수행했던 과거의 역할과 앞으로 수행하고 싶은 역할에 뚜렷한 경계선을 긋는다. 주인공은 이런 분리를 통해 지금까지 수행해온 가족적 의무와 사회적 의무에서 해방된다. 또한 자신이 좋아하는 것을 하며 남은 생을 누릴 자유를 얻는다. 여든한 살의 한 남성은 자기 자신의 장례를 치른 후 이렇게 말했다. "소중한 여생은 내가 원하는 대로 살 겁니다. 이제부터 의무적인 교류에서 벗어날 거예요."

고인이 리추얼에 적극적으로 참여할 수 없는 기존 장례와 달리 생전 장례는 주인공이 건강하고 활동적인 상태에서 가족과 함께 수행한다는 점에서 의미가 있다. 이런 리추얼은 주최자는 물론 가족과 지인들에게도 이별과 상실을 구체적으로 생각해볼 기회를 주어 대비할 수 있게 해준다.

임종의 리추얼

마침내 죽음에 이른 사람의 육체인 시신은 많은 우여곡절을 극복해낸 삶의 상징이자 죽음의 구체적인 상징이다. 죽음에 관한 해석은 문화권마다, 또 개인마다 다르며, 죽음의 상징으로서 시신은 다양한 감정을 불러일으킨다. 여러 해석의 가능성은 남겨진 사람들에게 심리적 자유를 준다. 임종의 순간에 어떤 이는 고인의 젊은 시절을 회상하고, 또 어떤 이는 노년의 삶을 생각한다. 영혼의 행방에 관해 생각하거나, 고인의 생전 소망과 목표를 생각하는 이도 있다. 우리는 죽음을 인정함으로써 죽음에 의미를 부여할 수 있다. 이는 고인이 없는 삶을 살아가기 위한 첫 번째 발걸음이다.

현대 사회에서 대부분의 임종은 병원이나 요양원 등에서 이루어진다. 이런 시설에는 잘 정립된 체계적인 절차가 존재한다. 여기에는 고인의 눈을 감기고 이불이나 담요로 시신을 덮는 과정이 포함된다. 시설은 고인의 가까운 가족에게 소식을 알리고 장례식장에 연락해 시신의 운반과 조문 절차, 장례식이나 추도식, 화장이나 매장 등을 준비한다. 시신을 옮기기 위해서는 고인의 사망 시간과 사망 원인을 포함해 공식적인 사망을 선언하는 의사의 리추얼, 즉 사망 진단이 필요하다. 집에서 임종한 경우 가족은 이런 절차를 잘 몰라서 곤란을 겪기도 한다. 나 또한 지병을 앓던 남편이 자던 중에 갑자기 떠났을 때 이런 절차와 리추얼을 몰랐다. 언젠가 남편의 죽음이 닥치리란 걸 알았지만, 막상 그 순간이 오자 어떻게 해야 할지 알 수가 없었다. 친구에게 전화하니 놀랍게도 우선 경찰에 연락해야 한다고 알려주었다. 신고를 하자 곧 경찰이 집으로 찾아와 남편의 지병을 사망 원인으로 판단해주었다. 그런 다음 경찰은 장례식장에 연락했고, 장례식장 직원은 남편의 주치의를 찾아가 사망진단서에 서명을 받았다. 시신은 사망진단서를 받은 후에야 옮길 수 있었다. 사망 후 리추얼을 잘 몰랐던 나는 정해진 리추얼이 주는 심리적 자유를 누리지 못했다. 남편이 정해진 절차대로 리추얼이 진행되는 시설에서 사망했다면 나는 이후의 상황을 예측함으로써 일정 부분 심리적 자유를 누릴 수 있었을 것이다.

사망 선고가 주는 자유

사망이 선언되면 가족은 슬픔과 충격에 빠진다. 그러나 사망 선고는 상실에 적응하기 위한 긴 여정이 시작된다는 선언으로서 일종의 안도감을 주기도 한다. 특히 죽음을 예상하고 있던 상황이라면 슬픔

속에서도 심리적 자유의 과정을 시작하거나 지속할 수 있다. 임종은 말 그대로 죽음을 맞이하는 상황으로 사망 선고를 기다리는 시간이라고 할 수 있다. 이 피할 수 없는 기다림의 고통은 매우 크다. 하지만 선고 이후에는 앞으로 해야 할 일들이 기다리고 있다. 이를테면 주변에 소식을 알리고 장례식장에 연락하는 등 장례 절차에 관한 계획이 시작되어야 한다. 이 절차에는 수많은 결정이 이루어져야 하는데 전반적인 장례식 준비, 매장 또는 화장 선택, 관이나 유골함 선택, 공동묘지 등 매장 장소 선택, 장례 관련 종교의식에 관한 선택 등이 포함될 수 있다.

유족에게는 죽음 이후 필요한 절차를 계획할 자유가 생기지만, 상실감으로 인한 정서적 비용이 그 자유를 일부 상쇄하기도 한다. 죽음에 관해 연구한 정신과 의사 엘리자베스 퀴블러 로스는 이렇게 주장했다. "죽음을 향하는 길, 그리고 죽음에 직면하는 일은 삶을 풍요롭게 하고 인간을 더 인도적이고 인간적으로 만든다."

죽음과 장례식 사이의 리추얼

◇◇◇

죽은 자의 시신에 아무런 의미를 부여하지 않는 문화권은 거의 없다. 어떤 문화권에서는 시신을 신성하고 순수한 것으로 여기고, 어떤 문화권에서는 더럽고 오염된 것으로 여긴다. 때로는 양극단의 시각이 공존하기도 한다. 이런 시각의 차이는 영혼이 육체를 떠나는 시점에 관한 이견에서 비롯되는 경우도 있으며, 고인이 지옥과 연옥, 천국 중 어디로 갔는지에 관한 믿음과도 관련이 있다. 시신을 혐오스럽게 보는 견해 중 일부는 시각과 후각으로 느껴지는 부패와 관련되어 있기도 하다. 이런 견해는 주로 기후가 따뜻한 지역에서 나타난다.

대부분의 문화권에는 장례식 이전과 이후 시신을 화장이나 매장하기 전에 존중을 표하는 리추얼이 존재한다. 시신 처리 리추얼을 시작하기 전에 시신이 다른 사람이나 초자연적인 존재 등에 의해 더럽혀지거나 훼손되는 것을 막기 위한 리추얼도 존재한다. 여기에는 사람들이 돌아가며 시신을 지키는 유대교의 전통 리추얼과 추후 소개할 아일랜드식 경야 리추얼이 포함된다.

사망 직후 시신을 씻기는 리추얼 또한 많은 문화권에 존재한다. 예를 들어 유대교에서는 이러한 리추얼을 일종의 정화로 본다. 이 리추얼에서는 죽은 사람과 친척 관계가 아닌 동성의 지인이 기도문을 낭독하며 시신을 씻긴다. 이슬람교에도 시신을 씻기는 리추얼과 수의를 입히는 리추얼이 존재한다.

시신 대면

일부 문화권에는 고인을 보며 마지막 인사를 하는 대면 리추얼과 매장을 위해 시신을 준비하는 리추얼이 있다. 대면 리추얼은 대개 장례식장이나 교회에서 장례식 전에 수행한다. 경야처럼 망자의 집에서 대면 리추얼을 수행하는 경우도 있다.

집이 아닌 장소에서 대면 리추얼을 할 때는 장례업체에 소속된 전문 보존처리사가 준비 작업을 한다. 보존처리사는 여러 단계의 복잡하고 과학적인 절차를 거쳐 시신을 방부 처리하고 고인이나 가족이 선택한 수의를 입히는 등 정교한 리추얼을 수행한다. 이러한 방부와 단장은 시신을 일시적으로 보존할 뿐 아니라 조문객에게 생전과 같이 젊고 건강하며 평화로운 모습을 보여줄 수 있다. 실제 장례식에서 입관된 고인의 모습을 본 사람들은 대부분 그 경험을 통해 죽음의 현실을 받아들이며 일종의 위로를 느낀다.

그러나 어떤 이에게 시신을 보는 것은 괴로운 경험일 수도 있다. 이에 관해 심리철학자 콜린 맥긴은 이렇게 말했다. "한때 의식이 담겨 있었으나 더 이상 그렇지 않은 무언가를 보는 것은 괴롭다. 흐릿하게 남은 의식이 시신 속에서 최종적인 소멸을 기다리고 있는 것 같다. 죽은 자는 산 자에게 영향을 준다. 죽음은 깊은 형이상학적 전환의 순간이다." 충격적인 죽음을 맞은 가족의 시신을 본 경험이 있는 80명을 대상으로 진행한 한 연구는 다음과 같은 결론을 내렸다. "시신을 본 경험은 죽음을 현실로 받아들이게 했다. 응답자들은 충격과 괴로움을 느꼈다고 답했으나 후회한다는 답변은 거의 없었다."

시신을 보는 리추얼은 남겨진 사람들에게 심리적 자유를 줄 수 있다. 망자의 상태가 죽음으로 전환되었다는 사실을 직접 확인한다는 점에서 그렇고, 고인에게 작별의 말을 건넬 수 있다는 점에서도 그렇다. 재클린 케네디는 암살당한 남편을 대면하는 리추얼에서 관에 유품과 짧은 편지를 넣었다. 그리고는 남편의 머리칼을 한 번 쓰다듬고는 몇 가닥을 잘라내서 간직했다.

아일랜드의 전통 경야

◇◇◇

장례 전에 행해지는 정교한 리추얼의 대표적 예시로 아일랜드의 전통 경야를 살펴보고자 한다. 아일랜드에서는 1970년대까지 흔히 경야 리추얼을 수행했으며, 현재는 간소화한 경야를 지내고 있다. 아일랜드 외에 일부 유럽 국가에도 경야와 유사한 리추얼이 있다. 이 책에서 아일랜드식 경야를 자세히 소개하는 것은 이 풍습이 리추얼이 주는 심리적 자유를 전형적으로 보여주기 때문이다.

아일랜드식 경야는 '무질서에 관한 예찬'으로 불려왔다. 조문객들은 경야에 참석해 고인에 관한 재미있는 일화는 물론 동네의 이런저런 소문을 나누며 시끌벅적한 시간을 보낸다. 아일랜드계 부모님을 둔 케이틀린은 경야에 참석한 경험을 이렇게 묘사했다. "처음에는 무슨 파티인 줄 알았어요. 다들 술에 취해서 웃고 떠들며 농담을 해댔거든요."

경야는 망자의 사망 시점부터 유족이 시신과 함께 장례식장으로 떠날 때까지 고인의 집에서 진행된다. 경야를 시작할 때 고인의 영혼이 떠날 수 있도록 두 시간가량 창문을 열어두었다가 다시 돌아올 수 없도록 창문을 닫는다. 경야 중에는 집 안의 시계를 모두 멈추고 거울을 가린 후 촛불을 켜둔다.

시신을 안치한 관은 뚜껑을 덮지 않는다. 떼어낸 뚜껑은 애도의 표시로 현관문 밖에 세워두는데, 이는 누구나 조문을 와도 된다는 의미이기도 하다. 실제로 경야에는 고인의 가족과 친구는 물론 이웃들도 조문을 온다. 조문객은 우선 유족을 위로하며 인사를 건넨다. 그런 다음에는 관 옆에 무릎을 꿇고 앉아 작별 인사를 하는데, 가까운 친척은 고인의 뺨에 입을 맞추거나 묵주 기도를 하기도 한다. 그런 후에는 신부가 첫 번째 진혼 기도를 올리는데, 이 부분은 엄숙하고 정중하게 거행된다.

또 다른 엄숙한 리추얼로는 영혼이 시신을 떠난 후 행하는 통곡을 들 수 있다. 이를 키닝이라고 하는데 주로 여성이 하며, 숨이 끊기는 듯한 고음의 흐느낌과 통곡 소리를 내며 망자를 칭송하고 적들을 비난한다. 얼핏 보기에 키닝은 통제할 수 없는 비통함의 표현으로 보이지만, 다른 리추얼들과 마찬가지로 정해진 규율을 따르는 전통이다.

경야 내내 시신을 혼자 두지 않는다. 조문객은 유족이 차려놓은 푸짐한 음식과 술을 열정적으로 먹고 마신다. 조문객들은 밤새도록 노래하고 음악을 연주하며 춤을 춘다. 카드놀이와 수수께끼, 말장난 놀이를 하고 고인에 관한 추억을 유쾌하게 나눈다. 때로는 거칠고 시끌벅적한 놀이를 하기도 한다. 카드놀이를 할 때는 고인의 패도 같이 돌린다. 조문객들은 경야 내내 울고 웃는다.

과거 일부 경야 리추얼에서는 모의재판과 패싸움, 심지어 가짜 시체도 볼 수 있었다. 민속학자 션 오설리번은 자신이 본 경야 리추얼을 이렇게 묘사했다. "고인의 아들은 '아버지가 흙에 묻히는 오늘 같은 날 주먹다짐 한번 벌어지지 않다니 애석하다'고 말했다. 그러다 감자 싸움이 벌어지자 젊은이들은 의자에 올라가 서로 밀쳐대기 시작했다. 몇몇은 부엌 바닥에 놓인 감자 자루를 깔고 앉아 커다란 감자를 던져댔다. 감자 싸움이 전체로 번지며 조문객 모두가 서로에게 감자를 던지는 난장판이 벌어졌다."

경야 다음 날 오후에는 관을 닫고 시신을 교회로 옮긴다. 마침내 미사가 진행되고 매장이 이어진다.

경야 리추얼이 주는 자유

아일랜드식 경야는 이처럼 다양한 감정의 표현을 돕고, 상징을 활용하며, 과거, 현재, 미래의 시간을 구분하고 통제된 폭력을 통해 갈등을 예방하며, 무엇보다 참여자를 하나로 묶어준다.

경야에서 조문객은 다양한 활동에 참여하며 '비이성적인 슬픔을 표출할 공간'을 만들고 '유족의 슬픔을 마비'시킨다. 조문객은 고인의 존재를 떠올리고 마지막 작별을 고할 기회를 얻는다.

한편 경야는 죽은 자와 산 자를 분리함으로써 자유를 주기도 한다. 오설리번은 경야에서 조문객들이 하는 시끌벅적한 놀이가 '죽은 채로 누워 있는 시신'과 '팔팔하게 살아 있는' 조문객을 구분한다며 경야는 "죽은 자와 산 자가 함께할 수 있는 마지막 기회"라고 말했다.

고인을 잘 몰랐던 사람들, 특히 젊은이들은 경야에 참여하며 고인의 삶은 물론 다른 조문객들과 고인, 고인 가족과의 관계에 관해서 알게 된다. 기도와 애도의 말은 공동체와 가족의 과거를 일깨운다.

경야 리추얼은 모든 참여자에게 자기 삶에 대해 생각하고 느끼고 상상하고 성찰할 기회를 준다. 흥미로운 점은 장례 이후에는 슬픔과 애통함, 애도를 표현하는 것이 권장되지 않는다는 점이다.

8

상실을 견뎌내는 힘

우리는 다른 사람의 장례식을 빌려 개인의 슬픔을 발산한다. – 중국 속담

장례와 추모 리추얼은 갈등을 해소한다. 리추얼은 부정적인 감정을 용서와 애착으로, 슬픔을 희망과 기쁨으로 전환해 고인과의 관계를 회복시킨다. 남겨진 사람들은 리추얼을 통해 유대를 다시 구성하고 확인하기도 한다.

또한 사람들에게 고인의 삶을 회상하고, 의미 있는 이야기를 나눌 기회를 준다. 사람들은 고인과의 기억을 회상하며 그러한 기억을 수정할 자유를 얻는다. 그들은 마치 고인이 듣고 있는 것처럼 말을 걸거나 사과하고 설명하기도 한다. 조문객들은 장례식에 참석한 다른 이들을 위로하고 자신들의 친절과 선의, 때론 말솜씨를 뽐내며 고인을 칭송한다. 이런 리추얼은 고인의 가족과 친구들에게 서로 연대하고 유대감을 형성하게 해준다.

장례, 매장, 그리고 추모 리추얼

◇◇◇

장례식이 없으면 유족은 다른 사람들 앞에서 고인과의 추억을 돌아보고 다른 이들의 기억을 들을 기회를 박탈당한다. 위로를 받을 기회도 박탈당한다. 리추얼이 없으면 애도할 심리적 자유를 잃게 된다.

준의 아버지는 멀리 떨어진 지역에서 돌아가셨다. 그곳에서는 별도의 장례식이나 추도식 없이 매장 의식만 간결하게 진행되었다. 참석자 중 준이 아는 사람은 아무도 없었다. 아버지를 보내고 집으로 돌아왔지만, 그 상실감에 관해 이야기를 나눌 사람이 없었다. "아버지를 추억하는 이야기를 나눌 사람이 아무도 없었어요. 제 주변엔 아버지를 아는 사람이 없었거든요. 반년 정도는 너무 우울했어요." 장례나 추모 리추얼에 참석자가 너무 적으면 유족들은 리추얼의 북적임이 주는 위로를 제대로 받지 못하고 더 큰 상실감을 느끼기도 한다. 코로나19 기간에 많은 사람들이 이러한 상황을 겪었다.

미스 매너스는 죽음을 맞는 리추얼이 슬픔에 빠진 유족을 보호하는 역할을 한다며 다음과 같이 설명했다.

장례식이라는 리추얼에는 중요한 추가적 이점이 있다. 힘든 시기에 유족들이 바쁘게 움직이며 고인을 위해 뭔가 열심히 한다는 만족감을 느낄 수 있다는 점이다. 이때 유족의 주의는 죽음에 관한 감정이 아닌 상실 자체에 집중된다. 기존의 장례 리추얼에서 벗어난 일이나 위반이 발생하면 애도는 방해받을 수 있다. 다음은 어느 독자가 매스 매너스에 보내온 사연이다. "사랑하는 어머니가 예기치 않게 갑자기 돌아가셨습니다. 어머니는 아버지와 45년 동안 결혼생활을 하셨어요. 그런데 어머니가 돌아가시고 일주일 후 열린 추도식의 식사 자리에서 어떤 노인이 제 테이블에 앉더니 대뜸 큰 소리로 '네 아버지에게 새 아내를 찾아줘야 한다'고 말하는 거예요. '그게 우리가 할 일이야. 조지에게는 다른 여자가 필요해'라고 계속 반복해서 말했죠."

공동 추도식

많은 사람들이 사적인 장례나 추모 리추얼을 선호하기는 하지만, 공동 장례식이나 추도식도 존재한다. 대통령을 비롯해 잘 알려진 공인이 사망한 경우나 비극적인 사건으로 많은 사람들이 목숨을 잃은 경우에 공동 추도식이 열린다. 1960년대에는 암살로 목숨을 잃은 존 F. 케네디 대통령과 로버트 케네디, 마틴 루서 킹의 장례가 텔레비전으로 중계되며 미국의 국민을 애도의 감정으로 통합했다. 영국에서 텔레비전으로 중계된 다이애나 비와 엘리자베스 여왕의 장례식도 마찬가지였다.

1999년 뉴욕발 카이로행 이집트항공 990편이 대서양에 추락했을 때 클린턴 대통령은 의장대와 함께 헬리콥터를 타고 추락 지점으로 날아가 희생자에게 꽃을 바쳤다. 유족에게는 추락 현장에서 가져온 바닷물을 병에 담아 나눠주었다. 클린턴 대통령은 추도식에서 국민에게 "비극이 결국 우리를 하나로 모은다는 것은 슬프지만, 이로 인해 우리는 결코 분열되지 않을 공동체를 만들었다"고 말했다. 반면

1996년 추락해 탑승자 230명 전원이 사망한 트랜스월드항공 800편 사고 당시에는 공동 리추얼이 열리지 않았고, 유가족들은 혼란과 분노를 느꼈다.

2001년 9월 11일 테러리스트 공격 발생 사흘 후 부시 대통령은 국가 애도 기간을 선포했다. 뉴욕 세인트패트릭 성당에서 추도식이 열렸고, 동료를 잃은 수많은 소방관과 경찰관, 의료인이 참석했다. 그날의 리추얼은 전 국민이 하나 되어 희생을 애도할 수 있도록 도왔다. 뉴욕의 사고 현장을 찾은 많은 사람들이 커넬가의 철제 울타리에 노란 리본과 함께 수천 개의 메시지를 남겼다. 유니언스퀘어의 조지 워싱턴 동상과 렉싱턴가의 실종자 센터에는 꽃과 촛불, 깃발, 곰인형, 카드, 종이 비둘기, 아이들의 그림, 실종자들의 결혼사진과 졸업사진이 빼곡히 놓였다. 이 모든 공동 리추얼은 슬픔에 빠진 유족의 외로움을 덜고 국민을 통합했다. 테러 희생자를 위한 공동 리추얼은 매년 9월 11일 뉴욕의 그라운드제로 추모관과 펜실베이니아주 생크스빌, 펜타곤에서 열리고 있다.

'죽음'을 은유로 만드는 리추얼

◇◇◇

미국에는 2만 3,000여 개의 영리 목적 장례식장이 있다. 이들은 일종의 사망 관리 업체로, 스스로를 서비스업으로 여긴다. 시신의 수습부터 장례식 준비, 화장과 매장에 이르기까지 이들이 진행하는 대부분의 리추얼은 죽음과 시신의 부패라는 음울한 현실을 감정적 혼란을 겪고 있는 사람들의 눈앞에서 감추기 위해 고안되었다.

장례 산업의 특별한 언어는 죽음의 현실을 효과적으로 가려준다. 장례 업계에서는 관을 운반하는 차량을 '영구차'라고 부르며, 망자는 방부처리 전에 '영안실'에 보관된다. 묘지는 '추모공원'이다. 시신을 가져오는 것은 '수습'이라고 표현한다. 죽음과 관련된 공간과 행위를 이르는 완곡한 표현은 죽음의 현실을 중화해 마치 죽은 사람이 평화로운 잠에 빠진 것처럼 느끼게 만든다.

장례 관련 업체들은 고인의 생전 모습을 담은 영상, 고급스러운 관과 유골함, 유골과 콘크리트를 섞어 바다에 가라앉히는 인공 산호초, 유골을 가공해 만든 장신구, 유골 일부를 태운 우주 비행 등 다양한 상업적 상품을 판매한다. 그런가 하면 장례식장과 경쟁하기 위해 새로운 상품과 서비스를 내놓은 업체들도 있는데, 월마트, 코스트코, 스카이 캐스킷 등의 업체에서는 관을 온라인으로 주문할 수도 있다.

죽음과 거리두기

현대인은 전통적인 방식 외에 추모를 위한 여러 가지 새로운 방법을 만들어내기도 했다. 길가에 자발적으로 설치하는 분향소나 가상 촛불, 온라인 애도 게시판, 소셜미디어 추모, 추모 소프트웨어, AI 추모관 등 기술을 활용한 디지털 추모를 그 예로 들 수 있다. 2019년에 만들어진 AI 추모관 애플리케이션 중에는 고인과 비슷하게 반응하는 챗봇 기능을 갖춘 것도 있다. 챗봇의 반응은 고인과 생전에 진행한 면담의 목소리를 기반으로 생성된다. 이러한 추모는 애도 과정의 일부로써 고인과 소통할 수 있는 방법의 하나다.

매장이 아닌 화장을 택하는 것 또한 죽음과 거리를 두는 하나의 방법일 수 있다. 시신이 아닌 화장한 유골은 실제 죽음을 덜 연상시키기 때문이다. 몇십 년 전부터 매장보다 화장을 선호하는 경향이 나타나고 있다. 2024년에는 사망자의 62퍼센트가 화장되었다. 유골을 묻거나 뿌리는 리추얼은 유족에게 어느 정도 자유를 준다. 유족은 유골을 보관하고 처리하는 데 나름의 창의성을 발휘할 수 있다. 특히 유골에 의미를 부여하고 유골을 보관하거나 뿌릴 장소를 선택할 때 많은 사람들이 창의성을 발휘한다. 예를 들어 바버라는 남편의 유골을 받아서 둘이 자주 함께 수영했던 호수로 갔다. 바버라는 그곳에 유골을 뿌릴 계획이었다. 어떻게 됐는지는 바버라의 말로 들어보자. "물에 들어가서 막 뿌리려는 순간 갑자기 바람이 확 불면서 유골 가루가 제 수영복에 온통 달라붙어 버린 거예요. 저는 크게 웃으며 남편이 아무래도 저와 떨어지기 싫은가 보다고 말했죠."

고인과 유족의 분리

◇◇◇

장례식과 추도식은 산 자와 죽은 자 양쪽 모두의 정체성을 변화시킨다. 고인의 배우자는 과부나 홀아비가 된다. 아들과 딸은 고아가 된다. 아랫세대는 윗세대가 된다. 장례 리추얼이 한 단계 한 단계 진행될수록 산 자는 고인과 점점 더 분리된다. 유족의 마음속에서 산 사람과 죽은 사람의 경계는 점점 더 명확해진다. 사별은 삶에서 가장 큰 정신적 고통이다. 이 고통을 견뎌내고 삶을 지속하려면 슬픔과 상실의 감정을 충분히 표출한 뒤에 거기서 분리되어야 한다. 분리와 변화의 리추얼은 산 사람이 상실에 대처하도록 돕고 유족에게 지속적인 심리적 자유를 준다. 셰익스피어는 다음과 같은 말을 남긴 바 있다. "친구들에게 슬픔을 내보이지 않고 부정한다면 그것은 자유로 가는 문을 스스로 닫는 것이다."

작가 프랜신 뒤 플레시 그레이는 아버지의 묘지에서 느낀 경험을 바탕으로 산 자와 죽은 자를 구분하는 리추얼이 주는 자유에 관한 글을 썼다.

망자와 나 사이에 놓인 비석 앞에 무릎을 꿇는다. 그 돌덩이가 아버지와 나의 몸을 나누고 있다. 울면서, 몸을 떨면서 머리로 바닥을 두드린다. 발로 차고 손으로 두드린다. 그리고 마침내 그 위에 엎드린다. 마음껏 울고 난 후 자유가 찾아온다.

장례식은 남은 이들의 불화와 다툼, 갈등 해소를 돕기도 한다. 대부분의 사회에서는 매장 리추얼이 끝난 후에도 유족의 곁에 조문객이 함께한다. 친구와 지인들이 남아서 곁을 지키며 유족에게 정서적 지지를 준다. 매장 리추얼에 참여한 조문객이 함께 음식을 먹는 관습은 많은 문화권에서 찾아볼 수 있다.

유대교의 애도 리추얼

애도 리추얼은 다른 사람들 앞에서 슬픔의 감정을 공개적으로 드러내게 함으로써 애도 중인 유족을 돕는다. 유대교에서는 장례 후 7일을 '시바'라고 부르는 애도 기간으로 정한다. 이 기간에 친지와 지인들은 유족의 곁을 지키며 먹을 것을 챙기고 기도 등을 통해 정서적 지지를 제공한다. 시바의 첫 사흘간은 극단적인 통곡이 허용되지만, 나머지 나흘은 지나친 감정 표현을 자제하는 것이 관례다. 시바 기간 동안 낮에는 망자의 가까운 친척들이 의자에 앉아 다른 조문객의 시중을 받는다.

또 다른 애도 리추얼로 유대교 문화에서는 한 달 동안 매일 집에 초를 밝히고 고인을 위해 기도를 올린다. 그 후 1년 동안은 매일 회당에 가서 주변 사람들의 지지 속에 기도를 올린다. 고인의 사망 후 1년이 지나고 묘비가 '제막'되면 공식적인 애도 기간이 끝난다. 묘비 제막 시에는 그에 따른 기도를 드리며 리추얼을 진행한다. 그 이후로는 매년 고인의 기일에 회당이나 묘지를 찾아 고인을 위한 기도 리추얼을 행한다.

멕시코의 애도 리추얼

멕시코계 미국인을 비롯한 멕시코인들은 사랑하는 이의 무덤가에 테킬라와 꽃, 초, 과자, 담배 등을 바치며 '망자의 날'을 기린다. 가족들은 고인의 영혼이 저승에서 이승으로 무사히 찾아올 수 있도록 무덤 주변에 고인이 좋아하던 음식과 음료를 차려둔다. 그러고는 나들이를 즐기며 술을 마시기도 하고 함께 울고 웃으며 하루를 보낸다. 집에는 고인을 위해 '오프렌다'라는 제단을 꾸며놓는다. 아나 마르티네스는 '오프렌다에 달린 아치 모형을 통해 고인이 집으로 들어오는 것'이라고 설명했다. 멕시코에서는 망자의 날에 특별한 분장을 하고 '죽은 자의 빵'이라 불리는 빵을 먹는다. 그들은 '죽음을 숭배하는 것은 곧 삶을 숭배하는 것'이라고 믿는다. 작가 데이비드 리다는 망자의 날을 이렇게 설명했다. "고인의 무덤에 모이는 가족들에게 망자의 날 리추얼은 위안과 카타르시스를 준다."

매장 후의 리추얼

일반적으로 고인을 매장하고 나서 일정 시간이 지나면 죽음 리추얼이 종결된다. 그 기간은 일주일인 경우도 있고, 한 달, 또는 1년인 경우도 있다. 아일랜드식 경야는 떠들썩하고 자유분방한 분위기로 진행되지만, 리추얼이 끝나면 유족들은 홀로 남겨진다. 촛불을 켜거나 묘지를 방문하는 것같이 고인을 기리기 위해 행하는 다른 리추얼도 있지만, 현대 문화권에서 유족들은 대부분 매장 리추얼 이후에 혼자가 된다. 그러나 슬픔은 그 이후에도 오랫동안 지속된다. 장례가 아무리 죽음과 삶을 분리한다고 해도 슬픔이 그렇게 쉽게 가시는 것은 아니다.

장례 절차 중에 지침과 지지가 되어준 리추얼이 모두 끝나고 나면 유족들은 뭘 해야 할지 모르는 상태가 된다. 죽음 리추얼이 진행되는 기간에는 해야 할 일련의 행동이 있었고 곁을 지키는 조문객이 있었지만, 모든 것이 종결된 후에는 리추얼을 따르며 누렸던 심리적 자유를 잃게 된다. 이제 유족은 사랑하는 이를 잃은 채 살아갈 앞으로의 삶을 스스로 규정해내야 한다. 유족에게는 장례 이후의 시간과 일상이 매우 다르게 느껴진다. 여전히 애도 중이라고 생각하지만 이제 그 애도는 사적인 것이 된다. 그 순간부터 혼자서 리추얼 없이 애도하게 된다.

애도 중인 사람들은 겉으로는 멀쩡해 보여도 감정적으로는 고통과 소외감을 느낀다. 과거에는 검은 옷이 애도의 표시였지만 현재는 그렇지 않다 보니 애도 중인 사람들은 주변 공동체의 충분한 정서적 지지를 누리지 못한다. 대부분의 미국인은 엘리자베스 퀴블러 로스가 제시한 애도의 5단계 이론에 익숙하다. 이 이론은 애도의 단계를 부정, 분노, 타협, 우울, 수용으로 설명하는데, 그 익숙함 때문에 일부는 유족이 일정 기간 슬퍼한 후에는 그 감정을 극복하고 다음 단계로 넘어가는 것이 당연하다고 생각하기도 한다. 미국의 한 칼럼에 이런 사연이 도착한 적이 있다. "아내가 죽고 1년 반이 흘렀습니다. 그런데 가족과 친구들이 '극복'도 애도자의 의무라며 이제 그만 슬픔에서 벗어나라고 말하더군요. 주변 사람들에게 많은 것을 바라지는 않아요. 그냥 잠시 제 손을 잡고 조용히 눈을 바라봐주는 것만으로 족합니다."

미스 매너스는 애도는 당사자에게 필요한 기간만큼 충분히 할 수 있는 것이라며, 전통적인 리추얼을 옹호했다.

애도 리추얼에는 목적이 있다. 애도 리추얼은 고인에 관한 존중을 표함으로써 유족을 위로하고, 애도의 단계 이론을 들이밀며 극복하라고 다그치는 주변인들로부터 그들을 보호한다. 현대 사회에서 애도를 적절히 표현하기 위한 복장은 어떤 것일까? 어서 극복하라는 주변의 닦달을 듣고 싶지 않은 기간에는 검은색 옷을 입고, 사회생활에 복귀할 준비가 되었다고 느껴지는 시기가 오면 차분한 색상의 옷을 입는 것으로 표할 수 있다.

사랑하는 이를 잃은 유족이 서로 돕는 모임도 있다. 이 모임을 찾는 유족들은 슬픔을 극복하는 데 시간이 든다는 사실을 리추얼을 통해 인정한다. 이들은 월례 모임을 열어 촛불을 켜거나 자녀에 관한 글을 쓰고 이야기를 나누는 등 다양한 리추얼을 진행한다. 모임의 관계자는 이런 의식이 애도 과정에 필수적이라며 이렇게 설명한다. "사별 후의 애도는 순리에 따라 진행되고 충분한 시간이 지나야 극복됩니다. 자녀를 애도하는 부모에게는 가슴이 찢어지는 아픔과 비애의 감정을 나눌 시간이 필요합니다. 그러기 위해서는 자녀의 삶과 죽음에 관해 끊임없이 이야기해야 합니다."

2년 반 전에 딸을 잃은 커스틴은 매일 슬픔에 잠겨 있었다. 그런 그녀에게 모임은 큰 도움이 되었다.

너무나도 외로웠어요. 딸 생각이 계속 났거든요. 직장 동료들도, 심지어 친한 친구들도 산 사람은 살아야 한다며 2년이 넘었는데 이제 그만 극복하고 추스르라고 했어요. 그러다 이 모임을 알게 됐죠. 그곳에서 자살한 자녀를 둔 다른 부모들을 만났어요. 매달 촛불을 켜고 아이에 관한 글을 쓰는 리추얼을 수행했어요. 서로가 겪은 일을 공유하고 새로 온 분들에게도 도움을 주었죠.

애도의 자유

◇◇◇

애도에는 긴 시간이 걸린다. 애도는 고인의 죽음을 현실로 받아들이고 고인에 대한 감정을 정리하는 점진적이고 고통스러운 과정이다. 프로이트는 "중요한 대상의 상실에서 오는 강렬한 정신적 외상을 피하기 위해 우리의 자아는 상실한 대상과의 감정적 관계를 서서히 지우기도 한다"고 설명했다. 어떤 사람들은 애도 중에 자신만의 추모 리추얼을 수행하기도 한다.

"남편의 머리카락이 담긴 로켓 목걸이를 걸고 다녀요. 제 행운의 부적이죠. 가끔 남편에게 하듯 목걸이에 말을 걸기도 해요."

"매일 밤 고인을 위해 촛불을 켭니다. 잘 시간이 되면 초를 끄며 잘 자라는 인사를 하죠."

"저는 매일 고인을 떠올리며 이런저런 이야기를 합니다."

"목걸이에 아내의 사진과 유골 일부를 간직하고 다녀요."

"매일 아침에 '좋은 아침이야'라고 인사하고, 일과 후에는 '잘 자'라고 말하죠."

"고인을 기억하기 위해 꾸민 탁자에 고인이 쓰던 물건들을 올려놓았어요."

프랑스의 사회학자 로베르 에르츠는 이렇게 주장했다. "사망한 지 얼마 안 된 고인의 이미지는 여전히 이 세상을 이루는 체계의 일부일 수밖에 없다. 그 이미지는 여러 단계에 걸친 내적 이별을 통해서만 점진적으로 사라질 수 있다." 캔디 해서웨이와 낸시 라이트너는 이렇게 설명한다. "죽음은 산 사람을 변화시킨다. 애도는 '과거의 나'에서 '미래의 나'로 나아가는 여정이다." 어린 시절 여러 가족의 죽음을 경험한 에밀리 브론테는 소설에서 애도를 애절하게 표현했다. '흘러가는 구름마다, 나무마다, 밤의 공기 속에도, 낮에 눈에 띄는 모든 물건 속에도, 나는 온통 그녀의 모습에 둘러싸여 있다.' 윌리엄 왕세자는 케이트 미들턴에게 어머니 다이애나 비의 반지로 청혼하며 "이 모든 절차에 어머니가 가까이 계셨으면 한다"고 설명했다.

고통스러운 애도의 경험에서 자유를 어떻게 찾아야 할지 묻는 이도 있을 것이다. 그러나 남은 이들의 자유는 애도의 고통과 함께 존재한다. 애도의 과정은 고통스럽지만 많은 이에게 해방감을 주기도 한다. 리추얼은 무의미한 경험을 의미 있게 만들어주기도 한다. 남겨진 사람들에게는 고인을 기억하고 생전의 순간들을 회상하고 고인이 살아 있는 것처럼 대화할 수 있는 자유가 있다. 장례가 끝났다고 해서 고인을 갑자기 없는 사람으로 취급하려 애쓰거나 입에 담지 말아야 하는 금기어처럼 생각할 필요는 없다. 오히려 자연스럽게 나오도록 해야 한다. 애도에 관해 광범위하게 연구한 콜린 파크스는 애도가 창조적인 활동이 될 수도 있다고 주장했다.

유족에게는 고인과 자신의 정체성, 기억, 이미지를 재구성하고 재해석할 자유가 주어진다. 유족은 애도하며 자신이 고인을 얼마나 사랑하고 그리워하는지 말할 수 있다. 고인을 향한 분노나 실망을 표현할 수도 있다. 애도 중인 사람에게는 고인에 관한 추억을 회상할 자유가 있다. 고인이 살아 있을 때 해결하지 못한 갈등을 마음속에서 해소할 수도 있다. 고인의 잘못된 인식을 바로잡을 수도 있다. 고인에게 사죄할 수도 있고, 반응을 걱정하지 않고 화를 낼 수도 있다. 고인에게 조언을 구할 수도 있다. 또한 자신이 원하는 과거와 현재, 미래를 고인에게 설명할 수도 있다.

10년 전 아버지를 잃은 마리아는 이렇게 말한다. "이제 아버지와 제 관계에는 한계가 없습니다. 아버지는 늘 저와 함께 계세요." 또 다른 애도자는 이렇게 말한다. "저는 늘 존과 대화하고, 존은 대답을 해줘요. 앞으로도 저는 존과 이야기할 거예요. 저희는 여전히 연결되어 있습니다."

영화 〈아버지의 이름으로〉에서 교도소에 수감 중인 아버지는 역시 복역 중인 아들에게 수년 전 세상을 떠난 아내 이야기를 들려준다. "(머리를 손으로 가리키며) 여기에 있는 빛을 막을 수는 없단다. 나는 늘 마음속에서 네 엄마의 손을 잡는다. 그러고는 현관 밖으로 나가는 거야. 그곳에서 네 엄마와 나는 혼란에 빠진 벨파스트 시내를 내려다본다. 지난 5년간 매일 밤 그렇게 해왔어. 네 엄마와 여전히 함께 있는 것처럼 말이다."

유족은 역할이나 지위, 책임의 재구성을 통해서도 자유를 찾을 수 있다. 그들은 다른 사람들과 새로운 관계를 만들 수 있다. 앞서 언급한 것처럼 고인의 죽음은 그 가족 구성원을 과부나 홀아비, 고아, 윗세대로 만든다. 이런 변화는 유족의 생각과 행동을 변화시키고, 그들로 하여금 새로운 삶에 관해 성찰할 자유를 준다. 변화된 역할은 새로운 기회를 가져오기도 하며, 애도를 마친 후 이들은 더 큰 자유를 얻기도 한다. 인류학자 레이먼드 퍼스는 "모든 죽음 뒤에는 인간 존재의 사회적 성격에 관한 재확인이 뒤따라야 한다"고 주장했다.

묘지

매장이 끝나고 아주 오랜 기간 묘지나 추모관을 찾는 리추얼은 애도의 연장일 수 있다. 남겨진 사람들이 묘지를 찾는 이유는 다양하다. 어떤 이는 고인과 나눴던 과거를 추억하고 고인을 시각화하기 위해서 묘지에 간다. 또 어떤 이는 고인과의 갈등을 바로잡고 해소하기 위해서 간다. 묘지를 찾은 이들은 과거 경험을 되돌아보기도 하고, 고인에게서 조언이나 중재, 용서를 구하기도 한다. 생전에 고인에게 못한 말을 하기도 한다. 묘지는 유족에게 고인과 과거를 기억할 자유는 물론, 그 과거를 새롭게 해석할 자유도 준다. 이를 통해 유족은 과거를 변화시키고 이를 현재나 미래와 통합할 수 있다. 그런 의미에서 묘지는 유족이 고인과의 관계를 새로운 방식으로 이어나갈 수 있게 해준다.

아리 골드먼은 오래전에 이혼한 부모님이 모두 돌아가셨을 때 느낀 해방감과 안도감에 관해 이야기했다. 그러한 감정은 부모님이 천국에서 재회해 결혼한 모습을 상상함으로써 얻을 수 있었다.

하워드는 수십 년 동안, 적어도 1년에 한 번씩은 돌아가신 아버지의 묘지를 찾았다. 그는 자신의 경험을 이렇게 설명했다. "아버지가 돌아가셨을 때 저는 너무 어렸어요. 어린 치기에 아버지와 많이 다투곤 했죠. 지금은 아버지께 더 잘하겠다고 말씀드려요. 항상 먼저 아버지께 용서를 구합니다. 가끔 조언을 구하기도 하고요. 힘든 일이 있을 때는 차를 몰고 아버지의 묘지를 찾아 이야기를 나눕니다. 그러고 나면 기분이 한결 나아져요."

9/11 테러로 언니를 잃은 사라 와이니오는 고인에게 정기적으로 편지를 썼다. "언니의 머리카락을 만지작거리는 것 같은 사소한 일들이 얼마나 그리운지 이야기해요. 직장 이야기도 하고요. 직접 만나서 물어볼 수 없는 것들을 편지로 물어보기도 해요. 당연히 답장은 없죠. 하지만 언니와 대화하는 상상 자체가 제게는 현실로부터의 작은 탈출입니다. 언니에게 뭐라고 말할지, 그리고 언니가 뭐라고 답할지 상상하는 것만으로도 감정이 해소돼요."

엘리자베스 에드워즈는 고등학생이었던 아들을 잃고 몇 달간 매일 아들의 묘소를 찾았다. 아들이 세상을 떠난 후 도착한 대학 입학시험 성적표를 가져가서 보여주기도 하고, 학교 친구들의 독서 목록에 있는 책을 가져가 읽어주기도 했다.

애도는 사랑하는 사람의 죽음 후 몇 년까지도 지속될 수 있지만, 리추얼을 통해 애도한 대부분의 사람들은 시간의 흐름과 함께 결국 일상을 회복한다. 애도 후에는 많은 사람들이 더 큰 심리적 자유를 바탕으로 죽음에 관해 성찰하고 생각하고 느끼고 상상하고 창의력을 발휘할 수 있게 된다.

애도의 과정은 견뎌내고 극복하는 것이지만, 궁극적인 결과는 자유일 수 있다. 이는 관계, 생각, 감정, 상상, 때로는 창의력에 관한 자유다. 사랑하는 사람과 사별한 사람들은 처음에는 자기 자신과 가족, 친구들 사이에서 기존의 관계를 되찾으려 애쓰지만, 결국에는 사별 후의 삶이 예전의 삶 같을 수 없다는 사실을 깨닫는다. 이로써 자신이 다음 단계로 나아갔다는 것을 알게 된다. 상실을 견뎌낸 것이다.

모든 사회에서 죽은 자는 산 자들을 위해 그 존재감을 유지한다. 7장과 8장의 내용을 살펴보면 죽음 리추얼이 산 자들을 위한 리추얼과 많은 공통점을 지녔다는 사실을 알 수 있다. 죽음 리추얼은 시간과 공간의 흐름을 표시한다. 즉 임종에서부터 애도, 추모, 매장, 그리고 매장 후까지의 흐름을 알려준다. 또한 죽음 리추얼은 유족이 주변 사람들과 다시 연결되어 정서적 지원을 받을 수 있게 한다. 죽음 리추얼은 강렬한 감정을 표현할 수 있도록 돕지만, 필요할 때는 그런 감정을 숨겨주기도 한다. 또한 남겨진 이들 사이의 갈등을 줄여주기도한다. 가장 중요한 것은 죽음 리추얼이 상실을 인정하고 성찰하고 애도하고, 나아가 더 창의적으로 생각할 수 있게 도움으로써 모든 단계에서 산 사람에게 심리적 자유를 준다는 점이다.

질병과
치료 리추얼

가끔 정기적인 암 치료가 주던 그 안정감이 그립다. ― 레오라 다울링

직장이든 독서 모임이든 정치 단체든 의료 기관이든 모든 시설과 조직에는 정해진 규칙이 있다. 조직에 처음 들어온 사람들은 효과적인 참여를 위해 그 조직의 규칙과 에티켓, 즉 리추얼을 배워야 한다. 의료 기관에도 많은 리추얼이 존재한다. 병원에 가면 보통 체중 및 혈압을 측정하고 의사 면담을 진행한다. 때로 가운을 착용하고 엑스레이를 찍거나 혈액 검사를 하는 간단한 리추얼도 있고, 수술실의 수술이나 정신과병원의 상담 치료, 코로나19 같은 감염병 환자의 치료처럼 복잡한 리추얼도 있다.

질병은 죽음만큼은 아니지만, 삶의 질을 크게 떨어뜨리고 불확실성과 불안을 제공하는 큰 원인이다. 이런 불안감을 관리하는 데 리추얼이 특히 유용하다. 병원의 리추얼은 환자가 의료진과 함께 치료에 참여하도록 유도하며, 질병 치료나 고통 완화에 관한 강렬한 감정을 이끌어낸다. 진료실에서 이루어지는 리추얼이 환자에게 익숙할수록 질병과 고통에 관한 불안은 완화된다.

현대 의학 리추얼에 익숙한 환자는 의사나 간호사 앞에서 탈의하고 진찰을 받는 등 예측 가능한 행동 속에서 안심감을 느낀다. 환자는 의사가 정보와 약을 준다는 점을 알고 있으며, 의료 전문가의 상징인 흰색 가운에서 신뢰를 느낀다. 환자는 모든 익숙한 상징과 리추얼을 통해 의료진이 자신의 질병을 치료하고 불안을 해소하기 위해 노력하고 있다는 위안을 얻는다. 그 과정에서 환자는 자기 혼자 고통받고 있는 것이 아니며, 고통이 곧 사라질 것이라는 안도감을 느낀다. 의료 기관의 리추얼은 환자의 치유에만 도움이 되는 것이 아니다. 리추얼은 의사가 환자를 치료하는 동안 느끼는 두려움과 통증, 또는 공포 반응을 대처할 수 있도록 돕기도 한다. 리추얼을 통한 치료의 예측 가능성은 환자와 의료진 모두에게 질서감을 주고 환자의 치료 과정 참여를 돕는다.

이 장에서는 질병과 관련해 다양한 의학 리추얼이 환자와 의료진에게 어떤 이점과 자유를 주는지 살펴본다.

진료실 방문 리추얼

◇◇◇

환자들은 병원에 가기 전에 대개 뭔가 불편한 증상을 경험한다. 몸이 아플 때 가장 먼저 취하는 조치는 사람에 따라 다를 수 있다. 우선 증상이 심해져서 일상생활에 지장을 줄 때가 되어서야 비로소 병원에 가는 사람이 있다. 이들은 주변 사람에게 증상을 따로 알리지 않고 바로 의사를 찾는다. 그런가 하면 증상이 나타나자마자 깜짝 놀라서 가족에게 알리는 사람들도 있다. 이들 중 일부는 가족이 채근해야 병원을 찾는다.

진료실 리추얼은 환자가 아닌 병원이라는 조직과 의사에 의해 결정된다. 병원에 갈 때는 대개 예약을 해야 한다. 병원에 도착한 후에는 접수 직원에게 도착을 알려야 한다. 환자들은 병원에 갈 때 대기를 어느 정도 예상하고 간다. 의사의 시간이 환자의 시간보다 더 중요하다는 암묵적인 이해가 있기 때문이다.

환자는 진찰을 위해 옷을 일부 탈의하기도 한다. 요즘에는 법적인 이유 등으로 간호사나 간호조무사가 동석한 상태에서 탈의와 진찰이 이루어지는 경우가 많다. 경우에 따라 노출된 신체 부위를 적절히 가려주기도 한다. 의사나 간호사는 환자에게 어디가 불편한지 묻고, 환자는 자신의 증상과 걱정되는 바를 설명한다. 의사가 추가적인 질문을 할 때도 있다. 그러나 환자 한 명에게 할애할 수 있는 시간이 제한적이라는 점을 알고 있으므로 대화는 길지 않다. 경우에 따라 의사가 간호사에게 환자의 혈액이나 소변, 타액, 기타 배설물의 샘플 채취를 요청하기도 한다.

환자는 진료실에서 수행되는 리추얼에 관해 거의 의문을 제기하지 않는다. 그러한 리추얼에 익숙한 환자는 그렇지 않은 환자에 비해 자신의 걱정거리를 의사와 더 자유롭게 이야기할 가능성이 크다. 리추얼에 익숙한 환자는 의사에게 자기가 겪고 있는 증상을 더 잘 전달하고, 의사가 제공하는 정보 또한 더 잘 기억한다. 병원 리추얼에 익숙하지 않은 환자는 리추얼 자체에 주의를 기울이느라 증상을 잘 설명하지 못하거나 의사의 지침에 집중하지 못할 수도 있다. 이렇듯 환자가 리추얼에 익숙하지 않으면 의사와의 효과적인 의사소통이 제한될 수 있다.

진단 리추얼

사람들이 병원에 진료를 받으러 오는 이유는 몸이 평소와 달리 불편하기 때문이다. 이때 환자는 수많은 가능성을 생각하며 걱정에 빠진다. 그들은 증상의 원인을 파악하고 이를 치료하거나 완화하기 위해 의사를 찾는다. 의사는 환자에게 질병을 진단함으로써 다른 질병의 가능성을 배제한다. 이는 환자가 앓고 있을 수 있는 질병의 경계를 설정한다. 더 중요한 것은 이 행위가 환자에게 해당하지 않는 질병의 경계를 설정한다는 점이다. 진단이라는 리추얼을 통해 환자가 걸린 질병과 그렇지 않은 질병에 경계선을 그음으로써 환자가 상상했던 수많은 부정적 가능성을 해소할 수 있다.

진단은 보통 건강과 질병 사이의 경계를 정의하며, 다양한 질병 사이의 경계 또한 정의한다. 의사는 진단을 통해 환자가 호소하는 증상에 이름을 부여한다. 환자는 이 단순한 진단 행위만으로도 안도감을 느낀다. 의사가 "이 증상의 원인은 이것입니다"라고 말하는 순간 환자가 상상했던 다른 모든 가능성은 배제되기 때문이다.

진단은 첫 방문에서 이루어지는 경우도 있지만, 검사 후 다음 방문 때 결과를 듣는 것이 더 일반적이다. 의사는 환자가 느끼는 증상을 완화하기 위한 조언을 제공하고, 질병과 그 증상을 치료하기 위해 약을 처방하기도 한다. 의사는 진단에 관해 논의하거나 후속 조치를 취하기 위해 추가적인 방문을 권하기도 한다.

진단이 주는 안도감

심각한 증상이 있는데도 의사가 쉽사리 진단을 내리지 못하면 환자들은 수많은 가능성을 상상하며 괴로워한다. 뎁 월킨슨은 페이스북에 '아직도 진단을 기다리는 중! 의사들 때문에 미칠 것 같음!'이라고 답답함을 호소하기도 했다.

증상의 원인을 찾고자 하는 환자들의 걱정과 우려, 집착은 심리적 자유의 부족으로 이어질 수 있다. 증상에만 온통 신경이 쏠리다 보니 눈앞의 걱정 외에 모든 일이 제대로 진행되지 않고 생각 또한 빼앗기게 되는 등 자유가 제한될 수밖에 없다.

진단이 내려지면 환자는 심리적 자유를 어느 정도 되찾는다. 진단이라는 리추얼이 불분명했던 증상에 이름을 부여해 경계를 설정하기 때문이다. 진단은 아는 것과 모르는 것을 분리한다. 의사는 환자의 증상에 이름을 부여함으로써 한계를 설정하고 환자에게 있을 수 있는 질병과 그렇지 않은 질병을 분리한다. 이를 통해 환자가 그때까지 걱정했던 다른 가능성은 배제된다.

의사는 진단 리추얼을 통해 효과적인 치료 계획을 설계하고 실행하는 다음 단계로 나아갈 수 있다. 폴린 첸은 이렇게 주장했다. "진단은 의사-환자 관계에 공통의 목적과 목표, 방향성을 준다. 진단이 내려지지 않으면 환자와 의사 모두 환자의 증상에 관한 무한한 가능성 속에서 붕 뜬 상태로 있을 수밖에 없다."

진단 결과가 치명적일지라도 환자는 어느 정도 심리적 자유와 안도감을 느낀다. 의사이자 작가인 데이비드 비로는 치명률이 높은 질병을 진단받은 후에 이렇게 썼다. "원치 않는 결과라고 해도 진단에는 긍정적인 측면이 있다. 물론 앞으로의 일이 두렵기는 하다. 하지만 불확실성은 끝이 났다. 이제 적어도 무엇이 잘못되었는지는 알게 되었다."

신디는 증상에 관한 해답을 찾기 위해 병원에 갔다. 여러 병원을 전전한 끝에 신디는 자신이 모겔론스병이라는 희귀 난치병에 걸렸다는 사실을 알게 되었다. 그녀는 난치병을 진단받았지만 "일단 병의 정체를 알게 된 것만으로도 만족한다"고 말했다. 헌팅턴병 같은 난치성 유전 질환을 진단을 받은 사람도 진단을 받기 전과 비교해 진단을 받고 나서 1년 후에 우울감이 감소하고 심리적 안녕감이 증가한 것으로 드러났다. 심각한 진단을 받은 폴린 첸은 자신의 경험에 관해 이렇게 말했다. "진단 자체가 큰 안도감을 줬어요. 뭐가 어떻게 잘못된 건지 마침내 파악했기 때문이죠. 건강염려증 환자처럼 이런저런 상상을 할 필요가 없어지자 숨통이 트였어요. 그런 점에서 진단은 정말 중요한 것 같아요."

원인 모를 증상에 시달리던 리사 월터스는 7년 동안 50여 명의 의사를 만났다. 그런데도 원인을 찾지 못하자 종국에는 자기 정신 상태까지 의심했다고 한다. 마침내 한 의사에게서 루푸스병이라는 진단을 받은 그녀는 자신이 느낀 안도감에 관해 이렇게 썼다.

진단을 받은 지 1년이 조금 못 되었다. 의사가 마침내 진단을 내렸을 때 나는 속으로 이렇게 외쳤다. '감사합니다! 감사합니다! 정말 감사해요! 드디어 문제의 원인을 알게 됐어요!' 루푸스는 치료가 까다로운 자가면역질환이지만 그래도 마침내 원인을 알게 되어 너무나도 기뻤다. 내가 왜 그렇게 아팠는지 알아내는 데 또 7년을 허비하지 않아도 된다는 사실에 너무나도 감사했다. 진단은 나에게 새로운 출발의 기회를 줬다. 병 자체에 관한 두려움은 있지만, 드디어 병명을 알게 되고 서로를 이해하는 이들이 모인 온라인 커뮤니티를 찾게 되어 기쁘다.

남편이 갑자기 이상해진 이유를 찾지 못해 몇 년이나 고생했던 도리스도 진단을 통해 안도감을 느꼈다. 도리스의 남편은 움직임이 느려지고 어딘가 모르게 행동이 달라지는 등 '평소와 다른' 모습을 보이고 있었다. 다른 가족과 친구, 그리고 그녀가 찾은 의사들조차 그녀에게 쓸데없는 걱정이라며 "정상입니다"라거나 "나이 들면 다 그래요"라고 말했다. 검사도 여러 번 받았지만 원인을 밝힐 수는 없었다.

그러다 증상이 나타난 지 3년째 되던 해 도리스의 남편은 파킨슨병 진단을 받았다. 도리스는 이 경험에 관해 이렇게 말했다.

남편의 행동이 조금씩 달라져 가는데 도무지 이유를 알 수가 없었어요. 괜히 달라지고 있는 남편만 탓하고, 남편한테 화를 내는 저 자신을 자책했습니다. 제 걱정에 공감하지 못하고 무심하게 구는 가족과 친구들에게는 서운해했고요. 하지만 이제는 원인을 알게 됐습니다. 남편의 잘못이 아닌 걸 알게 됐죠. 쉽지 않은 여정이 되겠지만, 그래도 진단 덕에 주변의 지지를 얻게 되었고 앞으로 어떻게 해야 할지도 알게 되었어요.

자폐스펙트럼장애 진단을 받는 이들은 진단을 받기 몇 년 전부터 사회성 결여, 공감 능력 결여, 반복적 행동, 평범한 자극에 관한 과도한 반응 등의 특성을 보이는 경우가 많다. 주변 사람들은 이런 행동에 걱정을 느낀다. 그러나 진단으로 병명이 밝혀지고 나면 오히려 해방감을 느낀다. 예를 들어 더글러스 호지베트는 마흔아홉 살이 되어서야 자신이 평생 겪어온 증상이 자폐스펙트럼장애라는 이름을 지녔다는 사실을 알게 되었다. 그는 자신이 받은 진단에 관해 이렇게 썼다. "어두운 커튼을 걷어내고 내 삶에 햇빛을 비춘 것 같았다. 진단을 통해 비로소 문제를 이해하고 앞으로 어떻게 할지 생각할 수 있게 되었다. 과거에는 설명이 불가했던 내 행동들을 새로운 시각으로 바라볼 수 있게 되었다."

한나 로신 또한 아들이 자폐스펙트럼장애를 진단받은 뒤 느낀 안도감에 관해 이렇게 이야기했다. "진단을 받으니 많은 것이 확실해져서 오히려 자신감이 생겼어요. 결국 진단은 무척 큰 변화를 가져왔고 제게는 놀라운 깨달음이었죠."

의학적 치료 리추얼

◇◇◇

환자복으로 갈아입는 행위, 손목에 밴드를 두르는 행위, 체중과 혈압을 재는 행위 등을 포함해 치료에서 행해지는 모든 리추얼은 환자에게 질서감과 의미, 그리고 자유를 준다. 정기적인 치료 리추얼이 모두 마무리되면 환자는 치료가 끝났다는 사실에 일종의 안도감을 느끼면서도 종종 그 리추얼을 그리워한다. 암 환자인 레오라 다울링은 자기 경험에 관해 이렇게 말했다. "익숙한 종양학과 간호사와 방사선사, 그리고 정기적인 치료가 주는 안정감을 그리워하게 되리라고는 생각지도 못했다. 그러나 치료가 끝나자 그런 것들이 그리웠다."

재닌 로버츠 또한 리추얼 덕에 고된 항암 치료와 방사선 치료를 견딜 수 있었다. 재닌은 리추얼 자체뿐 아니라 그 리추얼에 관한 기억도 동일한 심리적 안정감을 불러일으켰다고 말했다. 그녀는 친구들과 나눈 리추얼에 관해서도 말했다. 친구들과의 리추얼은 고된 치료를 받는 동안 재닌에게도 친구에게도 힘을 주었다.

처음 내 소식을 듣고 망연자실했던 친구들도 뭔가 구체적으로 도울 거리가 생기니 힘이 난다고 했다. 함께 뭔가를 할 수 있다는 소리를 들으니 기분이 좋았다. 리추얼은 친구들을 위한 것이기도 했다. 주변 사람들은 리추얼을 통해 나와 함께하고 나를 도울 방법을 알게 되었다. 또한 리추얼은 끈질긴 질병의 손아귀에서 잠시 벗어나 나에 관해 느끼고 성찰할 시간과 공간을 주었다. 리추얼은 내게 상상력을 되찾아 주었고, 나는 내 몸 안팎에서 일어나는 일을 파악할 수 있게 되었다.

데이나 제닝스는 전립선암 치료 리추얼에서 위안을 얻었다. 매일의 치료 리추얼에 익숙해지고 무엇을 기대할지 알게 되자 마음이 편안해졌다. 그는 자신을 직접 치료하는 사람들뿐 아니라 병원의 주차 직원과 접수 직원 이름까지 익숙해지게 되었다. 그는 치료를 마쳤을 때의 기분을 이렇게 설명했다. "예상치 못한 부작용이 하나 있었다. 치료를 다 마치자 오히려 마음이 허전해진 것이다. 물론 방사선 치료가 잘 마무리된 것은 다행이었지만, 마치 다니던 직장에서 갑자기 해고된 것 같은 허전함이 밀려왔다."

치료 리추얼에 관한 환자의 기대는 약에 대한 신뢰와 반응에도 영향을 줄 수 있다. 치료 리추얼에서 투약된 위약이 진짜 약물과 비슷하거나 더 큰 효과를 보인 사례도 있다. 이러한 효과는 위약에 관한 여러 연구에서 입증되었다. 위약 효과에 관한 한 연구에서는 환자들이 약보다 주사를 더 효과적으로 여기고, 저렴한 약보다는 비싼 약을 더 효과적이라고 인식하는 것으로 나타났다.

수술실 리추얼

◇◇◇

19세기 오스트리아의 산부인과에서 일하던 이그나츠 제멜바이스는 산부인과에서 출산한 산모의 사망률이 산파의 도움으로 출산한 산모의 사망률보다 높은 것에 주목했다. 그는 연구 끝에 해부실에서 부검하던 의사들이 산모를 돌보기 전에 손을 깨끗이 씻는 것만으로 사망률을 줄일 수 있다는 것을 증명했다. 그 뒤 손 세척이 병원 리추얼로 정착하기까지는 오랜 시행착오를 겪었지만, 이제 병원, 특히 수술실에서 멸균 상태를 유지해야 한다는 사실은 누구나 알고 있다. 그리고 이를 위한 절차, 즉 리추얼이 생겨났고 엄격하게 지켜지고 있다.

먼저 수술할 때 외과와 마취과, 병리과, 영상의학과의 전문의와 간호사, 보조원 등은 특정 색상의 가운이나 장갑 등 뚜렷이 구분되는 '의상'을 착용한다(수술실의 환자는 대개 마취 중이기 때문에 이러한 리추얼에 익숙할 필요는 없다). 이는 수술실에서 사람, 복장, 물건 등을 멸균 영역과 비멸균 영역으로 구분하기 때문이다. 세균은 눈으로 볼 수 없기 때문에 세균에 노출된 영역과 그렇지 않은 영역을 구분하는 데 리추얼이 필요하다.

손 세척, 수술 가운 착용, 장갑 착용 등의 구체적 리추얼은 비멸균 상태였던 의사의 신체와 의복을 멸균 상태로 바꾸기 위해 수행된다. 리추얼을 통해 멸균 상태가 보장된 후에는 수술실 내의 모든 참여자가 행동과 이동의 자유를 얻게 된다. 이들은 멸균된 모든 물체를 만질 수 있으며, 수술의 특정 단계에서 대화를 나누고, 나중에 가서는 농담을 하거나 퇴근 후 계획에 관해 대화하는 등 여유를 가지게 된다. 멸균 상태의 물체와 비멸균 상태의 물체 간에 접촉이 발생하면 다시 정교한 리추얼을 거쳐 오염된 물체를 멸균 상태로 만들어야 한다. 수술실 안에서 멸균 영역과 비멸균 영역 사이의 분리가 깨지면 모든 참여자가 심리적 자유와 행동의 자유를 잃게 된다.

손 세척, 수술 가운 착용, 장갑 착용의 순서

텔레비전이나 만화, 영화 등 많은 매체를 통해 파란 가운을 입은 의사가 양손을 어깨 높이로 들고 수술실에 들어서는 상징적인 리추얼을 많이 보았을 것이다. 이 과정에 이르기까지는 여러 단계의 소독 과정을 거친다.

먼저 손을 씻는데, 이 과정을 통해 의사의 손가락과 손톱, 손, 팔꿈치 아래에 있던 병원균을 대부분 제거한다. 손 세척 리추얼은 복잡한 과정으로 이루어진다. 의사는 특수한 손 세척대에서 엉덩이로 스위치를 눌러 물을 틀고 스크럽용 솔과 소독액을 적신 스펀지가 들어 있는 봉투를 개봉한다. 스크럽용 솔로 손톱 밑을 2분 동안 씻은 다음에는 한쪽 손과 손가락, 팔꿈치 아래 팔뚝을 2분 30초간 씻는다. 그다음에는 다른 쪽 손과 손가락, 팔을 2분 30초 동안 같은 방법으로 씻는다.

손 세척이 끝나면 스크럽용 솔과 스펀지를 버리고 다시 엉덩이로 물을 끈다. 이 리추얼로 의사의 손은 청결한 상태가 되지만, 수술 가운과 장갑을 착용하기 전까지는 완전한 멸균 상태라고 볼 수 없다.

손 세척 리추얼이 완료되면 의사는 엉덩이로 수술실 문을 열고 들어간다. 엉덩이 부분과 수술실 문은 모두 비멸균 상태기 때문에 서로 접촉이 가능하다. 의사는 세척이 완료된 손과 팔뚝이 몸의 나머지 부분과 닿지 않도록 손을 팔보다 높게 든 자세를 유지한다. 미리 멸균 리추얼을 마친 수술간호사가 의사에게 멸균포를 건넨다. 의사는 손과 각각의 손가락을 하나씩 닦아 물기를 제거한다. 간호사는 의사가 입을 녹색 수술 가운의 멸균된 바깥쪽 면을 잡고 대기한다. 의사는 손이 수술 가운의 바깥쪽 면에 닿지 않게 주의하며 양팔을 소매에 넣는다. 수술 가운의 앞면은 멸균 상태로 간주하지만 의사의 손은 아직 완벽한 멸균 상태로 볼 수 없기 때문이다.

멸균 상태인 수술간호사는 멸균 장갑의 입구를 벌려 의사가 착용할 수 있게 돕는다. 의사는 한 번에 한쪽씩 손을 넣어 장갑을 착용한다. 장갑 착용을 마치면 의사의 손은 비로소 멸균 상태가 된다. 장갑을 낀 의사는 수술 가운의 가슴 높이에 위치한 끈의 매듭을 풀어 끈 한쪽을 비멸균 상태의 순환간호사에게 건넨다. 의사는 그 상태로 180도 회전하고 간호사는 수술 가운 뒷면에서 끈을 묶어 고정한다.

이렇듯 복잡한 손 세척, 가운 착용, 장갑 착용 리추얼은 수술실 안에서 멸균된 사람과 의상, 물체와 그렇지 않은 것들을 분리해준다. 리추얼은 의사를 비롯한 수술실 인원을 멸균 영역에 속한 이와 그렇지 않은 이로 나눈다. 의사와 수술간호사의 팔과 손, 신체 앞면의 겨드랑이부터 허리까지는 멸균 영역에 속한다. 겨드랑이 위쪽으로는 마스크를 제외한 부분은 비멸균 상태고, 허리 아래쪽도 비멸균 영역에 속한다. 신체 뒷면은 특히 모든 부분을 비멸균으로 간주한다. 멸균 상태로 구분된 의사와 수술간호사는 수술실 안에서 멸균 상태인 모든 것을 자유롭게 접촉할 수 있다. 여기에는 환자도 포함된다.

수술실 안에서 멸균과 비멸균의 접촉을 피하기 위해 행하는 가장 정교하고 대표적인 리추얼은 수술을 하던 의사가 옆자리로 이동하고자 할 때 볼 수 있다. 평범한 상황에서라면 그냥 옆에 서 있던 사람이 뒤로 물러나고 의사가 옆으로 이동할 것이다. 그러나 수술실 안에서 가운의 뒷면은 비멸균 상태로 간주하기 때문에 멸균된 앞면과 접촉을 최대한 피해야 한다. 그렇기 때문에 이동하고자 하는 의사는 옆 사람과 비멸균 상태인 등끼리 마주 보도록 하고 자신이 가고자 하는 방향으로 360도 회전하며 이동한다.

체크리스트는 또 다른 리추얼이다. 순환간호사는 수술이 시작되기 전에 수술실에 비치한 모든 물품의 종류와 개수를 기록하고, 수술 후 의사가 절개 부위를 봉합하기 전 모든 물품이 있는지 체크리스트를 통해 확인한다. 이는 혹시나 환자의 몸속에 수술 도구가 남아 있는 것을 방지하기 위함이다.

수술

수술은 크게 세 단계로 이루어지며, 각각의 단계에는 고유한 리추얼이 있다. 첫 번째 단계는 절개, 두 번째 단계는 절제 또는 시술, 세 번째 단계는 봉합이다. 의사가 멸균된 수술 메스로 환자의 피부층을 절개하는 첫 번째 단계에는 모두가 긴장 속에 침묵을 지킨다. 절개에 사용된 메스는 비멸균 상태인 환자의 피부에 접촉했기 때문에 비멸균 상태로 전환되어 폐기된다. 의사는 다른 멸균 메스로 피부층 아래의 지방층과 근막, 근육층을 절개한다. 복부 수술인 경우에는 복막도 절개한다. 외부에 노출되는 피부는 비멸균 상태였지만, 환자의 신체 내부에 해당되는 부분은 멸균 상태로 간주된다. 절개 단계에서 의사는 멸균 상태의 수술간호사에게 필요한 도구의 이름을 대며 지시를 내린다. 수술간호사는 의사가 요청한 도구를 즉시 의사의 손에 쥐여준다.

첫 번째 단계에서 기술적인 작업이 어느 정도 마무리되면 가벼운 대화나 농담을 할 수 있는 자유가 생긴다. 이 단계에서의 농담은 대부분 앞으로 진행될 수술 절차에 관한 것들이다. "자, 워싱턴 씨 어디 쓸개를 한번 들여다볼까요?"라거나 "좋아요, 스포츠 팬 여러분. 꽤 거친 경기가 될 것 같군요" 같은 가벼운 언급인 경우가 많다. 이런 식의 농담은 수술에서 가장 중요한 두 번째 단계가 시작되면서 갑작스럽게 중단되곤 한다.

가장 긴 시간 동안 진행되는 두 번째 단계에는 종교의식을 연상시키는 고요함과 긴장감이 수술실을 채운다. 의사가 환자의 내부 장기를 치료, 이식, 제거하거나 종양을 절제하는 등의 시술을 진행하는 동안, 수술실 공기에서는 잠재적인 위험이 느껴진다. 이 단계에서는 멸균 상태였던 물체가 비멸균 상태로 전환되는 등의 이유로 더 까다로운 관리가 필요하며, 수술과 관련된 리추얼이 더욱 복잡해진다.

긴장감 속에 두 번째 단계가 마무리되면 다시 소소한 농담과 잡담을 주고받을 자유가 돌아온다. 이 단계에서는 보통 앞선 단계에 발생했던 일들이 농담의 주제가 된다. "아까 지혈 안 되는 줄 알았잖아요"라거나 "이 환자분 생명보험은 들었겠지?"라는 식의 농담이다. 잡담의 주제는 스포츠 경기 결과일 수도 있고, 점심 계획이나 골프 약속, 다음 수술 계획 등이 될 수도 있다. 이 단계에서 수술간호사와 순환간호사는 수술 전에 수행했던 체크리스트 리추얼을 다시 수행한다. 의사는 간호사가 체크리스트에 있는 모든 물건과 도구를 확인한 다음에야 절개 부위를 다시 봉합할 수 있다.

수술실 안에서 행하는 과장된 리추얼은 눈으로 식별 불가능한 세균을 관리하고 수술실 내의 물체와 영역을 멸균과 비멸균으로 나누는 역할을 한다. 수술실 안에서 '거의 멸균' 또는 '대부분 멸균'이라는 분류는 존재할 수 없다. 완전한 멸균 상태가 아닌 것은 무조건 비멸균으로 구분된다. 수술은 세 개의 뚜렷한 단계를 거쳐 시작되고 진행되고 끝난다. 여기에도 부분적인 시작이나 불완전한 종료는 존재할 수 없다. 이런 범주들이 절대적으로 뚜렷하게 구분될 때만 수술실의 의사와 간호사는 농담이나 잡담을 할 자유를 누릴 수 있다.

코로나19 감염 예방을 위한 리추얼

◇◇◇

전염병이 세상을 휩쓸면 가장 중요해지는 것은 격리다. 병균이 옮지 않도록 타인과 일정한 거리를 둬야 한다. 우리는 코로나19를 통해 이런 리추얼에 익숙해졌다. 감염 예방 리추얼은 수술실 리추얼과 많은 면에서 유사하지만 두 가지 큰 차이점이 있다. 첫째, 수술실 리추얼은 환자가 수술 중 병원균에 노출되는 것을 막기 위해 존재한다. 반면 코로나19 감염 예방 리추얼은 각자가 상대의 바이러스에 노출되는 것을 막기 위해 존재한다. 둘째, 코로나19 바이러스 감염 예방은 수술실 리추얼보다 더 엄격하고 복잡하다. 이는 코로나19 바이러스의 전염성이 더 높기 때문이다.

일반인은 손 씻기와 마스크 착용 같은 리추얼이 일반화되었고, 보건소나 병원에서 일하는 의료진에게는 이보다 훨씬 더 철저한 격리 리추얼이 만들어졌다. 감염된 환자가 접촉한 식기, 의료 기구, 세면대, 변기 등 모든 것을 사람들로부터 분리했다. 의료진은 장갑, 가운, 마스크, 페이스실드 등의 개인 보호 장구를 착용하는 정교한 리추얼을 통해 환자는 물론 환자가 접촉한 모든 것과 자신을 분리했다. 의료진은 이런 보호 장구를 착용한 후에야 환자가 있는 공간에 들어갈 수 있다. 코로나19 대유행 시기에는 검사를 수행할 의사가 부족해 문제가 되기도 했다.

이 장에서는 진료실, 수술실, 코로나19 병동 등 인간의 생로병사에서 중요한 '병'에 관련된 내용의 리추얼을 살펴봤다. 앞서 설명한 바와 같이 의료 환경에서의 리추얼은 환자의 치유를 도울 뿐 아니라 치료 과정에서의 불확실성을 줄여 의료진이 환자의 고통에 더 잘 대처할 수 있도록 돕는다.

특히 진단이 치료만큼이나 중요하다는 사실을 살펴봤다. 진단은 아픈 사람의 불확실성을 병명이라는 확실성으로 바꾼다. 암이나 파킨슨병 등 난치병에 걸린 환자들조차 영문도 모른 채 고통을 겪는 두려움에서 벗어나 치료 계획을 세우고 정해진 순서대로 치료를 받을 수 있다는 사실에 안도하게 되는 것이다. 최악의 상황에서도 따라야 할 리추얼이 생기는 것만으로 고통스러운 병을 견디는 힘을 얻는 것이다. 그리고 이것이 병을 이겨내는 힘이 되어준다.

10

생명의 탄생 리추얼

나는 진통이 찾아오는 사이사이에 눈을 감으며 나의 존재가 널리 발산되는 것을 느꼈다. – 레이철 켈렘

우리는 앞서 죽음에 관한 리추얼을 두 장에 걸쳐 상세히 살펴보았다. '죽음'은 삶에서 가장 대표적인 사건 중 하나로, 대부분의 사람들에게 큰 상실감을 준다. 우리 삶은 가족을 비롯해 사랑하는 사람의 죽음 이전과 이후로 나뉜다. 이처럼 죽음은 우리를 바꿔놓으며 그전과 같아질 수 없다. 그리고 죽음만큼이나 큰 변화가 바로 탄생이다. 임신과 출산은 그 일을 겪는 당사자는 물론 가족의 위치마저 바꾸는 큰 사건이다. 출산은 인류를 포함한 모든 생물에게 불멸이라는 특성을 부여했지만, 과거에는 출산 중에 또는 출산 후에 사망하는 사례도 많았기에 인류는 그만큼 엄격한 리추얼을 통해 산모와 아이를 보호하고자 했다.

임신과 출산 관련 리추얼은 모든 문화권에 다양한 형태로 존재한다. 어떤 문화권에서는 임산부를 오랜 기간 격리한다. 어떤 문화권에서는 의만擬娩이라는 불리는 리추얼을 통해 남편이 임신과 출산을 일부 경험하게 하기도 한다. 태반의 보관이나 처리에 관련된 리추얼도 있다. 임산부는 리추얼에 따라 특정 음식을 피하거나 평소에 안 먹던 음식을 챙겨 먹기도 한다. 이번 장에서는 현대의 일반적인 임신과 출산 리추얼을 살펴보고, 그런 리추얼이 부모가 된 사람들에게 어떻게 심리적 자유를 주는지 알아보고자 한다.

출산과 관련된 리추얼은 임신 초기부터 시작되어 출산 몇 달 후까지 유지되기도 한다. 다른 리추얼들과 마찬가지로 임신과 출산 리추얼은 엄마와 아빠, 아기, 의료진과 출산 도우미, 그 외에 출산을 함께하는 사람들의 역할을 분리하고 경계를 설정함으로써 안정감을 준다. 또한 리추얼은 출산 중 나타나는 격렬한 감정의 표출을 돕고, 필요하다면 감정을 숨기도록 해준다.

임신과 출산에는 여러 단계가 있으며, 각 단계에는 구체적인 리추얼이 존재한다. 리추얼은 임신과 출산 중, 그리고 출산 이후 시간과 공간을 표시함으로써 리듬을 만들어낸다. 아이를 낳는 것은 가족의 역할이 변화하는 큰 전환점이다. 이때 리추얼은 전환을 돕고 엄마와 아기를 두 명의 개별적인 존재로 분리함으로써 모든 참여자에게 심리적 자유를 준다. 아기는 리추얼을 통해 생물학적으로 독립된 한 명의 인간으로 인정받음으로써 자유를 얻게 된다.

임신의 리추얼

◇◇◇

임신 사실의 인지

인생의 모든 중요한 사건에는 상태의 변화가 나타나기 마련이다. 임신은 대개 규칙적이었던 월경을 거르는 등의 신체적 징후로 짐작하게 된다. 징후가 나타나면 약국이나 슈퍼마켓 등에서 구입할 수 있는 임신 테스트기로 임신 여부를 알아본다. 일부는 처음부터 의사를 방문해 검사받기도 한다. 따로 검사하지 않고도 임신의 신체적 징후를 인지하는 이들도 있다.

임신 사실을 인지한 후 임산부가 처음 행하는 리추얼은 자신의 임신 여부를 재확인하고 새롭게 변화된 상태를 주변에 알리는 것이다. 임신을 계획했는지 여부와 상관없이 초기에는 검사를 여러 번 하는 경우가 많다. 여기에는 여러 이유가 있는데, 임신 사실을 재차 검증하고 싶어서일 수도 있고 결과가 확실한지 다시 확인하고 싶어서일 수도 있다. 가끔 음성이었던 결과가 양성으로 바뀌는 사례도 있기 때문이다. 임신을 원했든 원치 않았든 임신 테스트의 결과는 강한 감정을 불러일으킨다. 임신을 간절히 원했던 킴은 테스트를 세 번이나 해보았다며 이렇게 말했다. "정말로 임신이 맞는지 확인하고 싶었어요. 너무 간절히 원했거든요."

임신 사실 알리기

예비 엄마가 주변에 임신 사실을 알리는 리추얼은 그 중요성을 고

려해 대개 공식적인 발표 형식을 띤다. 예비 아빠에게 가장 먼저 알린 다음, 부모와 친구에게 알리는 것이 일반적인 순서다. 여성은 임신을 발표할 때 그에 대한 반응을 기대한다. 동성인 친구나 가족 구성원들은 임신 기간 내내 자신의 경험을 들려주며 임산부를 돕는다. 린은 주변의 경험 공유에 관해 이렇게 말했다. "정말 많은 친구가 조언을 퍼부었어요. 이렇게 해라, 이걸 먹어라, 이 의사한테 가라, 아주 정신이 없었죠. 정작 제가 뭘 선호하는지 묻는 사람은 없었어요."

임신 관련 지원과 정보 받기

대부분의 임산부는 주변의 가족과 친구는 물론 다양한 책자를 통해 임신 관련 정보를 얻는다. 인터넷을 통해 정보를 얻는 사람들도 점점 증가하고 있다. 인터넷상에서는 임신 관련 모임과 웹사이트를 다수 찾아볼 수 있다. 이런 모임에서 논의되는 내용에 관해서는 이번 장의 나머지 부분에서 차차 함께 살펴보자.

예비 엄마들은 챙겨 먹어야 할 음식과 피해야 할 음식, 도움이 되는 운동, 임신 중 불편 해소법, 여러 출산 방법과 선택지 등에 관한 다양한 정보를 받는다. 통증 완화와 태교를 위한 예술 강좌 등 교육 프로그램도 다수 존재한다. 다양한 출처를 통해 얻는 이런 정보는 여성과 파트너에게 폭넓은 선택의 자유를 준다

임신과 출산에 관한 계획 수립

출산 전문가와의 상담은 거의 모든 임산부가 공유하는 리추얼이

다. 출산 전문가에는 산부인과 전문의, 주치의, 간호사, 조산사 등이 있다. 전문가들은 임신과 출산에 관한 기본적인 정보를 제공하고, 임산부가 겪을 수 있는 여러 문제를 해결한다. 대부분의 여성은 전문가가 제공하는 기본적인 지원 외에 주변의 폭넓은 지지를 필요로 한다.

많은 임산부가 태아의 발달 상태를 살피기 위한 리추얼에 참여한다. 초음파 검사와 양수 검사는 태아의 수와 성별, 유전자, 발달 상태에 관한 정보를 준다. 임산부는 검사 리추얼을 통해 태아가 정상적으로 발달하고 있는지 확인할 수 있다. 현재의 초음파 기술로는 심실과 뇌의 영역, 신장의 크기를 측정하고 태아의 수와 성별을 확인할 수 있다. 양수 검사로는 태아의 유전적 정보를 파악할 수 있다. 초음파 사진 촬영은 많은 예비 부모의 임신 축하 리추얼이다. 부모는 초음파 사진을 주변에 보여주거나 소셜미디어를 통해 공유하기도 한다. 요즘에는 태아의 성별을 공개하며 따로 파티를 하기도 한다. 임산부가 검사 리추얼을 통해 얻은 정보는 심리적 자유를 준다. 많은 여성이 검사 리추얼을 통해 태아의 정상적인 발달을 확인한다. 병원은 여성과 출산 방식을 논의하고, 필요에 따라 대안적 출산 절차에 관한 정보를 제공하거나 다른 전문가를 제안하기도 한다.* 태아의 발달 과정에 문제가 있다는 사실을 알게 되어 심리적 자유를 잃는 안타까운 경우도 있다.

---

* 빈곤한 여성들은 경제적 이유로 출산 이전 충분한 의학적 도움을 받지 못하고 육아용품을 구매하지 못하기도 한다.

육아용품 구매를 통한 임신 사실 공표

대부분의 임산부는 임부복을 입거나 배의 모양이 드러나는 옷차림을 함으로써 자신의 임신 사실을 드러낸다. 소셜미디어를 통해 자신의 상태를 알리는 여성도 많다. 만삭 사진을 촬영하는 사례도 심심찮게 볼 수 있다. 여성이 임신 사실을 공개적으로 드러내는 것을 꺼렸던 과거와는 크게 달라진 모습이다. 여성은 임신을 드러냄으로써 주목을 받고 특별한 존재가 된다. 많은 사람들이 임산부를 보면 문을 열어주거나 자리를 양보하고, 임산부 전용 주차 공간을 제공한다. 바버라라는 여성은 임신 중의 이런 경험에 관해 "모두가 내 배만 쳐다보고 있는 것 같았다"고 말했다.

가끔 임산부의 배를 만져보려고 하는 사람도 있다. 임산부들은 이러한 요청에 다음과 같은 상반된 반응을 보인다.

"저는 제 주변 사람이 태동을 느끼는 게 좋았어요. 다 아기에 관한 관심과 사랑이라고 느꼈거든요. 유대감을 형성하려는 거였죠."

"태동을 느껴보고 싶다는 이야기를 들으면 사실 좀 불편했어요. 가까운 가족이라도 마찬가지였죠. 애초에 저는 호들갑 떨며 스킨십하는 성격이 아니에요. 왠지 사람들의 손길에서 아기를 보호해야 할 것 같았죠. 태동은 저와 아기의 특별한 경험으로 남겨두고 싶었어요."

임산부들은 수많은 임신과 육아 관련 제품에 노출된다. 전문 매장에는 몇십 년 전에는 듣도 보도 못했던 다양한 상품이 진열되어 있다. 임산부의 배 모양을 본떠 조형물로 만들 수 있는 석고 본뜨기 세트, 임산부의 배에 올려놓고 태교 음악을 틀어주는 장비, 신생아를 지켜볼 수 있는 베이비 모니터, 젖병 보온기, 보습제가 함유된 아기 물티슈, 물티슈 보온기, 쪽쪽이, 쪽쪽이 전용 물티슈 등 그 종류가 끝이 없다. 유모차, 카시트, 놀이 울타리, 그네, 젖병, 유축기, 아기 침대, 모빌, 일회용 기저귀, 기저귀 전용 쓰레기통, 기저귀 가방 등도 다양하게 진열되어 있다.

마치 결혼식 때 예비부부가 원하는 결혼 선물 목록을 미리 등록해두듯 예비 부모가 필요한 육아용품 목록을 원하는 매장에 등록해두기도 한다. 미국에서 시작된 출산 축하 파티인 베이비샤워에 육아용품을 선물로 주는 것도 리추얼로 자리 잡았다.

대부분의 지역에서 예비 부모를 위한 강좌를 쉽게 찾아볼 수 있는데, 많은 부모가 임신 후반기에 이런 강좌에 참여한다. 출산 준비 강좌는 여러 대안적 분만법에 관한 정보를 제공하는데, 미국에서는 라마즈 출산법과 브래들리 출산법, 메리 몽간의 최면출산법, 세 가지가 다수를 차지한다. 따뜻한 물을 채운 분만 욕조에서 아기를 출산하는 수중 분만 역시 잘 알려진 대안 중 하나다.

예비 부모에게는 아기의 탄생 전에 다양한 숙제가 주어진다. 여기에는 병원에 가져갈 출산 짐을 꾸리는 것과 아기를 집에서 보살피기 위한 준비도 포함된다. 부모는 병원 출산과 가정 출산 중에 어느 쪽을 택할지 결정하고, 분만 과정에 누가 함께할지도 결정한다.

미국을 비롯한 현대의 병원 출산은 약 40년 전까지만 해도 놀라울 정도로 표준화되어 있었다. 많은 병원이 100년 이상 고수해온 표준적인 방식에 새로운 기술을 일부 적용할 뿐이었다. 그런데 우리가 가장 잘 알고 있는 '누워서' 낳는 방식은 최선의 방법이 아닐 수 있다. 사실 최근까지 세계 대부분 지역에서 많은 여성이 '쪼그려 앉은 자세'로 출산했다. 이 자세를 지지하는 이들은 쪼그려 앉기가 산도의 곡선을 최적화하는 등 많은 장점을 지녔다고 주장한다. 다음은 로비 데이비스 플로이드와 멜리사 체니의 설명이다.

세계의 많은 지역에서 여성들은 분만 중 자궁 수축과 경부 확장으로 인한 진통을 조절하기 위해 자유롭게 움직이며 수시로 자세를 바꿔왔다. 또한 특별한 제한 없이 원하는 대로 먹고 마시기도 했다. 임산부에게는 본능적인 지식이 있다. 선 자세나 쪼그려 앉은 자세는 골반을 확장하고 중력 활용을 쉽게 하며 아기를 밀어낼 때 쓰는 복부 근육의 효율을 극대화한다. 많은 여성이 이런 자세로 진통을 겪고 분만했고, 조산사들은 임산부의 앞쪽에서 무릎을 꿇고 아기를 받았다.

현대의 병원 출산은 대부분 가부장적인 방식으로 표준화되었다. 이런 출산 리추얼에서는 여성이 누운 자세로 출산하며, 의료진은 통증 완화를 위한 마취제 투여를 권한다. 실제 미국에서 출산하는 산모의 70퍼센트 이상이 경막외 마취나 척추 마취로 통증을 줄인다.

그러나 1970년대부터는 출산에 관해 더 넓은 선택지를 원하는 여성들의 요구가 증가하며 병원의 출산 리추얼에도 변화가 나타나기 시작했다. 한 지역 병원의 산모용 안내 책자의 문구를 보면 이런 변화가 느껴진다. "저희 병원은 다양한 분만법을 수용할 수 있는 유연한 분만 시설을 갖추고 있으며, 안전한 출산 환경 조성을 위해 병원의 자원을 제공합니다."

조산사와 함께 하는 가정 출산 리추얼은 더 높은 유연성을 보인다. 가정 출산 리추얼은 전적으로 임산부와 파트너, 그리고 그들이 선택한 출산 전문가의 협력으로 이루어진다. 대안 출산을 선호하는 이들은 가정 출산이 병원에 비해 차분하고 세심하게 진행된다고 주장한다.

출산 리추얼

◇◇◇

병원 출산이든 가정 출산이든 출산의 실제 과정은 여러 면에서 다른 일반적인 리추얼의 특성을 담고 있다. 다른 리추얼들과 마찬가지로 진통의 단계마다 타이밍과 리듬이 존재하며, 출산 시의 강렬한 감정은 필요에 따라 표현되기도 하고 숨겨지기도 한다. 새로운 지위에 관한 상징화가 이루어지며, 파트너를 비롯한 타인과 유대감이 형성된다. 출산 시 함께하는 사람들과 소통이 이루어지며, 엄마의 배 속에 있던 아이가 밖으로 나옴으로써 한 사람이 두 사람으로 분리되는 경계가 만들어진다.

인터넷상에는 출산할 때 의사와 조산사 중 어떤 전문가의 도움을 받는 것이 좋을지 다양한 논의가 이루어진다.

"임신 7주 차인데 제게 맞는 산부인과를 찾고 싶습니다. 저는 자연주의 출산을 원하는데 마취제를 아예 쓰지 않는 출산을 지지하는 의사를 찾는 게 쉽지 않네요."

"조산사로서 말씀드리자면 마취 없는 자연주의 출산을 원한다면 병원 외의 선택지를 찾는 게 최선입니다."

진통과 분만이 진행될 때 누가 현장에 함께 있어야 할지에 관한 논의도 활발하다. 대부분 남편이나 파트너가 함께 있어야 한다는 점에는 동의했다.

"두 번 출산했는데, 진통 중일 때도 주변에 전혀 알리지 않았어요. 가족이나 친구들에게는 분만이 다 끝나고 나중에 전화로 알렸죠."

"분만실에는 남편만 들어왔어요. 그 정도가 제일 좋은 것 같아요."

"남편과 둘만 갈 계획이에요. 적어도 실제 분만이 이루어지는 시점에는요. 가족 몇 명이 대기실에서 기다릴 수도 있고, 출산 직후 부를 수도 있겠죠."

"엄마나 시어머니가 분만실에 같이 있었다면 견디기 힘들었을 것 같아요. 두 분과 사이가 좋은 편이기는 하지만, 그 순간은 남편과 둘이서만 나누고 싶었어요. 저희에게는 너무나도 특별한 일이니까요."

노마의 출산일

노마는 출산 예정일 두 달 전에 남편인 배리 외에 출산 과정에 초대하고 싶은 다섯 명에게 초대장을 보냈다. 그 다섯 명은 자신의 부모님, 이혼한 시부모님, 그리고 시아버지와 재혼한 새어머니였다. 사실 초대장을 받은 다섯 명 사이에는 다양한 갈등이 미묘하게 존재했다. 특히 남편의 두 어머니는 사이가 썩 좋지 않기에 서로 마주치는 일을 되도록 피하고 있었다. 이렇듯 갈등이 존재하기는 했지만, 노마의 특별한 날에 초대받은 가족들은 모두 참석해야겠다는 의무감을 느꼈다.

분만 유도 당일, 노마는 널찍한 병실의 킹사이즈 침대에 누워 있었다. 남편 배리와 초대받은 가족 다섯 명은 각각 앉거나 선 채로 병실을 지켰다. 그들은 무려 일곱 시간 동안 대기하며 각자 여기저기 자리를 잡았다. 배리는 노마의 옆에 있었다. 두 아버지는 벽 쪽으로 멀찍이 앉아 책이나 신문을 읽었다. 여성들은 탁자를 두고 둘러앉았다. 그들은 자신들 사이의 갈등은 접어두고 노마의 출산을 위해 서로 소통해야 한다는 의무감에 드문드문 대화를 나눴다. 첫째 날이 다 지나도록 아기가 나올 기미가 없자 배리를 제외한 가족은 모두 집으로 돌아갔다가 다음 날 아침 일찍 다시 병실로 돌아왔다. 남자들은 또다시 벽 쪽에서 신문을 읽었고, 여자들은 병실 한쪽에서 예의를 차리며 대화를 주고받았다.

노마는 정오가 되어서야 출산이 시작되는 듯한 느낌을 받았다. 그녀는 즉시 경막외 마취를 요청했고, 다행히 분만 준비가 진행되는 동안 별다른 통증을 느끼지 못했다. 아기가 나올 때가 되자 의사와 간호사가 들어와서 남편을 제외한 모든 가족은 나가달라고 요청했다. 20분 후 딸이 태어났고, 가족은 병실로 돌아와 부모가 된 노마와 배리를 축하했다. 그 후 가족들은 집으로 돌아가고 노마와 배리는 병원에서 이틀을 더 보냈다. 노마는 많은 이의 축하 속에 출산했고 상대적으로 진통도 심하지 않았지만 그 경험을 '시련'이라고 표현했다.

가정 출산

이번에는 가정에서 출산한 사례를 볼 것이다. 산모는 양수가 터진 후 남편과 딸, 조산사, 친구들에게 분만이 임박했다는 사실을 알렸다. 다음은 산모가 자신의 경험을 기록한 글이다.

출산을 위해 한 시간 동안 집 안을 청소하고 준비했다. 준비를 마치자 내 몸, 특히 배 부분에 강렬한 감각이 느껴졌다. 감각이 점점 강렬해지더니 갑자기 평온함이 찾아왔다. 그때 내가 필요로 한 사람은 같은 경험을 나눌 수 있는 '여성'이었다.

우선 조산사 리사에게 전화를 걸었다. 그다음에는 친한 친구 두 명에게 연락했다. 남편 조지는 내가 제일 좋아하는 달 모양 손잡이가 달린 백랍 머그잔에 얼음물을 담아왔다. 분만이 순조롭게 진행될 것 같아서 딸아이도 깨워서 함께하기로 했다. 출산에 관해서는 아이에게도 충분히 설명하고 함께 준비해왔다.

나는 물을 끓이고 있던 남편에게 수건을 두 장 가져다 달라고 했다.

내 입에서는 계속해서 낮은 신음이 흘러나왔다. 나는 진통이 올 때마다 두 발을 몸 앞쪽으로 모으고 무릎을 잡은 채 몸을 뒤로 기댔다. 나는 남편에게 출산을 위해 골라둔 앨범을 틀어달라고 했다.

나는 "오오오오오, 오오오오오오"라고 소리를 내며 정신을 집중했다. 그 사이에 남편은 큰길까지 차를 몰고 나가서 조산사와 내 친구들을 데려왔다. 나는 진통이 찾아오는 사이사이에 눈을 감으며 그 감각을 느꼈다. 통증과 함께 두려움의 기운이 찾아왔지만, 무섭지는 않았다. 그때 내가 느낀 감각의 확장은 나 자신의 발산이었다.

첫아이를 출산한 병원에서 의사와 간호사들이 나를 대했던 방식을 생각하면 여성들이 출산할 때 느끼는 두려움을 충분히 이해한다. 병원에서는 표준적인 출산 절차를 따르게 하려고 내 두려움을 오히려 부추겼다. 그들은 자신들의 두려움을 내게 주입해 조기 분만을 유도하려 했다. 내 배에 온갖 모니터링 장치를 붙이고, 정맥 주사를 꽂아 꼼짝 못 하게 만들었다. 그러고는 고압적인 말투로 언제 어떻게 숨을 쉬고 힘을 주라고 명령했다.

그래서 이번 출산만큼은 나 자신을 믿고 그 누구의 말에도 위축되지 않겠다고 결심했다. 나는 여성만이 할 수 있는 그 일을 내 몸이 해낼 수 있다고 전적으로 믿었다.

그리고 그것은 현실이 되었다. 힘을 주라고 강요하는 이가 없었기에 나는 자연스럽게 힘을 줄 시점이 올 때까지 기다리기로 했다. 그저 내 자궁이 할 일을 자연스럽게 하도록 두기로 했다. 나는 계속해서 소리를 내며 정신을 집중했다.

이 사례는 산모의 남편, 어린 딸, 조산사, 친한 친구 등 가까운 이들의 존재가 산모에게 얼마나 큰 심리적 지지를 주는지 잘 보여준다.

출산 후의 리추얼

◇◇◇◇

미국에서는 인종에 따라 산모들의 출산 경험이 다른 경우가 많다. 수잔 살림베네와 라이나 제라스는 문화 다양성이 높은 지역에 위치한 한 대형 병원의 분주한 대기실과 분만실 풍경을 이렇게 묘사했다.

여성들은 저마다 다른 방식으로 진통에 반응하고 있었다. 셋째 아이를 출산 중인 어느 멕시코 여성은 간호사의 손을 꽉 움켜쥐고는 "세상에, 너무 아파요!"라고 울며 소리치고 있었다. 맞은편 대기실에서 한창 첫 출산을 진행 중인 중국 여성은 진통제를 달라는 소리도 없이 꾹 참고 견디며 조용히 누워 있었다. 또 다른 병실에서는 한 러시아 여성이 당장 진통제 주지 않으면 당국에 신고하겠다며 고함을 치고 있었다. 어느 흑인 여성은 뭔가 잘못된 것 같다며 크게 소리를 지르고 있었다.

하지만 아기가 태어난 후 일반적으로 거치는 리추얼은 어느 지역이나 비슷하다. 산모는 쉬면서 몸을 추스르고, 가족이나 친구가 방문해 산모를 챙긴다. 라틴계 문화권에는 쿠아렌테나^{cuarentena, '격리'라는 의}라는 리추얼이 있다. 이 리추얼에 따라 산모의 가족, 그중에서도 특히 남편과 여성 친척들은 40일 동안 산모의 회복을 도우며 특별한 음식과 의복을 제공한다. 주변 사람들은 산모의 다른 자녀들을 돌봐주고 산모에게 필요한 조언과 지원을 제공하기도 한다. 여성 친척들은 자신들의 임신과 출산 경험을 나누며 서로 간의 유대를 돈독히 한다. 이 리추얼 기간에 산모는 음식을 가려 먹고 성관계를 피한다.

다른 많은 리추얼에서와 마찬가지로 쿠아렌테나 리추얼에서는 역할 바꾸기가 일어난다. 전통적인 라틴계 문화권에서는 아내가 남편을 위해 음식을 준비하지만, 쿠아렌테나 기간에는 남편이 음식을 준비하고 아내의 시중을 든다. 이 리추얼은 새로 태어난 아기를 대가족에 편입시키고 가족의 통합을 도모한다.

산모의 태반은 특별한 것으로 간주되기도 한다. 태반은 출산 전 산모와 아기를 연결하는 유일한 신체 기관이다. 태반은 보통 폐기하는 것이 일반적이지만, 특별한 리추얼을 통해 관리하는 산모도 있다. 일부 업체는 태반으로 산모가 섭취할 수 있는 캡슐 알약을 만들기도 하며, 장신구나 예술 작품, 액자형 기념품을 만드는 업체도 있다. 린다리는 태반 일부를 얼렸다가 식물 씨앗과 함께 화분에 심는 방법을 택했다.

많은 남성이 파트너가 임신했을 때 약간의 체중 증가, 호르몬 수치 변화, 가벼운 입덧, 수면 패턴 장애 등의 변화를 경험한다. 심한 경우 산모와 함께 산통이나 산후 우울증을 겪기도 한다. 연구에 따르면 임신한 여성과 함께하는 남성 파트너에게서는 프로락틴과 코르티솔, 에스트라디올, 테스토스테론 수치 변화가 관찰된다고 한다.

두려움으로부터 해방

출산의 고통은 인간이 겪는 가장 심한 통증을 측정할 때 기준이 될 정도로 대표적인 고통이다. 이로 인해 임신 자체를 두려워하는 여성이 많고 출산을 앞둔 여성의 대부분이 토코포비아임신과 출산에 대한 극심한 공포를 겪는다. 이를 견뎌내게 해주는 것 역시 리추얼이다. 일반적인 임신과 출산 리추얼이 이런 두려움을 없애는 데 중요한 역할을 한다. 임신한 여성은 정기적인 소통을 통해 다른 여성들과 긴밀하게 유대함으로써 심리적 자유를 얻는다. 그 경험 속에서 여성은 혼자가 아니다. 임신한 여성은 자신을 이해하는 친구나 지인, 인터넷 모임의 사람들과 많은 이야기를 나누고 조언을 얻는다. 이들은 여성으로서 지닌 수많은 공통점에 관해 소통한다. 임신한 여성의 주변 여성들은 본인이 임신했을 때 느꼈던 걱정과 불안에서 벗어나 자신의 경험을 나눈다.

임신한 여성이 공포를 겪는 이유 중 하나는 정보의 부족이다. 따라서 전문가와의 상담, 잡지와 책자, 인터넷 등으로 찾은 정보를 이해함으로써 마음의 안정을 얻을 수 있다. 임산부는 정보를 통해 자신이 아기의 건강에 기여할 수 있다는 점을 인식한다. 또 그런 정보를 통해 통증이나 식욕의 변화 등 일반적인 부정적 증상을 완화할 방법을 찾는다. 특히 정보를 공유하면서 여성들은 자신의 경험이 흔한 것이며, 수많은 임산부가 같은 증상을 겪고 있다는 점을 깨닫고 안심할수 있다.

그러나 어떤 정보는 임신한 여성의 불안감을 높이기도 한다. 임신

중에 발생할 수 있는 다양한 부정적 사례에 관한 정보는 불안을 부추겨 마음의 자유를 빼앗는다. 이런 문헌이나 사이트는 특정 음식이나 의약품을 피해야 한다고 경고하며 조언을 따르지 않았을 때 발생할 수 있는 다양한 위험을 강조한다. 이런 경고들은 적절한 행동이나 리추얼을 지키기만 하면 세상 대부분의 일이 통제 가능하다고 생각하는 믿음을 반영한 것으로 보인다.

약 40주 동안 지속되는 임신은 시간의 경과에 따라 상태가 달라지며, 이 변화에 따라 출산 후까지 다양한 리추얼을 치른다. 그 과정에서 가족과 친구의 사회적 지지를 얻는다. 가족과 친구들은 임신한 여성 본인은 물론 자신들끼리도 활발히 소통하며 임산부를 지원한다. 임신과 출산 과정에 초대받은 이들은 리추얼에 참여함으로써 자신이 과정의 일부가 되었다고 느끼고, 엄마와 아기에게 애착을 갖게 된다. 임신과 출산에는 예측 가능하고 반복적인 단계가 존재하며, 여성은 단계적 변화를 거쳐 아이와 분리된 존재가 된다.

임신과 출산은 행복감, 기쁨, 흥분, 두려움, 불확실성, 불안 등 다양하고 강렬한 감정을 불러일으킨다. 리추얼은 긍정적 감정의 표출과 부정적인 감정의 숨김을 돕는다. 출산에 관한 부정적인 감정이 있는 경우에도 긍정적인 감정을 당연시하는 문화적 기대로 인해 억압될 가능성이 크다. 즉 임부가 출산할 때 두려움, 공포, 고통 등을 느낄 수 있지만, 이는 문화적으로 기대되는 바에 따라 차이가 발생할 수 있다. 그리고 임산부를 도우려는 주변 사람들에 의해 이런 심리적 압박과 갈등이 예방되고 해소된다. 다만 임신과 출산 리추얼은 생명과 직접 관계되기에 매우 중대하며, 개인과 집단에 따라 천차만별이다. 이 때문에 여타의 리추얼이 그 자체로 갈등을 예방해주는 것과 달리 임신과 출산에 관한 리추얼 과정에서 갈등이 표출되는 것도 그리 놀라운 일은 아니다.

3부

리추얼이 없을 때
벌어지는 일

1부와 2부에서는 사람들이 자기 삶에 수용한 루틴, 습관, 규칙, 의례 등 리추얼이라는 틀이 어떻게 가족, 죽음, 질병과 치료, 임신과 출산 등 생로병사의 상황을 견뎌내도록 하고 마음의 자유를 주는지 살펴보았다. 3부에서는 이런 리추얼이 없거나 약할 경우, 또는 잘 알려지지 않은 경우에 우리에게 무슨 일이 벌어질지 살펴볼 것이다. 리추얼의 부재는 사람들의 심리적 자유를 감소시킨다. 리추얼이 없으면 사람들은 자신에게 기대되는 바가 무엇인지 알 수 없어 불안을 느끼고 혼란에 빠진다. 리추얼이 가져다주는 사회적 지지 또한 받을 수 없게 된다. 스타벅스에 처음 가서 주문해야 하는 사람도, 갓 수감된 죄수도, 새로운 땅에 막 도착한 이민자도 이런 기분을 느낄 수 있다. 일상적 리추얼이 중단되고 대부분의 공적 접촉이 축소됐던 코로나19 기간에도 그러했다.

  11장과 12장에서는 코로나19 이전과 이후 데이트 문화에서 나타난 공동 리추얼의 부재에 관해 살펴본다. 13장에서는 우리가 7장과 8장에서 살펴본 일반적인 죽음이 아닌 유산으로 인한 태아의 사망, 죽음이 예상되는 실종, 대형 참사로 인한 죽음 등 정해진 리추얼이 없는 사망을 살펴본다.

11

사람과 사람이 만나는 일

유일한 규칙은 규칙이 없다는 것이다. – 키라 코크런

아무도 규칙을 따르지 않는다는 것을 모두 알고 있다. – 데이비드 포프노,
바버라 다포 화이트헤드

삶을 함께할 동반자를 찾는 일은 한 사람의 인생에서 중요한 도전
이다. 그래서 우리는 만남에 많은 시간과 에너지를 쏟는다. 평생을
함께할 상대뿐만 아니라 일정 시기를 함께할 사람을 만나는 데도 마
찬가지다. 가벼운 하룻밤의 만남에서부터 미래의 반려를 찾는 것까
지, 젊은 사람들은 다양한 만남을 추구한다. 하지만 이런 만남은 현
대로 오면서 그 범위가 엄청나게 넓어지고 계층이나 인종적 틀도 사
라졌다. 이로 인해 우리는 다양한 관계에서 큰 혼란에 빠져 있다. 그
들은 성별 역할에서도 혼란을 느끼며, 특정 만남이 성적인 목적을 가
졌는지 아닌지도 혼란을 느낀다. 또한 이러한 관계에서 다음 만남이

있을지, 있다면 언제가 될지도 불확실성을 느낀다. 이처럼 만남, 특히 성적 만남에서 상호 이해 가능한 리추얼의 부재와 소통의 부족은 참여자의 친밀감과 신뢰, 우정과 헌신을 저해한다.

11장과 12장의 내용은 다음의 두 출처를 바탕으로 작성되었다. 미국 대학의 학부에 재학 중인 학생을 대상으로 진행한 광범위한 면담과 청소년을 포함한 젊은 층의 성적인 행동에 관한 방대한 문헌이다.

여기서는 특히 젊은 세대가 참여하는 만남의 배경이 되는 과거의 관행들을 살펴보고, 데이트 문화가 요즘 젊은이들 사이에서 어느 정도의 중요성을 지녔는지 알아본다. 다양한 사회적 변화로 인해 기존에 유지되었던 만남의 틀이 흐려지면서 우리가 어떤 혼란과 실망을 느끼는지 살펴보며 리추얼의 중요성을 다시 확인할 것이다.

결혼보다 더 중요한 것이 생기다

◇◇◇

오랫동안 같은 형식을 따르던 이성 간의 만남은 지난 50년 사이에 엄청나게 큰 변화를 맞이했다. 1960년대까지 대부분의 젊은 미국인은 데이트 리추얼에 익숙했다. 이성애자들 사이에서는 남성이 여성에게 직접, 또는 전화로 데이트를 신청하는 것이 일반적이었다. 데이트를 할 때 남성은 집 앞으로 여성을 데리러 갔고, 여성의 부모를 만나 잠시 인사를 나누기도 했다. 또한 남성은 교통편을 비롯한 데이트 동선을 짜고 데이트 비용을 지불했다. 영화관, 파티, 식사 등 데이트의 장소와 내용 또한 일반적으로 남성이 결정했다. 남성이 어느 시기에 키스를 하고 성적 행동의 진도를 나갈지, 그리고 여성이 남성의 시도에 어떤 속도와 방식으로 반응할지도 상호 이해된 관습이 존재했다.

남성도 여성도 여러 상대와 데이트를 즐겼다. 같은 시기에 여러 명의 데이트 상대를 만나는 경우도 있었고, 한 명과의 관계가 정리된 후 다른 데이트 상대를 찾는 이도 있었다. 다른 데이트 관계를 맺지 않고 둘만의 관계를 이어가기로 결정하면 둘은 정식으로 교제하는 사이가 되었다. 남성은 교제를 확인하는 리추얼로 여성에게 반지를 선물하기도 했다. 교제 관계는 약혼으로 이어지기도 했지만, 꼭 결혼을 전제로 하지는 않았다. 교제 관계가 끝나는 경우에 여성은 남성에게 반지를 돌려줬고, 둘은 다시 다른 사람들과 데이트에 나섰다. 성적인 행동의 범위는 결혼에 가까워질수록 넓어졌지만, 실제 성관계는 결혼 후에 하는 것을 이상적으로 여겼다. 물론 이런 관례를 어기는 이들도 많았다. 예를 들어 감정적 교류 없이 성적 욕구에만 충실한 관계가 먼 옛날부터 존재해왔지만, 이는 기존의 리추얼에서 벗어난 예외적인 관계로 여겨졌다.

과거에는 남성과 여성 모두 데이트에서 교제, 약혼, 결혼으로 이어지는 단계별 리추얼에 익숙했다. 물론 당시에는 연애에 관한 많은 제약이 존재했고, 여성의 경우 더 많은 제약의 대상이 되었다. 그러나 남녀 모두 정해진 단계를 밟아나가는 것으로 만남의 어려움을 뛰어넘을 수 있었다. 단계별로 어떤 리추얼을 기대해야 할지 알았으므로 앞으로의 일을 예측하고 상호 간에 발생하는 교류의 의미를 성찰하는 심리적 자유를 누릴 수 있었다. 이에 관해 미스 매너스는 이렇게 말했다. "그 시절 데이트 리추얼에는 일종의 인위성이 있었다. 그 인위성 덕에 모두가 자신이 해야 할 일을 알고 정해진 패턴을 우아하게 따를 수 있었다. 인위성은 즉흥성에 동반되는 두려움에서 사람들을 해방시킨다. 실상이야 어떻든 함께 정중함을 유지하며 즐거운 시간을 보내는 척하는 자리에서는 감정 상할 일이 줄어들게 된다."

데이트의 안정성과 예측 가능성, 그리고 리추얼을 앎으로써 누리는 심리적 자유에도 불구하고 여성과 남성 모두 그 자유에 한계가 있었다. 여성은 자신이 관계를 주도하기보다는 남성이 다음 단계로 넘어갈 때까지 기다려야 했다. 또한 남성들은 여성이 자신의 시도에 보일 반응을 확신할 수 없어 불안해하기도 했다.

만남과 결혼 문화의 변화

하지만 이런 관행은 오늘날 찾아보기 쉽지 않다. 남녀 간의 관계 변화는 오늘날에도 계속되고 있다. 혼전 성관계의 변화된 풍경은 1960년대 초의 페미니즘 운동과 성적 성숙 연령의 조기화, 늦어지는 결혼, 미디어에 등장하는 성적 묘사의 증가, 포르노 접근성 증가 등의 영향을 받았다. 2021년 진행된 한 연구에서 18~24세 인구가 성관계 방법을 배울 때 가장 많이 참고한 자료로 포르노를 꼽았다.

페미니즘 혁명과 피임도구의 광범위한 보급으로 여성은 임신에 관한 걱정이나 결혼 상대를 찾아야 한다는 압박감 없이 성적 관계를 가질 수 있게 되었다. 덕분에 많은 여성이 결혼을 전제로 한 진지한 만남을 추구하는 것보다 자신의 커리어에 집중하기 시작했다. 현대의 많은 여성은 스스로 다양한 미래를 추구할 수 있다고 믿으며, 전통적인 역할에 얽매일 필요가 없다는 의견을 보인다. 남성의 선택을 받아야 한다는 생각에서 벗어난 여성들은 스스로 행동하고 느끼고 상상하고 과거의 리추얼에 관해 성찰한 자유를 가졌다고 믿는다. 이에 관해 한 여성은 이렇게 말했다. "남자가 하자는 대로 할 필요가 없어요. 제게도 통제권이 있으니까요. 관계를 즐길 수는 있지만 꼭 한 사람에게 전념할 필요는 없죠."

성적 성숙에 다다르는 연령이 낮아지고 결혼 연령이 높아지면서 결혼 전 15년 정도의 기간에 성생활을 활발히 즐길 수 있게 되었다. 지난 수십 년과 비교해봤을 때 남녀 모두 더 이른 나이에 성적 성숙에 다다르고 있으며, 결혼은 몇 년씩 더 늦어지고 있다. 현재 사춘기가 시작되는 평균 연령은 여아의 경우 9.5세, 남아는 10세 정도로 보고 있다. 1960년 기준 초혼 평균 연령은 남성이 22.8세, 여성이 20.3세였다. 그런데 2017~2022년에는 남성 30.5세, 여성 28.6세가 되었다^{미국 기준}. 대졸자의 경우 전국 평균보다 더 늦게 결혼하는 경향이 있고, 코로나19 유행으로 결혼은 더욱 늦춰졌다. 면담에서 한 사람은 이렇게 말했다. "지금은 제 커리어를 계획할 때예요. 가정은 서른쯤에 꾸리고 싶어요. 지금 말고요." 또 다른 사람은 이렇게 말했다. "대학 시절은 자유분방하게 지낼 수 있는 유일한 시기예요. 지금은 어디에 얽매이고 싶지 않아요. 아이는 나중에 낳고 싶어요."

텔레비전과 영화, 인터넷에서 쉽게 찾아볼 수 있는 노골적인 성적 묘사, 특히 포르노에 대한 대중의 노출이 증가한 것도 오늘날 젊은 세대의 성적인 관계에 영향을 줬다. 과거에는 연애와 데이트 관계에 정해진 리추얼이 있었고, 이런 리추얼에 관한 상호 이해가 존재했다. 그러나 1960년대 이후 이런 관계는 다양하게 확장했다. 오늘날 젊은 세대는 성관계만 목적으로 하는 파트너를 만나기 위해 다양한 웹사이트와 애플리케이션을 활용하고 있다. 일부 웹사이트는 근처에서 성적인 만남을 원하는 파트너의 위치를 바로 찾을 수 있도록 GPS 좌표를 알려주기도 한다.

만남의 선택지는 다양해졌지만, 그들이 의존할 수 있는 리추얼이나 규칙은 점점 줄어들고 있다. 그렇다 보니 남성도 여성도 그런 관계에서 어떻게 행동하고 무엇을 기대해야 할지 파악하기 어려워졌다. 다시 말해, 리추얼을 알았던 이전 세대에 비해 심리적 자유가 줄어든 것이다. 어떤 이는 이런 상황에 관해 "아무도 명확히 정리하는 사람이 없다"고 말했고, 또 다른 이는 "아무도 규칙을 모르다 보니 엉망이 될 때도 있다"고 털어놓았다. 더 심각한 점은 아예 이런 만남 자체를 경험하지 못하는 사람들도 늘고 있다는 사실이다.

성적 목적의 일회성 만남

◇◇◇

훅업은 보통 낯선 사람 사이에 이루어지는 짧고 가벼운 성적 만남이다. 여기에는 전혀 모르는 사이에서 짧은 대화 이후 이어지는 원나 잇스탠드도 포함된다. 훅업은 한 번 이상 이루어질 수도 있다. 이런 연속적 훅업은 보통 부티콜, 즉 가벼운 섹스를 위한 전화나 문자 연락으로 성사된다. 훅업을 통한 성관계는 대개 짧을 뿐 아니라, 비인격적이고 기계적이며 형식적이다. 또한 관계의 연장에 관한 기대를 갖거나 내비치는 것도 금물이다. 내가 면담한 한 학생은 훅업에 대해 '정서적인 교류나 교감, 의미가 전혀 없는 완전히 육체적인 관계'라고 설명하기도 했다.

미국의 대학에서는 데이트보다 훅업이 더 성행하고 있다. 한 2학년 학생은 학생신문에 '훅업 문화는 우리 세대를 정의하는 문화가 되었다'고 쓰기도 했다. 과거에 비해 성관계가 일반적으로 줄었다는 보고도 있지만, 대학생의 경우 70∼80퍼센트가 훅업에 참여하는 것으로 나타났다. 그중에는 평균 열 명의 훅업 파트너를 유지한다고 밝힌 응답자도 있었고, 많은 응답자가 다수의 훅업 파트너를 동시에 만나고 있다고 답했다. 한 학생은 요즘의 훅업 문화에 관해 이렇게 전했다. "제가 아는 여자애들은 주말에 여러 명과 자기도 해요. 하룻밤에 여러 명과 자는 애들도 있고요." 이런 이야기도 있었다. "학교 사교모임에 속한 여자애들은 대부분 원나잇스탠드를 해요. 상대방 이름도 제대로 모르는 경우가 많죠."

미국에서는 전체 청소년의 약 3분의 2가 성관계를 경험한 것으로 조사되었다. 고등학생들도 훅업 관계에 참여하는데, 이들은 성관계를 친밀감을 나누는 행위로 보기보다는 또래와 즐기고 어울리기 위한 사회적 행위로 여기는 것으로 나타났다.

자유로운 음주 문화의 영향

◇◇◇

이런 일회성 만남은 대부분 술집에서 이루어진다. 페기 오렌스타인은 훅업 섹스에는 감각을 무디게 해주는 술이 필요하다고 말했다. 대학생인 저스틴 덴트는 "밤이 되면 동네 술집은 낯선 이들의 심야 훅업을 위한 무대가 된다"고 말했다. 한 남성은 훅업에 관해 이렇게 썼다.

술집이나 파티에서 훅업할 상대를 만나면 대화를 나누는 시간은 5분 정도다. 주로 이름이나 전공 같은 것을 묻고, 개인적인 질문은 하지 않는다. 그날 이후 상대를 다시 만나는 일도 없다. 간혹 상대가 마음에 들 때도 있다. 한 번 더 성적 만남을 즐기고 싶다는 생각이 들면 연락처를 묻기도 한다. 사실 상대가 알려준 이름이 진짜인지 알 수는 없다.

나는 대학가에 있는 술집에 직접 가보았다. 밤 10시가 조금 넘자 학생들이 하나둘 들어오기 시작했다. 새벽 1시쯤 되니 술집 내부는 사람으로 북적였고, 밖에는 입장을 기다리는 줄이 길게 늘어섰다. 남성이 여성보다 두 배는 많았다. 여성들은 아주 짧은 치마나 반바지 차림이었고, 상의는 깊게 파여 있었다. 남성들은 좀 더 편한 차림이었고, 상의 단추를 몇 개 풀어헤친 사람도 있었다. 훅업을 원하는 여성은 거의 확실히 목적을 이룬 반면, 남성은 상대를 찾지 못한 채 술집 문을 나서는 경우가 많았다.

술집 내부의 남녀는 마음에 드는 상대를 찾아 대화를 시도하는 것으로 보였다. 짧은 대화 후 전화번호를 주고받는 이들도 많았다. 밤이 조금 더 깊어지자 많은 사람들이 앞서 주고받은 번호로 문자를 보내는 듯 보였다. 한 술집에는 위층에 춤을 출 수 있는 공간이 있었다. 사람이 빼곡히 들어찬 댄스플로어에서 많은 사람들이 파트너와 뒤엉켜 느릿하게 빙빙 돌며 '댄스플로어 짝짓기 춤'을 추고 있었다. 동물행동학자가 봤다면 호르몬이 자욱하게 깔린 기운을 감지했을 것이다. 데이비드 그라지안은 이에 관해 다음과 같이 말했다. "섹스는 춤과 유사하다. 둘은 궁극적으로 같은 것이며, 모든 것은 춤이다. 우리는 음악에 맞춰 춤을 춘다. 섹스는 춤의 또 다른 방식이다."

훅업은 종종 성병 감염이나 원치 않는 임신으로 이어지기도 한다. 파트너의 수가 많고 피임을 제대로 하지 않는 경우도 많기 때문이다. 한 여학생은 이런 이야기를 들려주기도 했다. "제 친구는 술집에서 만난 남자와 한 번의 관계에서 임신한 적도 있어요. 그 사실을 12~13주 후에 알게 됐죠. 처음엔 임신인 줄 모르고 엉뚱하게 라임병 같은 것에 걸렸다고 생각했대요. 임신을 확인했지만 상대와 전화번호를 주고받지 않아서 알릴 수도 없었죠. 지금은 아기를 낳고 부모님 댁으로 들어갔어요. 이제 겨우 스물한 살인데 말이에요."

결혼은 미루고 싶지만 만남은 하고 싶다

◇◇◇

사귀는 것은 아니지만 성적인 욕구를 채우기 위해 합의하에 지속적인 관계를 갖는 만남도 있다. 흔히 섹스 파트너, 섹스 프렌드라고 불리는 관계다. 다시 말해 정서적 교류는 하지 않겠다고 서로 명확히 밝힌 지인과의 성적인 관계다.

많은 젊은이가 정서적 교류를 배제한 섹스를 선호하는 것은 결혼을 늦추고자 하는 마음과도 상관이 있다. 그러나 이런 관계에도 정서적 교감의 유혹은 늘 존재한다. 그러다 보니 그런 교감이 생기는 것을 원천적으로 차단하기 위한 리추얼도 만들어진다. 에밀 카일로는 상대를 좋아하는 마음이 조금이라도 있다면 이런 관계에 절대 동의해서는 안 된다고 말한다.

다음은 조지프 매슈스의 설명이다.

감정적인 것보다는 육체적인 것에 집중해야 한다. 친밀감이 형성되는 것을 막기 위해 명심할 사항이 있다. 중요한 주제에 관한 대화는 친밀감을 키울 위험이 있다는 점이다. 가족사, 좋아하는 색깔, 삶의 목적, 개인적인 성취나 힘든 사연에 관한 이야기는 금물이다. 잠자리만 갖는 관계를 지속하고 싶다면 영화 이야기나 음악 이야기, 좋아하는 술 이야기 등 대화 주제를 가볍게 유지하는 게 좋다.

과거에 없던 새로운 만남과 관계가 형성되자 이런 만남에서 누리는 자유를 유지하기 위한 리추얼도 새롭게 만들어지기 시작했다. 앤젤라 위버와 켈리 매케이건, 휴 맥도널드는 상대에게 감정이 생기는 것을 막기 위해서는 "마음의 방어막을 올리고 상대에게 빠지지 않도록 주의하라"고 조언한다.

일부 웹사이트에서는 '잠자리친구' 관계에서 감정적 분리를 강화하고 친밀감 형성을 예방하기 위한 조언을 제공하기도 한다. 여기에는 다음과 같은 규칙들이 포함된다.

1. 섹스 후 밤새 함께 있는 것을 피하라. 만남은 주로 상대방의 집에서 하고, 볼일이 끝나면 바로 귀가하라.

2. 포옹은 최소한으로 유지하라.

3. 상대의 집에 물건을 두고 오지 말라.

4. 중요한 이야기는 하지 말라.

5. 함께 저녁 식사를 하거나 영화관에 가거나 의미 있는 시간을 보내지 말라.

6. 배려를 기대하지 말라. 먼저 전화할 것을 기대하지 말라. 친구를 소개하려 하지 말라. 얼마든지 다른 사람과 데이트 할 수 있음을 명심하라.

7. 질투하지 말라. 상대가 남자친구 또는 여자친구와 함께 있는 모습을 목격할 수도 있다.

8. 연애 관계를 기대하지 말라.

9. 매달리지 말라.

10. 상대의 남자친구나 여자친구가 아니라는 점을 기억하라.

육체적 관계를 맺는 사이에 이런 규칙을 지키는 것이 쉬운 일은 아니다. 그러다 보니 종종 문제가 발생하기도 한다. 처음부터 자신들의 관계를 명확하게 선언하고 만나는 것이 아니기 때문에 한쪽에서 관계를 발전시키고 싶어 하거나 감정을 담을 수 있기 때문이다. 또는 처음에 일회성 관계에 동의하더라도 나중에 다른 마음이 생길 수도 있기 때문이다.

특히 두 사람이 같은 공동체에 속해 있다면 나중에 어색한 관계가 되기도 한다. 위버, 매케이건, 맥도널드는 이를 다음과 같이 표현했다. "성적인 관계가 정리되고 나면 상대에게 예전처럼 말을 걸어도 될지 알 수 없는 어색한 상태가 된다."

전화와 문자의 차이

누군가에게 연락할 때 전화를 선호하는 이들과 문자를 주로 사용하는 이들이 있다. 교제 또는 성적인 목적의 연락에서 많은 사람들이 전화보다 문자가 덜 개인적이고 덜 친밀하다고 생각한다. 제스는 이와 관련해 이렇게 말했다. "그 남자가 저한테 전화를 했어요! 정말 놀랄 일이죠. 이해하실지 모르겠지만, 요즘 만남에서 초반에 전화를 거는 사람은 거의 없거든요. 주로 문자를 보내거나 소셜미디어에 뭔가

올리는 정도예요. 근데 전화라니 엄청난 거죠!"

짧게 뚝뚝 끊어지는 문자 소통은 전화 통화 또는 직접적인 대화보다 더 다양한 해석의 여지를 남긴다. 배우 아지즈 안사리와 사회학자 에릭 클라이넨버그는 공저한 책에서 문자 소통의 어려움에 관해 유머러스하게 토로했다.

저는 타냐를 다시 만나고 싶었어요. 하지만 곧 인류 공통의 난제와 맞닥뜨렸습니다. 언제 연락하는 게 좋을까? 어떻게 연락하는 게 좋지? 전화할까, 문자를 보낼까? 페이스북 메시지를 보내야 하나? 고민 끝에 결국 문자를 보내기로 했습니다. 너무 들이대는 것처럼 보일까 봐 며칠을 기다렸다가 보냈죠. 그런데 답이 없었어요. 몇 분을 더 기다렸지만 응답이 없었습니다. 재치 있는 응답을 쓰느라 시간이 걸리는 것이라고 생각했습니다. 문자를 쓰다가 별로 마음에 안 들어서 고쳐 쓰나 싶기도 했죠. 그럴 수 있어요.

그렇게 15분이 흘렀지만 여전히 답은 없었습니다. 자신감이 바닥으로 떨어지며 의구심이 들기 시작했습니다. 한 시간이 지나고 세 시간이 지나도 답은 없었어요. 그래, 일 때문에 바쁜가 보다. 충분히 그럴 수 있죠. 연락이 가능해지면 바로 답이 올 거라고 생각했어요. 저희는 분명 뭔가 통했거든요. 그렇게 하루가 지나자 점점 미친 생각이 들기 시작했어요. 대체 어떻게 된 일이지? 휴대폰을 강물에 빠뜨렸나? 쓰레기 분쇄기에 떨어뜨렸나? 화산에라도 빠뜨린 건가? 아예 내 문자를 못 받은 건 아닐까? 문자를 다시 보내야 하나 계속 고민했지만 너무 구질구질해

보일 것 같아서 생각을 접었어요. 그러고는 결국 타냐가 제게 관심이 없다는 사실을 받아들였습니다.

여성들의 말도 들어보자.

　"그 남자는 전화를 절대 안 받아요. 그런데 문자를 보내면 늘 곧바로 답이 오더라고요."

　"종일 술만 마시는 남자가 있는데 불쑥 '보고 싶어'라고 문자를 보냈더라고요."

　"술에 취해서 보내는 문자는 다 티가 나요."

　"밤 11시 넘어서 오는 문자는 뻔하죠. 술 마시다 '그' 생각이 나니 보내는 거예요. 저는 절대 답 안 해요."

　"한번은 그 남자한테서 '잘 지냈어?'라고 문자가 왔어요. 알고 보니 여섯 명한테 한꺼번에 보냈더라고요."

다음은 어느 남학생의 이야기다.

　데이트하기로 한 여자애한테 지난주에 문자를 보냈어요. 지난 학기에 알게 된 애였죠. '안녕, 자기. 뭐해?'라고 보냈죠. 답이 없었어요. '자기'라는 호칭을 너무 성급하게 쓴 건가 싶었어요. 닷새가 흐른 후 '미안해. 여행 중이었어. 문자를 못 봤네'라고 답이 왔어요. 스마일 이모티콘도 하나 찍혀 있었죠. '여행 중이라도 문자는 받았을 텐데'라고 생각했지만 어쨌든 답이 와서 기뻤어요. 곧 다시 문자를 보내서 만나자고 할 생각입니다. 그런데 자꾸 고민이 드는 거죠. '왜 닷새 동안이나 내 문자를 씹었을까? 다음 문자는 언제쯤 보내는 게 좋을까?'라는 고민이요. 너무 관심 있는 것처럼 보이면 곤란하잖아요. 며칠 더 기다려보려고요.

답 문자의 속도와 의미는 문자를 받는 이에게 많은 불확실성을 던진다. 한 여학생은 이렇게 말하기도 했다. "그 남자한테 먼저 문자를 보내지는 않을 거예요. 문자가 올 때까지 기다려야죠. 제가 관심을 덜 보일수록 상대가 더 관심을 보이니까요."

데이트

◇◇◇

젊은이들 사이에서 교제하는 관계는 훅업 관계보다 드물다. 훅업 관계와는 달리 데이트 관계의 사람들은 함께 특정한 활동을 한다. 데이트를 통해 함께 활동하면서는 파트너로서 서로의 적합도를 평가한다. 이 때문에 대화는 매우 중요한 리추얼이다.

데이트는 대개 주위에 자신들의 사이를 공개한 독점적 커플이 하는 활동으로 인식된다. 커플이 공식적으로 함께 다니는 모습을 보면 주변 사람들은 둘을 '데이트하는 사이' 또는 '사귀는 사이'라고 말한다. 한 학생은 데이트 관계를 '서로의 친구를 알고 거의 매일 함께 보내는 사이'라고 정의했다. 그러나 사실 데이트 관계에도 명확한 정의

가 존재하는 것은 아니다. 함께 공개적인 자리에 나타나도 그들이 사귀는 사이인지, 단순한 친구인지, 좀 더 친밀한 관계를 모색 중인지 명확하지 않다.

많은 20대가 데이트는 너무 인위적이라고 말한다. 그들은 데이트를 기만과 역할극으로 가득한 '게임'으로 본다. 듀크대학교 신문에는 학교에서 더는 데이트를 찾아보기 어렵다는 내용의 글이 실렸다. "우리 학교에서 데이트는 훅업과 별다를 것 없는 관계가 되었다. 사실 많은 학생이 그냥 훅업 관계만을 원한다. 내 주변에서도 데이트 관계는 거의 찾아보기 어렵다. '내 방에서 같이 영화 볼래?'라는 초대가 그나마 데이트에 가장 가까운 것이다. 물론 이것도 훅업을 위한 미끼일 뿐이다. 남학생들은 여자와 데이트하거나 함께 시간을 보내는 모습을 들키면 놀림감이 될 것이라고 생각한다."

소설가 톰 울프는 이렇게 말한 바 있다. "2004년까지만 해도 대학생들은 '여자가 네 번째 데이트에서 안 넘어오면 가망이 없는 것'이라고 말하곤 했다. 그런데 요즘엔 좀 다른 것 같다. 두 번째 데이트에서 바로 섹스를 원한다. 최근 나와 대화를 나눈 한 학생은 한술 더 떠 '데이트가 대체 왜 필요한데요?'라고 말하기도 했다."

데이트 관계에 관한 불확실성

대부분의 사람들은 데이트를 할 때 자신에게 기대되는 리추얼이 무엇인지 알지 못한다. 그들은 만남을 위한 관심을 어떻게 표현해야 할지, 누가 데이트를 신청해야 할지, 상대에 관한 관심을 문자로 표현해야 할지, 아니면 이메일이나 전화로 표현해야 할지 혼란을 느낀다. 또한 상대가 만나자고 해도 그것이 혹업 목적인지 데이트인지 알 수 없어 혼란에 빠진다. 어떤 이야기를 나누고 어떤 이야기를 피해야 할지, 술값이나 음식값 등 데이트 비용은 누가 내야 할지, 어떤 종류의 성적 접촉을 시도해야 할지, 데이트를 언제 마무리 지어야 할지, 데이트를 마친 후 연락을 해야 할지, 연락한다면 어떻게 해야 할지, 모든 것이 명확하지 않아 혼란스럽다. 리추얼을 모르니 모두가 심리적 자유를 잃는 것이다.

많은 사람들이 데이트에 수반되는 리스크를 두려워한다. 어떤 이는 거절을 두려워하고, 어떤 이는 상처를 두려워한다. 우정을 잃게 될까 두려워하는 이도 있다. 안사리와 클라이넨버그는 이에 관해 다음과 같이 표현했다.

데이트에는 어려운 결정이 수반된다. 데이트를 어떻게 신청해야 할까? 직접? 전화로? 문자로? 신청할 때는 뭐라고 말해야 하지? 괜히 말을 잘못했다가 모든 것을 망쳐버릴지도 모른다는 두려움도 든다. 데이트를 신청한다는 것은 상대에 관한 관심을 선언하고 자신을 상대 앞에 솔직하게 내던지는 행위다. 데이트를 신청하는 사람은 거절의 무참한 가능성을 감수하게 된다. 물론 요즘에는 직접적인 거절보다 아무 설명도 없는 차가운 '읽씹'이 대세이기는 하지만.

데이트와 연애에 관한 조언을 찾을 수 있는 곳은 수도 없이 많다.

칼럼니스트, 픽업아티스트, 잡지 기사, 연애 관련 서적, 경험 많은 친구 등 끝이 없다. 어째서 이렇게까지 다양한 조언이 존재하는 걸까? 아마도 사람들이 데이트와 연애에 관해 그만큼 큰 혼란을 느끼고 있기 때문일 것이다.

데이트 비용 부담

데이트할 때 비용을 누가 부담할지의 문제, 그리고 비용을 부담하는 것의 의미에 관해서도 많은 커플이 혼란을 느낀다. 다음의 다양한 사례를 보면 남성과 여성이 식사나 술값 지불 등 데이트 비용 지불의 의미를 서로 다르게 해석한다는 점을 알 수 있다.

"남자가 첫 데이트 비용을 부담했으면 두 번째 데이트 비용은 제가 내는 게 좋을까요?"

"1970년대에는 더치페이가 여성해방의 상징이었다면 이제는 일종의 테스트입니다. 적어도 저는 그래요. 제가 내겠다고 했을 때 상대 남성이 그러라고 하면 마음속으로 탈락시키죠. 지난주 데이트에서 제가 계산하겠다고 가방에서 지갑을 꺼냈어요. 다행히 자기가 내겠다고 하더군요. 여자가 남자만큼 돈을 벌어도, 심지어 남자보다 더 많이 벌어도 그건 중요하지 않습니다. 여자로서 저는 남자가 데이트 비용을 내기를 기대해요."

"제발 누가 새로운 규칙을 좀 만들어주면 안 될까요? 남자가 내라든가, 여자가 내라든가, 번갈아서 내라든가, 규칙을 만들어서 그대로 지키면 좋겠어요. 지금은 모든 게 혼란스러워요. 여자가 계산하겠다고 하면 기분이 상하는 남자도 있고, 그 반대의 경우도 많습니다. 옛 규칙은 사라졌는데, 새 규칙이 뭔지 아는 사람은 아무도 없어요. 그러다 보니 어떤 지침과 규칙을 따라도 결국 누군가는 불쾌감을 느끼게 돼요."

"제가 지금까지 느낀 바로는 더치페이를 한다는 건 여자 쪽에서 친구로 남고 싶어 한다는 뜻이에요. 저는 데이트라고 생각했는데 그렇게 되어서 아주 어색한 저녁이 됐죠."

"남자가 여자에게 데이트 신청을 했어요. 식사할 때 여자는 계산서가 나오기 전까지는 즐거운 시간을 보냈다고 합니다. 남자가 계산서를 집어 들자 여자가 지갑을 꺼내며 '같이 낼까요?'라고 물었어요. 남자는 이 말을 듣고 여자가 자기를 좋아하지 않는구나 싶어서 가슴이 철렁 내려앉았다고 해요. 하지만 여자는 상황을 다르게 봤다며 이렇게 말했어요. '혹시라도 부담스러울까 봐 같이 내겠다고 한 거예요. 그래도 정말 저와 사귀고 싶다면 제가 낸다고 해도 받지 않을 거라 생각했죠. 적어도 첫 데이트에서는요.'"

더구나 요즘에는 스마트폰 앱을 사용해 더치페이를 하는 게 일상화되었다. 한 명이 비용을 지불하고 다른 사람에게 더치페이 요청을 보낼 수 있다. 상대방은 메시지가 도착하기 전까지는 상대가 자신에게 송금 요청을 보냈다는 사실을 알지 못한다. 아무 말 없이 슬쩍 보내는 이런 더치페이 요청은 데이트 중인 관계에서 소통이 부족함을 보여준다. 크리스천 골라얀은 이런 관행에 관해 신문에 다음과 같은 글을 기고했다.

샤콴 베일리는 평소 괜찮다고 생각했던 남자에게서 데이트 신청을 받았고, 둘은 세 번 정도 데이트를 했다. 식사를 마치고 남자가 계산서를 집어 드는 것을 보며 그녀는 기뻤고, 데이트가 잘 마무리되었다고 생각했다. 그런데 데이트가 마무리된 뒤 남자 쪽이 저녁 식사 비용 절반에 해당하는 금액을 앱으로 청구해왔다. 그녀는 불쾌한 기분으로 돈을 보냈다며 이렇게 말했다. "돈을 보내고는 뒤도 돌아보지 않고 연락을 끊었어요. 문자에도 답하지 않았죠."

우리는 무슨 사이일까?

어떤 이는 데이트와 훅업의 차이에 관해 혼란을 느낀다.

"저희가 연애 관계인지 그냥 즐기는 관계인지 정말 모르겠어요."

"데이트 중이기는 한데 사귀는 건 아니에요. 남자 쪽이 우리 집에 자주 놀러 오기는 해요."

"진지한 사이라면 문자만 주고받는 게 아니라 전화 통화도 해야죠."

"그 남자는 필요한 게 있을 때만 전화를 해요. 마음이 있다면 가끔 문자가 아닌 전화 안부를 물을 법도 한데 말이에요."

이런 관계를 명확하게 판별해준다는 웹사이트나 인터넷 게시물도 많다. 한 웹사이트에서는 '잠자리를 한 후에도 함께 외출하고 이런저

230

런 일을 같이 한다면 데이트 관계라고 볼 수 있다. 밤 9시 이전에 전화해서 같이 시간을 보내자고 하는 경우도 데이트 관계에 가깝다'고 설명한다.

반면에 일회성으로 즐기려는 의도인 경우는 다음과 같다.

'낮에는 늘 다른 할 일이 있다고 한다. 매번 밤 11시 넘어야 시간이 난다고 한다. 생각해보면 밝을 때 만나는 일이 없는 사이다.'

'못 본 사이에 어떻게 지냈는지 궁금해하지 않는다. 당신에 관해 별로 아는 것도 없고 질문도 하지 않는다. 당신에 관해 아무런 관심이 없다. 그냥 자기 집에 와서 넷플릭스를 보며 같이 쉬자는 말만 한다.'

'섹스를 마치고 나면 늘 할 일이 생각났다고 말한다. 그러고는 집에 가라고 은근히 눈치를 준다.'

만남에는 여전히 즐기려는 관계와 진지하게 이어가려는 관계 사이에 많은 오해로 얼룩져 있다. 그러나 나와 다른 연구자들이 면담한 학생들이 파트너와 이 문제를 논의하는 일은 드물었다. 한 학생은 "저희가 사귀는 사이인지 궁금했지만 괜히 물어봤다가 상대가 멀어질까 겁이 났어요"라고 말했다. 주디 피어슨은 데이트 관계에 있는 590명을 대상으로 한 연구에서 데이트 리추얼이 관계의 친밀성과 질 측면에서 긍정적인 상관관계에 있다는 사실을 발견했다.

$$\blacklozenge \; \blacklozenge \; \blacklozenge$$

1960년대 이전에는 상호 이해에 기반한 리추얼을 통해 남녀 모두가 자신에게 기대되는 역할을 알고 있었고, 이는 심리적인 자유를 주었다. 1960년대 이후 나타난 변화는 젊은이들의 성적 관행에 심대한 영향을 줬다. 성적인 관행의 변화는 피임도구 보급의 증가, 여성 운동의 확대, 포르노에 관한 접근 용이성 증가 등의 영향을 받았다. 또한 성적 성숙에 다다르는 나이가 어려지고 결혼 연령은 올라가면서 결혼 전 15년가량의 기간 동안 성적인 활동을 적극적으로 즐길 수 있게 된 영향도 컸다. 그러면서 나타난 변화는 과거에 평생의 반려를 찾는 데 집중된 만남이 즐기기 위한 만남과 동반자를 찾기 위한 만남으로 나눠진 것이다. 온라인에서 만남을 추구할 수 있다는 점도 만남의 경계를 확장시켰다. 하지만 이로 인해 만남 리추얼에는 수많은 혼란이 생겼고, 이를 시작하는 많은 사람들이 어려움을 겪었다.

정서적 교류가 거의 또는 전혀 없는 다양한 성적 관계가 만연하면서 상호 이해에 기반한 리추얼은 거의 사라지다시피 했다. 리추얼이 사라지면서 남성과 여성은 상대의 행동이 지닌 의미를 분석하고 다음 만남을 언제로 해야 할지 고민하면서 심리적 자유를 상당 부분 빼앗기게 되었다. 많은 사람들이 자신이 참여 중인 관계에 관해 고민하면서도 그런 고민을 파트너와 나누지는 않는다는 점도 이런 혼란이 현재 진행형이 되는 데 큰 몫을 했다.

12

관계의 변화가
불러오는 혼란

*남녀의 구애에 적용되던 모든 규범은 사라졌다. 모두가 자기만의 규칙을
스스로 만들어야 하는 혼란의 시대가 왔다. – 로라 키프니스*

사람을 만나는 일에서 변화를 마주하면 누구라도 혼란을 느낀다.
처음 만난 사람이 나에게 호의적인지, 나와 무언가를 함께 하려면 성
향이 맞는지 확인하고 서로 맞춰가기 위해 변해야 한다. 맞지 않는
다고 느끼면 관계를 정리해야 한다. 이런 만남과 이별에도 여러 가지
리추얼이 있다. 남녀 간의 만남도 예외는 아니다. 그런데 오랫동안
인생의 파트너를 찾는 남녀 간의 만남이 '즐기는 목적'으로 변화하면
서 사람들은 많은 혼란을 느끼고 있다.

내가 면담한 많은 대학생들이 즐기기 위한 일회성 만남 후에 후회
를 느꼈다고 답했다. 대학생 200명을 대상으로 진행한 한 연구에서
는 과반수가 훅업을 후회한다고 했다. 그중에서도 여학생들이 후회

하는 비중이 높았다. 다음은 내가 면담을 진행하며 학생들에게 들은 말이다.

"어쩌다 보니 분위기에 휩쓸려 그렇게 됐어요. 그 남자는 이제 저한테 말도 걸지 않아요. '맙소사, 대체 내가 왜 그랬지?'라는 생각이 들어요. 술 때문이에요. 괜히 술에 취해서 그런 일이 벌어졌어요."

"대체 어쩌다 걔랑 침대에 누워 있게 된 걸까요?"

"그 남자가 나중에 다시 말을 걸까요?"

훅업 이후 많은 파트너, 특히 여성이 실망과 불만을 느낀다. 그들은 그 관계의 의미가 무엇인지, 자신이 상대와 연애 중인지, 친구인지, 관계가 진전되어 가는지 혼란스럽다. 파트너가 다른 사람과 성관계를 하는지에 관해서도, 임신과 성병의 예방법에 관해서도, 파트너와의 관계가 변할지, 변한다면 어떤 방식으로 변할지에 관해서도 혼란을 느낀다.

이 거대한 혼란은 데이트와 훅업에서 일반적으로 받아들여지는 리추얼이 없기 때문에 발생한다. 파트너와의 소통이 극도로 제한적이라는 사실은 혼란을 더욱 가중시킨다. 대부분은 관계에 관한 가장 중요한 이야기를 파트너와 나누는 것을 두려워한다. 이런 혼란과 소통 부족은 관계에 대한 불안과 실망, 그리고 심리적 자유의 상실로 이어진다.

관계 유형의 변화

◇◇◇

즐기는 관계에서 진지한 만남으로 연결될 때, 또는 연애에서 결혼으로 갈 때, 많은 사람들이 관계의 변화를 어려워하고 어색해한다. 또한 많은 사람들이 관계의 성격을 바꾸고 싶은 마음과 변화를 두려워하는 마음 사이에서 갈등한다. 변화를 시도했다가 관계가 아예 끝나버릴지도 모른다는 두려움은 더욱 크다. 내가 면담한 한 학생은 "그 남자와 자고 나면 친구로서는 영영 잃어버릴 것 같아요"라고 말하기도 했다.

이렇게 말하는 학생도 있었다 "걔랑 사귀고 싶기는 해요. 하지만 전 진지한 관계가 부담스러워요. 지금의 관계를 바꿀 만한 행동을 하는 게 두렵고요. 그냥 계속 지금처럼 편하게 지내는 게 좋겠죠?" 이런 두려움은 변화의 시도가 관계의 종결을 불러왔던 과거의 경험에 기반한 것이다.

일부는 친구 관계에서 성적인 관계로의 전환, 또는 성적인 관계에서 연애 관계로의 전환을 어색하게 느끼기도 했다. 면담에 참여한 한 남학생은 이렇게 말했다. "저희는 잠자리를 같이하는 친구 관계였어요. 제가 먼저 제안했고 그 애도 그러자고 했죠. 이렇게 단순한 관계일 때는 서로에게 뭘 기대해야 할지 알았어요. 그런데 서로에게 마음이 생기면서 상황이 조금 복잡해졌죠."

도나 프레이타스는 이렇게 말했다.

대학에도 여전히 장기적인 연애 관계가 존재한다. 학생들의 말을 들어보면 대부분 일회성 훅업이 연속적 훅업으로 이어지고, 시간이 지나며 서로에 관한 마음이 생긴 경우였다. 이러한 관계에 있는 학생들은 대부분 처음에 적어도 한 번은 섹스 없는 데이트를 했더라면 좋았을 것 같다고 답했다. 일곱 개 대학의 학생들과 진행한 면담에서도 학생들은 한 번쯤 구식 데이트를 하거나 누군가에게 데이트 신청을 받아보고 싶다고 답했다.

젊은이들은 대학 생활 초기에 더 많은 파트너와 일회적 관계를 가지는 것으로 나타났다. 면담에 참여한 학생 중 일부는 2학년까지 즐길 만큼 즐겼으니 이제부터 미래를 좀 생각해야겠다고 말하기도 했다.

"파트너를 몇 명 만나며 많은 것을 배웠어요."
"언젠가 결혼하고 싶은 날이 오겠죠. 결혼하고픈 사람을 알아볼 안목이 있었으면 좋겠어요. 가끔은 지금 만나는 사람과 앞으로 어떻게 관계를 발전시켜 갈지, 미래에 관해 대화를 시도하기도 해요."

관계의 공식적 상태에 관한 혼란

내가 면담한 대부분의 학생은 "관계가 무엇인지, 사귄다는 게 무엇인지 잘 모르겠다"고 말했다. 특히 여성들의 경우 자신이 맺고 있는 관계의 상태에 관해 의문을 가졌다. 단, 이들이 말하는 '관계 상태'란

페이스북에 표시되는 '결혼/연애' 상태를 의미했다.

페이스북은 싱글, 연애 중, 약혼, 기혼, 시민결합, 동거, 자유로운 연애, 복잡한 연애, 별거, 이혼, 사별 등 결혼/연애를 설명하는 11개의 상태 표시를 제공한다. 면담에 참여한 학생들이 가장 큰 관심을 보이는 것은 '연애 중' 표시였다. 많은 학생이 '연애 중'을 독점적인 관계 표시로 받아들였다. 많은 여학생이 매일 페이스북을 들여다보며 파트너가 자신과의 관계를 공개적으로 선언했는지 확인했다.

"그가 '연애 중'을 선언했는지 매일 확인했어요. 따로 그런 대화를 나누진 않았고, 그냥 계속 확인했죠."

"저희는 다른 사람 없이 둘만 만나는 진지한 관계지만 페이스북에 따로 공개하진 않았어요. 저희가 사귀는 건 명확하니까요. 저희는 매일 함께 시간을 보내요."

"제 절친은 꽤 열렬한 연애를 했어요. 페이스북에도 정식으로 공개했죠."

종종 여성들은 관계에 관한 미묘한 단서를 찾으려 하면서도 파트너와 직접적으로 논의하는 것은 망설이거나 두려워한다. 그러나 대부분의 단서는 불충분하고 혼란스럽다.

내가 면담한 많은 학생이 페이스북을 통한 연애 상태 공표에서 안정감을 느꼈다.

혼란, 실망, 그리고 불만

◇◇◇

면담에 응한 남성과 여성 모두 가장 큰 혼란을 느끼는 부분은 자신이 맺고 있는 관계의 성격과 파트너의 의도에 관한 것이었다. 그러나 이들은 파트너와 이 문제를 거의 논의하려 하지 않았다.

"저희가 맺는 육체적인 관계가 무슨 의미인지 모르겠어요."

"그냥 욕망만 채우는 사이인지 어떤 관계를 시작하게 된 건지 알 수가 없었어요."

"여자친구가 있었는데 한 1년 넘게 만나다 헤어졌다 했어요. 관계가 명확하진 않았고, 저도 중간에 다른 여자를 몇 명 만났고요."

"상대가 '생각할 시간이 필요하다'고 하면 그건 정말로 시간이 필요하다는 걸까요? 아니면 다음 단계로 넘어가거나 끝내자는 의미일까요?"

"친구 사이인 남자애가 있는데 저랑 자고 싶다고 했어요. 사귀자는 건 아니었고요. 계속 같이 자자고 절 설득했어요. 한동안 서로 문자를 주고받거나 밤에 한두 시간씩 통화를 했어요."

"저희는 만나면 주로 집에서 같이 영화를 보거나 섹스를 해요. 가끔 같이 외출하기도 하고요. 그래서 어느 날 우리가 사귀는 사이인지 물어봤죠. 사실은 질문을 하면서도 그가 부담스러워할까 봐 겁이 났어요. 다행히 남자가 '응, 네가 내 여자친구가 됐으면 좋겠어'라고 말했어요."

불만족

면담에 참여한 학생 대부분은 자신이 맺고 있는 관계에 만족하지 않는 것으로 보였다. 많은 사람들이 파트너가 자신들의 관계에 어떤 의미를 부여하고 있을지 불안해했다. 또 많은 사람들이 자신의 상태를 설명하며 제한적인 표현을 사용했다. '그냥 성적인' 관계라거나 '하룻밤'의 관계라는 식이었다. 이러한 불만족과 불안은 남성보다 여성에게서 높게 나타났다. 사회학자 노발 글렌은 다음과 같이 설명한다. "한 번의 관계 이후 다시 만날지 여부는 대개 남성이 결정한다. 어느 정도 함께 시간을 보낸 후 관계의 공식성에 관해 먼저 묻는 것은 보통 여성 쪽이다. 여성이 묻고 남성이 결정하는 식이다."

여성들이 훅업 이후 느끼는 실망감을 다룬 네 개의 연구를 살펴보자. 500명을 대상으로 진행된 한 연구에서는 남성이 여성에 비해 원 나잇에 긍정적인 감정을 가지는 것으로 나타났다. 반면 여성은 관계의 진전을 원했다. 대학생 221명을 대상으로 진행된 조사에서 여성은 진정한 친밀감을 기대할 수 있는 데이트 관계를 선호하는 것으로 나타났다. 반면 남성은 성적인 만족을 기대할 수 있는 훅업 관계를 일반적으로 더 선호했다. 또 다른 연구에서는 훅업 관계를 시작하는 이유를 알아보았는데, 남성의 경우 섹스가 일반적인 동기인 반면 여성은 정서적 연결이 더 일반적인 동기였다. 이에 더해 남성은 훅업 관계가 같은 상태로 유지되기를 바라는 경우가 많았던 반면, 여성의 경우 본격적인 연애 관계나 우정 등으로 발전하기를 원하는 경우가 많았다. 11개 대학의 미혼 이성애자 여학생 1,000명을 대상으로 한 연구에서는 많은 응답자가 상황에 불만을 표하며 훅업이 관계로 발전하기를 바란다고 답했다. 프린스턴대 학생은 이렇게 말했다. "사실 훅업에 관련된 모든 게 너무 남성 위주인 것 같아요. 남자들은 훅업을 통해 감정적 유대 없이 육체적 쾌락을 얻을 수 있죠. 하지만 여성들은 육체적인 것과 감정적인 것을 분리하기 어려워요."

데이트나 훅업 경험에서 실망과 불만족, 불안을 느낀 것이 꼭 여성만은 아니었다. 남성 중에도 훅업을 부정적인 용어로 묘사한 이들이 많았다. 훅업 관계에서 불만과 불안을 느낀 사람들은 남녀 모두 그런 관계가 '감정적 애착' '신뢰' '사랑'을 주지 못한다고 강조했다.

여성이 훅업에서 더 큰 실망을 느끼는 원인 중 하나라고 볼 수 있는 관계에 관한 인식 차이는 성관계 시 분비되는 호르몬 옥시토신에 관한 반응의 차이에서 오는 것일 수 있다. 여성은 옥시토신에 노출되면 친밀감에 관한 인식이 강화되는 반면 남성은 경쟁적 관계에 관한 인식이 강화되는 것으로 알려졌다.

대학생들을 대상으로 진행한 면담과 젊은이들의 성적인 행동을 다룬 방대한 연구 문헌을 살펴보면 젊은 세대가 훅업과 데이트 관계에서 자신에게 기대되는 바가 무엇인지 몰라 혼란을 느끼고 있음을 알 수 있다. 전통적인 이성교제의 절차가 아닌 현대의 다양한 만남에는 상호 이해 가능한 확실한 리추얼이 거의 존재하지 않는다. 물론 데이트와 성적인 관계에는 늘 어느 정도의 불확실성이 존재해왔다. 그러나 대학생을 비롯한 젊은이들 사이에서 가벼운 섹스가 만연하면서 그 혼란은 더욱 가중되었다.

관계에서의 리추얼 부재는 모든 참여자에게 불확실성과 혼란을 안겨주었지만, 특히 여성에게 더욱 그러했다. 여성들은 어떻게 행동해야 할지 확신하지 못했고, 자신의 행동을 파트너가 어떻게 해석할지 알지 못했다. 사람들은 또한 상대방이 하는 행동의 의미를 알지 못해 관계에 관한 혼란을 겪으면서도 그런 주제로 상대와 대화하고 오해를 해결하는 것을 꺼렸다. 로라 사라마는 이와 관련해 "모든 것에 관한 정의가 불명확한 회색 지대에 있으면 혼란이 찾아올 수밖에 없다"고 말했다.

그들은 자신이 연애 중인지, 아닌지 혼란스러워한다(만나고 있기는 한데 사귀는 건 아니에요). 자신에게 기대되는 성 역할에 관해서도 혼란을 느낀다(가끔은 먼저 전화하는 게 답일 때가 있어요). 육체적 관계의 의미에 관해서도 혼란이 있다(저희가 맺는 육체적인 관계가 무슨 의미인지 모르겠어요). 상대와 '공식적인' 페이스북 관계인지에 관해서도 혼란스러워한다(저희가 공식적인 관계가 아니라면 사귀는 사이의 규칙을 적용할 필요는 없는 거죠). 문자에 관한 혼란도 있다(정말 하고 싶은 말이 뭔지 헷갈려요).

가장 중요한 것은 이들이 그런 혼란에 관해 상대와 거의 논의하지 않는다는 점이다(대화는 하지 않아요). 그저 혼자 고민한다.

변화하는 데이트 문화 속에 있는 사람들은 관계의 거의 모든 측면에 관해 혼란을 느끼면서도 그 혼란을 해소하기 위해 파트너와 대화하지는 않는다. 그 결과 그들은 실망과 불만족, 불안을 느낀다. 이로써 훅업이나 데이트 관계가 우정이나 친밀감을 나누는 관계로 이어지는 일이 드물다는 점이 명확해졌다. 이에 관해 저스틴 덴트는 "사람들은 종종 순전히 육체적으로 시작한 관계에서 의미를 찾으려 하지만 대개 부질없는 시도로 끝나고 만다"고 말했다.

자신들의 관계에 변화를 주지 않고 몇 주 또는 몇 달간 만남을 지속하는 사람들은 그 기간에 서로가 지켜야 할 리추얼을 이해하기 때문에 어느 정도의 심리적 자유를 누릴 수 있다. 그러나 리추얼에 변화가 생기거나 중단되면 그 자유의 틈새는 사라진다. 여러 면담에서 확인된 바와 같이 이런 경우 적어도 둘 중 한 명(주로 여성)이 혼란과 불만족을 느끼고 심리적 자유를 잃는다. 훅업에 관해 연구한 방대한 문헌 또한 이 결론을 뒷받침한다.

많은 사람들이 훅업과 데이트 관계에서 명확성과 경계, 규칙, 리추얼을 찾으려 애썼지만 성공하지 못했다. 그 결과는 관계 참여자의 심리적 자유 상실이었다. 규칙과 경계, 리추얼에서 자유로워진 것처럼 보이는 젊은 세대가 역설적이게도 심리적 자유의 부재로 답답함을 느끼고 있는 것이다.

대학교 2학년에 재학 중인 덴트는 학생 논문에서 데이트와 훅업 리추얼의 부재가 불러온 자유의 감소에 관해 다음과 같이 요약한다. "가장 원초적인 본능을 해방시킨 성 해방 운동이 우리를 해방시키기보다는 가두었다는 사실이 역설적으로 느껴진다."

죽음과 충분히
마주하지 못했을 때

너의 마지막 순간을 보았더라면
너의 마지막 숨을 느꼈더라면
네 심장의 마지막 한숨을 들었더라면
너의 아픈 머리를 받쳐줄 수 있었더라면

내 마음이 지금
이토록 쓰린 슬픔을 느끼지는 않았을 텐데

– 에드워드 킬패트릭 이병의 어머니

우리는 앞서, 삶에서 가장 큰 상실 중 하나인 죽음을 견디는 다양한 리추얼의 힘을 살펴봤다. 대부분의 죽음이 이런 리추얼을 통해 수용되고 삶에 통합된다. 그러나 세상에는 이런 리추얼을 적용하기 어려운 죽음도 있다. 사산이나 유산, 낙태로 인한 태아의 사망, 작전 중 실종된 군인처럼 시신을 찾지 못하거나 신원 확인에 실패한 경우, 집단 학살이나 대형 참사로 인한 '실종', 코로나19 같은 전염병으로 인한 사망 등은 기존의 죽음 리추얼이 적용되기 어렵다. 자살이나 약물 중독으로 인한 사망 등 사회적 낙인이 찍힌 죽음이나 외도 상대, 전 배우자, 동성의 연인 등 가족이 인정하지 않는 파트너처럼 금지된 관계에서 발생하는 죽음도 마찬가지다. 장례를 원치 않는다는 고인의 유언 등이 있었던 경우에도 리추얼 적용이 어렵다. 이러한 모든 경우 유족은 일반적으로 리추얼을 통해 얻을 수 있는 사회적 지지를 얻지 못하며, 리추얼이 주는 감정의 차단, 상실에 대한 위로 등의 도움을 박탈당한다. 사랑하는 이를 잃고도 아무런 의례를 치를 수 없으니 이들의 심리적 자유는 상실된다.

죽음 리추얼의 감소

◇◇◇

바쁜 현대 사회에서 장례 절차는 갈수록 생략되고 간소화되고 있다. 미국에서는 사망 후 장례식이나 추도식을 생략하거나 심지어 아무런 리추얼도 수행하지 않는 경우가 점점 늘고 있다. 일부 장례업계 관계자는 장례식을 치르지 말라는 유언을 남기는 사례가 급증하고 있다고 밝혔다. 리추얼이 감소하다 보니 많은 사람들이 막상 가족이나 지인의 죽음이 닥쳤을 때 애도할 방법을 몰라서 당황한다. 이들은 장례식 없이 자신의 가까운 사람을 어떻게 떠나보내야 할지, 다른 이에게 조문을 어떻게 받아야 할지 알지 못한다. 때로는 망자를 애도할 유족이 거의 없는 경우도 있고, 있다고 해도 무엇을 해야 할지 잘 모르는 경우가 많다.

메건 오루크는 어머니가 돌아가셨을 때 온 가족이 무엇을 해야 할지 몰라 막막했다고 한다.

어머니가 돌아가신 후 별도의 의례가 없어서 상실감을 충분히 형성하고 느끼지 못했다. 유대교 신자인 친구들이 치르는 카디시라는 애도 리추얼이 부럽게 느껴졌다. 특별히 시간을 할애해 돌아가신 분을 기억하는 의식이었다. 멍하니 시간을 보내며 이런 생각이 들었다. 내면의 상실감을 외부로 표출하는 리추얼이 거의 없다면 애도라는 것이 과연 무슨 의미가 있을까?

블로그와 인터넷 게시판에도 애도 리추얼의 부족이나 부재에 관해 말하는 글이 많다.

"저희 어머니는 돌아가시면서 장례식을 하지 말고 매장도 하지 말라고 하셨어요. 저희는 어머니의 유언을 지켜드렸죠. 하지만 그런 유언을 들은 성인 자녀로서 말씀드리자면, 정말 힘든 경험이었어요. 어머니가 돌아가셨는데 아무런 의식도 없이 그냥 갑자기 모든 게 끝이었으니까요."

"상실감을 실제로 느끼기까지 몇 달 걸렸어요. 처음에는 비현실적이었죠. 아마 머릿속으로는 어머니가 어디 여행을 가거나 연락을 받지 못하는 곳에 가셨다고 도피했던 것 같아요. 장례식을 하거나 매장 리추얼이라도 있었다면 그 '돌이킬 수 없음'에 슬펐겠지만, 적어도 상실감을 극복하는 과정에는 도움이 됐을 것 같아요."

"아버지는 장례식을 원치 않았어요(대신 당신이 좋아했던 장소에 유골을 뿌려달라며 온 가족의 여행 경비를 대셨죠). 다른 가족은 어땠을지 모르지만 제게는 큰 실수로 느껴졌어요. 조문을 와서 저희 가족과 함께 아버지에 관한 기억을 나누고 싶어 했던 아버지 친구분들도 서운해하셨어요."

"제 형은 3년 전에 죽었어요. 장례식이나 추도식을 원치 않았죠. 그런 전통적인 리추얼이 없으니 뭘 어떻게 해야 할지도 모르겠고, 외로움과 혼란을 느꼈습니다. 뭔가 할 일을 다 하지 못한 기분이었어요."

"지인이 돌아가셨는데 장례를 안 한다고 하니 어떻게 해야 할지 모르 겠어요. 꽃을 보내야 할까요? 만약 보낸다면 누구한테 보내야 하죠? 조 문을 가야 할까요? 유족을 위해서 음식 같은 것을 챙겨가야 할까요? 아 니면 집에서 모임을 준비해야 할까요?"

"직접 만날 여건이 안 되다 보니 가족도 저도 거의 페이스북이나 이메 일, 전화로 슬픔을 표현하고 있는 것 같아요. 이런 디지털 장례식은 뭔 가 부족합니다. 추억을 나누고 슬픔을 표현하려면 직접 만나야 해요."

"시신을 대면하는 장례식을 원치 않을 수는 있죠. 그건 고인의 선택 이에요. 하지만 이별 의식이 전혀 없다는 건 남겨진 사람들에게는 너무 잔인한 일입니다. 제대로 된 작별을 하지 못하면 그 사람들은 아픔 속 에 오래 머물게 될 수도 있어요."

"저희 장인어른과 장모님은 돌아가시자마자 화장했고 그대로 매장 했어요. 추모 미사는 나중에 따로 드렸죠. 아내와 처제들은 두 분의 마지막 모습을 보지 못했다며 속상해했어요. 직접 뵙지 못해서인지 돌아가셨다는 게 실감이 안 났던 것 같아요."

미국에는 망자의 매장 이후의 리추얼이 없다. 따라서 매장에서 죽음 리추얼이 끝나지만, 사랑하는 이를 잃은 슬픔은 그 후로도 오랫동안 지속된다. 아일랜드식 경야의 시끌벅적한 리추얼 뒤에도 유족은 결국 홀로 남겨진다. 오루크는 리추얼의 부재로 느꼈던 혼란에 관해 "따라야 할 리추얼이 없으니 마치 표류하는 것 같은 느낌이었다"고 토로했다.

아직 태어나지 않은 죽음

◇◇◇

많은 여성이 임신 중 태아의 죽음을 경험한다. 임신한 여성의 26퍼센트가 유산, 1퍼센트가 사산하는 것으로 나타났다. 전체 임신 중 25~30퍼센트에서 태아가 사망하는 것이다. 이러한 죽음을 겪는 여성이 이를 애도할 만한 리추얼이 거의 존재하지 않는다. 남성을 위한 리추얼은 더욱 찾아볼 수 없다. 태아를 독립적인 인격체로 분류해야 할지 모호하다는 문제로 인해 제대로 된 리추얼이 존재하지 않는 것이다. 일반적으로 출생을 마치고 이름을 얻은 아기가 사망하면 주변에서 많은 위로와 애도를 표한다. 그러나 안타깝게도 태아의 사망에 관해서는 그만큼의 지지와 위로를 받지 못한다.

〈뉴욕타임스〉가 유산 경험이 있는 여성 500명과의 인터뷰를 바탕으로 쓴 기사에 다음과 같은 표현이 있다. "너무나도 많은 여성이 이런 경험을 홀로 겪어낸다. 주변에 사실을 알리는 여성도 있지만, 사람들의 반응을 보면 곧 후회하고 만다." 인류학자 린다 래인은 친구와 친척, 동료들이 아무 일도 없었던 것처럼 행동했던 것을 두고 다음과 같이 말했다. "유산은 내 인생에서 가장 힘든 경험이었고, 가장 혼란스러운 경험이기도 했다."

미국에서 사망한 태아의 시신은 대개 별도의 장례 절차 없이 병원에서 처리된다. 병원은 사망한 태아를 부모에게 보여주지 않고 신속하게 밖으로 내가는 경우가 많다.* 아기를 잃은 부모는 상실의 고통과 함께 비현실적인 느낌을 경험한다. 이들은 고립감 속에서 제대로 애도하지도 못한다.

낙태를 결정하는 여성은 다른 방식으로 태아를 잃는 여성들보다도 더 큰 고립을 경험한다. 낙태는 이들에게 사회적 낙인을 찍는다. 세계의 많은 나라에서 낙태는 불법이다. 따라서 여성들은 낙태에 관한 이야기를 다른 사람들과 거의 공유할 수 없다. 애도를 위한 리추얼도 없고, 주변의 심리적 지지는 거의 기대하기 어렵다.

사회적 고립과 더불어 여성들은 자신의 낙태 결정에 관해 부정적인 심리적인 반응을 보인다. 한 정신과적 연구에 따르면 여성들은 낙

---

* 최근 일부 병원은 사망한 태아를 어머니가 애도할 수 있도록 별도의 의례를 마련하기도 했다.

태 이후 안도감 외에 슬픔을 경험하는 경우가 많다.

일흔한 살의 미국 여성 에이미는 마흔다섯 살에 사산으로 아기를 잃은 경험이 있다. 그녀는 여전히 남편과 친구들에게 그때의 경험에 관해 이야기한다. 태어날 아기를 위해 이름을 지었지만, 그녀에게는 애도할 기회가 없었다.

병원에서 크리스토퍼가 죽었다고 했어요. 낳고 나서 몇 분간 품에 안겨줬지만, 너무 지친 데다 출산 중 투여된 약물 때문에 제대로 보지도 못했죠. 병원에서 아기를 매장하겠다고 했고 저는 동의했어요. 지금 생각해보면 가족과 친구들이 모여 크리스토퍼를 위한 장례를 치렀으면 좋았을 것 같다는 아쉬움이 남아요. 그때는 홀로 남겨진 기분이었어요. 사람들이 아기에 관해 물으면 어떻게 해야 할지, 무슨 말을 해야 할지 알 수가 없었죠.

사산이나 신생아의 사망은 공식적으로 알리지 않고 장례식도 따로 치르지 않는 경우가 다반사다. 인격체로 인정되지 않는 상태에서 죽음을 맞이한 것이다 보니 별도의 매장 리추얼도 없고, 주변의 위로를 모아줄 정해진 리추얼도 없다. 게다가 초기에는 주변에 임신 사실을 잘 알리지 않는 경우가 많기 때문에 유산 등으로 아이를 잃은 것에 관한 생각이나 감정을 표현할 기회도 거의 없다.

메리가 12주 차에 유산을 경험하고 찾은 애도 상담사는 리추얼을 수행해보라고 했다. 상담사는 메리에게 초음파 사진을 상자에 넣어 묻는 행위를 제안했다. 메리는 남편과 어머니와 함께 사진을 묻었다. 그녀는 아기를 위해 예쁘게 장식한 상자에 초음파 사진을 넣고 정원에 묻었다. 그러고 나서는 마치 아기에게 말하듯 상자에 말을 걸었다. 그녀는 이 경험에 관해 "내가 느끼고 있던 슬픔을 극복하는 데 도움이 되었다"고 말했다.

이런 리추얼은 주로 엄마가 될 예정이었던 여성을 위한 것일 때가 많다. 그런데 아기를 잃는 것은 남성에게도 힘든 경험이다. 하지만 아버지들은 필요한 심리적 지지를 받지 못하고, 아기 엄마를 위해 강한 모습을 보여야 한다는 이야기만 듣는다. 연구에 따르면 예비 아빠들도 임신과 관련된 증상을 경험한다. 일부는 특정한 음식을 갑자기 먹고 싶어 하거나 복통, 메스꺼움, 체중 증가 등 신체적 증상을 경험하기도 한다. 그렇기 때문에 태아 사망으로 인해 남성들이 불안, 우울, 불면증 등 심리적 증상을 경험하거나 뒤늦게 애도하거나 장기적인 애도 반응을 보이는 것은 당연한 일이다.

미국을 비롯한 서구 문화권에서 유산은 주변에 잘 알리지 않는 고립된 사건인 경우가 많다. 여성들은 '임신 중기가 되기 전까지는 주변에 알리지 말라'는 12주 불문율에 따라 주변에 임신 사실을 알리지 않은 채 혼자서 유산을 경험하곤 한다.

유산이나 사산을 대하는 방식은 종교나 지역에 따라 다르다. 일부 종교에서는 태아 상태의 아기를 완성된 인격체로 보지 않기도 한다. 천주교에는 세례 전에 사망한 아기를 위한 기억과 치유 미사가 존재하지만, 유대교에는 생후 30일 이전 사망한 아기에 관한 애도 관습이 따로 없다.

의외로 네덜란드나 일본 등 현대 산업 국가 중 사산이나 낙태로 사망한 아기들을 위한 리추얼이 존재하는 곳들이 있다. 예를 들어 네덜란드에는 약 20년 전부터 아이를 사산한 어머니들이 애도할 수 있는 리추얼이 존재해왔다. 네덜란드에는 사산아를 위한 무덤이 100개 이상 존재한다. 일본 불교에서는 낙태를 불안한 삶의 경험 가운데 하나로 간주한다. 일본에서는 낙태를 노골적으로 비난하지 않으며, 이를 선택한 여성에게 낙인을 찍지 않는다. 여성들은 아이를 낳지 않기로 결정한 괴로움을 리추얼을 통해 표현할 수 있다. 이런 여성들은 절을 찾아 아이들의 영혼을 돌봐준다고 알려진 지장보살상을 놓기도 한다. 이목구비가 없는 이 나무 인형은 몇 센티미터에서 몇십 센티미터 정도의 크기로, 유산이나 사산, 낙태, 또는 다른 이유로 사망한 아이들의 죽음을 위로한다. 지장보살은 죽음을 맞은 아이들의 영혼을 돌봐준다고 알려져 있으며, 태어나지 못한 아이들을 추모하는 리추얼 또한 존재한다.

임신 중 태아를 잃은 부모들은 공식적인 리추얼의 부재로 그 상실에 관한 주변의 인정과 정서적 지지를 받지 못한다. 가까운 사람들이 세상을 떠났을 때 적절한 리추얼에 참여하지 못하면 애도의 자유를 잃게 된다. 애도가 리추얼을 통해 공식적으로 인정받지 못하면 정신 건강에 해로울 수 있다.

낙인찍힌 죽음

◇◇◇

중독이나 자살, 에이즈로 인한 사망 등 수치스러운 것으로 간주되는 죽음 또한 리추얼 없는 죽음에 속한다. '악당'의 죽음도 여기에 포함될 수 있다. 이런 죽음은 '사회적으로 인정받지 못한 죽음'이라 불리기도 한다. 이렇듯 죽음에 낙인이 찍히면 사망자를 비난하는 분위기 속에 남겨진 유족은 특히 더 취약한 상태에 놓이게 된다.

낙인찍힌 죽음의 경우 주변 사람들은 유족에게 위로와 정서적 지지를 표할 자유를 잃고, 유족들은 취약한 상태에 홀로 남겨진다. 이런 죽음의 경우 사망 선고나 진단서에는 사망의 실제 원인이 언급되지 않는 경우도 많다. 사망 원인을 지우는 이런 관행은 사회적 낙인을 반영하는 동시에 강화한다. 유족은 애도의 마음과 함께 수치심과 죄책감을 느끼지만, 그 어느 감정에 관해서도 주변의 정서적 지지를 받지 못한다.

한 여성은 어머니를 애도할 때마다 들었던 수치심에 관해 이렇게 말했다. "엄마는 제가 일곱 살 때 중독으로 돌아가셨어요. 저는 장례식 바로 다음 날부터 등교해야 했죠. 어릴 땐 몰랐는데 나이가 들수록 슬픔이 더 깊어지는 것 같아요. 예전엔 엄마가 중독으로 돌아가셨다는 게 너무 부끄러워서 차라리 암이나 다른 '멀쩡한' 병으로 돌아가셨다고 할까 고민하곤 했어요." 딸이 헤로인 중독으로 사망한 한 어머니도 다음과 같이 말했다. "수치심은 제 가장 가까운 동반자였어요. 저는 중독자와 그 가족들이 모인 '낙인'이라는 이름의 수용소에 갇혀 지내야 했어요."

에이즈로 사망한 사람들의 가족이나 파트너, 친구들 또한 리추얼의 부재로 적절한 위로를 받지 못한다. 영화 〈싱글맨〉은 에이즈로 인해 동성의 파트너를 잃은 많은 사람들이 겪는 현실을 담고 있다. 영화에서 유가족은 장례를 치르며 죽은 이의 파트너를 초대하지 않는다. 가족들은 고인과 애정을 나누며 함께 살았던 파트너의 존재를 무시하고, 그는 장례나 매장에 관련된 모든 리추얼에서 배제된다. 실제로 많은 에이즈 사망자의 파트너가 주변으로부터 어떠한 지원도 받지 못한 채 고통 속에 홀로 애도한다. 리추얼에 참여할 수 없으니 고인을 제대로 애도하지도, 주변인들의 위로와 지지를 받지도 못하는 것이다.

자살 역시 리추얼이 희석되거나 거의 치러지지 않는 경우가 많다. 리추얼의 부재는 가족들이 받아야 할 사회적 지지를 박탈한다. 친구의 자살을 경험한 토머스는 이렇게 말했다. "친구가 장례를 치르지 말라는 유서를 남겼어요. 저를 비롯한 다른 친구들은 제대로 작별 인사를 할 수 없다는 사실에 일종의 배신감을 느꼈죠. 친구는 마치 처음부터 이 세상에 없었던 것처럼 사라졌어요."

조언 칼럼니스트 캐럴린 핵스는 언니의 자살 소식에도 위로를 해주지 않는 친구들 때문에 상처받았다는 한 독자의 사연에 이렇게 답했다. "리추얼이 보편적으로 명확히 확립되지 않은 문화권에서 그런식의 위로 부재는 죽음의 잔인하면서도 흔한 부산물입니다. 어떤 이들은 자살로 인한 죽음을 접했을 때 일종의 위로 마비 상태에 빠지곤 합니다."

자살한 사망자의 친지와 친구들은 주변의 낙인을 매우 예민하게 인지한다. 그들은 죄책감과 수치심, 부정, 분노와 함께 사회의 낙인을 경험한다. 한 연구에서는 자살로 인한 사망 한 건당 주변 사람 평균 여섯 명이 중대한 삶의 변화를 경험하는 것으로 드러났다. 또한 자살자의 유족은 심각한 심리적 변화와 자살 충동을 경험할 확률이 높아지는 것으로 나타났다.

모호한 죽음

◇◇◇

전쟁, 집단 학살, 비행기 추락사고, 9/11 테러같이 사상자가 대규모로 발생하는 경우가 있다. 시신을 수습하지 못하거나 유해를 발견하지 못한 경우 유족은 사망이 사실인지 확신하지 못한다. 가족이 언제 어떻게 죽었는지 상황을 파악할 수 없고 시신도 없다 보니 유족들은 사망 자체를 쉽게 받아들이지 못한다. 산 자와 죽은 자의 경계가 불분명해지는 것이다.

가족의 죽음을 받아들이려 할 때 유족은 고인이 언제 어떻게 죽음을 맞이했는지 알고 싶어 한다. 정확한 사망 시점에 관한 정보가 없다면 유족은 자신이 과부가 되었는지, 또는 고아가 되었는지 알 수 없다. 실종자의 상태에 관한 기본적인 정보조차 없으니 남은 가족은 어떤 리추얼을 치러야 할지 혼란을 느낀다. 실종자를 위한 리추얼은 거의 존재하지 않는다. 그렇다고 사망자처럼 취급해 그에 맞는 의례을 치를 수도 없다. 리추얼이 없으니 유족은 제대로 애도할 수 없다. 상실을 견뎌내고 앞으로 나아갈 힘을 박탈당한다.

연구에 따르면 실종 같은 모호한 상황으로 배우자나 부모를 잃은 이들은 가족의 사망을 확실히 확인한 유족에 비해 심각한 우울증, 자살 충동 등 더 큰 정신 건강 문제를 겪는 것으로 나타났다. 작전 중 실종된 한 군인의 자녀들은 25년이 지난 지금도 여전히 해소되지 않은 슬픔을 토로했다.

2001년 9월 11일 뉴욕 세계무역센터 테러가 발생한 후 첫 며칠 동안 사랑하는 가족과 친구의 소식을 기다리던 이들에게는 기댈 수 있는 리추얼이 없었다. 가족들은 일말의 희망을 품고 구조대원들이 잔해 속에서 생존자와 시신을 발굴하는 모습을 지켜봤다. 실종자의 소식을 기다리던 이들은 그 불확실성이 마치 고문처럼 느껴졌다며, 할 수 있는 게 아무것도 없었다고 회상했다. 유족들은 어떤 생각과 행동을 해야 할지 알 수 없어서 그대로 멈춰버렸다. 두렵고도 모호한 기다림 속에서 이들은 끝이 어딘지 알 수 없는 고통에 시달려야 했다.

2014년 인도양에서 말레이시아 항공 여객기가 사라졌다. 비행기가 추락한 정확한 장소도 알 수 없었고 승객들의 시신도 발견되지 않았다.* 실종된 승객 239명의 가족은 그들이 생존해 있을 가능성이 거의 없음에도 죽음을 애도할 수 없었다. 시신도 없이 장례를 치른다는

---

* 이 책을 쓰는 현재까지도 해당 항공기는 발견되지 않았다.

것은 많은 유족에게 상상할 수 없는 일이었다. 한 유족은 "이 세상에서 저세상으로 가는 길에 망자에 관한 존중을 표할 기회를 잃었다"고 말했다. 시신을 찾지 못해서 매년 드려야 할 제사를 제대로 수행할 수 없다는 유족도 있었다. 이런 모호성은 유족들의 심리적 자유를 제한했다.

호스피스에 근무하는 한 심리상담사는 이렇게 말했다. "시신을 찾지 못한 경우, 또는 고인의 사망 후 시신을 보지 못한 경우 애도의 감정이 해소되지 못한 채 쌓일 수 있습니다. 시신이 존재하면 유족은 어떤 의미에서 고인을 되찾은 것으로 느낍니다. 사망했음에도 다시 돌아온 것처럼 생각하죠. 시신의 존재를 통해 그 사람이 거기 있다는 것을 느끼는 겁니다."

9/11 테러를 비롯한 대형 참사의 경우, 발견된 유해의 신원을 확인하는 데 많은 시간과 노력이 든다. 그러나 사망자의 신원 파악은 유족들에게 중요한 의미를 갖는다. 이는 1950년대 한국전쟁 전사자의 유해가 2018년 미국으로 송환되었을 때도 마찬가지였다. 유족은 유해의 신원을 확인함으로써 실종된 가족이 사망했다는 사실을 마침내 인정할 수 있었다. 그리고 이를 통해 비로소 애도의 과정을 시작하거나 재개하고, 확인된 죽음을 위한 리추얼에 참여할 수 있었다. 가족들은 마침내 유해를 매장하고 추모 장소를 만들 수 있었다. 죽음을 인정받음으로써 늦게나마 주변의 정서적 지지를 받고, 잃었던 심리적 자유를 일부 되찾을 수 있었다.

다음은 어느 9/11 테러 희생자 가족의 사례다.

희생자의 아버지는 아들이 그 끔찍한 현장에서 먼지가 되기 전에 유해라도 수습될 수 있기를 바랐다. 아버지는 아들을 그 현장에서 꺼내서 집으로 데려오고 싶어 했다. 시신을 끝내 발견하지 못한 희생자의 가족들은 훨씬 더 힘든 과정을 거쳐야 했다. 사건에 마침표를 찍을 수 없었기 때문이다. 그들은 종결을 갈망했다.

정신분석학자 애나 오른스타인은 홀로코스트 생존자의 애도와 리추얼을 광범위하게 연구했다. 오른스타인에 따르면 홀로코스트 생존자들은 사랑하는 가족과 친구가 어떤 상황에서 어떻게 죽었는지 알 수 없어 애도 과정에서 많은 부작용을 겪었다. 가족의 모호한 죽음으로 유족의 애도 과정은 연장될 수밖에 없었다. 그들에게는 애도를 위한 시간과 기회가 제대로 주어지지 않았다. 많은 생존자가 가족의 시신을 찾지 못했고, 그 행방조차 알아내지 못했다. 시간이 흘러 건립된 홀로코스트 추모비들이 희생자의 무덤을 대신하게 됐고, 추모 장소에서 행해지는 리추얼이 생존자의 애도와 치유에 도움을 주었다.

내 아버지는 홀로코스트로 여동생 셋과 매제들, 조카들을 잃었다. 미국으로 이민을 오기 전에 유럽에 남은 가족에게 은신처를 마련해주기는 했지만, 시간이 흐르며 가족들이 죽었을지도 모른다는 소식이 들려오기 시작했다. 그러나 아버지는 모두가 잘 숨어 있을 거라는 믿음을 버리지 않았다. 가족에게서 기별이 오지 않는 것도 전쟁 때문이라고 생각했다. 그러나 6년이 흘러 홀로코스트의 심각한 실체가 알려지고 가족의 소식을 전혀 들을 수 없자 사망 가능성을 믿기 시작했다. 그러나 가족이 언제 어떻게 사망했는지는 전혀 알 수 없었다. 아버지는 가족의 죽음을 애도할 수 없었다. 감정을 잘 드러내지 않았던 아버지는 이 일에 관한 대화를 피했다. 이는 사실 애도가 해소되지 못했을 때 나타나는 흔한 증상 중 하나다.

에리카 라이벡은 오랜 세월이 지나 알게 된 부모님의 사망을 둘러싼 진실이 진정한 애도를 가능케 했다면서 이렇게 썼다.

그 소식 자체가 위안을 줬다. 이제 더는 '사망 증거를 찾아볼 수 없습니다'라는 편지를 받지 않아도 되었다. 사랑하는 부모님이 갑자기 사라진 이유를 찾는 데 일생을 바친 끝에 알아낸 그 진실은 참혹했지만 내게 안도감을 줬다. 60년이나 베일에 싸여 있었던 진실을 마주한 후, 나는 처음으로 부모님을 위해 마음껏 애도할 수 있었다.

오른스타인은 가족의 시신을 찾지 못한 유족들의 애도에 기념비와 추모비가 도움을 줄 수 있는 이유를 다음과 같이 설명했다.

기념비와 추모비는 상실의 기억과 고통을 가장 자유롭게 드러낼 수 있는 무덤의 역할을 해준다. 그곳은 유족들이 찾아와 애도하는 장소가 될 수 있다(베트남전 참전 용사 기념비를 찾은 유족들은 추모비에 새겨진 사랑하는 가족의 이름을 한 글자 한 글자 쓰다듬는다. 이들의 얼굴에는 깊은 슬픔이 어려 있지만, 곧 안도의 표정이 뒤따른다). 기념비와 추모비는 애도의 과정을 돕는다. 애도 없이는 치유도 없다.

애도 절차는 죽음의 최종성을 확인한 후에야 진행될 수 있다. 시신이나 사망에 관한 확실한 정보가 없으면 유족은 이도 저도 아닌 상태에 놓인다. 이들에게는 슬픔과 상실을 극복하기 위해 행할 수 있는 리추얼이 없으며, 애도 또한 어려운 일이 된다. 죽음에 관한 여러 리추얼이 주는 심리적 자유도 누릴 수 없다. 유족들이 애도의 과정을 진행할 자유를 누리기 위해서는 사망의 확실성이나 유해의 신원에 관한 확인이 필요하며, 죽음의 시간과 장소에 관한 정보도 필요하다.

코로나19 기간 중의 사망

◇◇◇

코로나19 기간에는 많은 사람이 집이나 병원에서 갑작스럽게 홀로 사망했다. 죽음에 수반되는 대부분의 리추얼이 부재했고, 죽어가는 사람도 남은 가족도 외롭게 슬픔을 견뎌야 했다. 그들은 사랑하는 사람이 죽어가는 순간에 곁에서 위로해줄 수 없었을 뿐만 아니라 그들에게 위안의 손길과 포옹, 상실을 달래줄 주변인의 존재도 누릴 수 없었다.

코로나19 기간에는 장례식과 추도식이 연기되거나 원격으로 이루어졌다. 한 연구에 따르면 코로나19 기간에 배우자를 잃은 사람은 우울증과 외로움을 경험할 위험이 더 컸다. 또 다른 연구에서는 코로나19로 인한 사별이 노년층의 우울증 발병과 악화에 큰 영향을 준다는 사실이 드러났다.

루시와 면담을 한 것은 그녀가 코로나19로 어머니를 잃고 18개월이 지난 뒤였다. 여전히 슬픔에 잠겨 있던 루시는 어머니의 집으로 이사했지만 어머니가 쓰던 옷과 가구 대부분을 정리하지 못한 상태였다. 루시는 꿈에 어머니가 자주 나온다고 했고, 여전히 문득문득 집에 어머니가 있는 것 같은 느낌이 든다고 했다. 어머니가 돌아가신 지 1년이 지나서야 루시는 홀로 묘지를 찾아가 기도를 드리고 어머니에게 말을 걸 수 있었다고 말했다.

에두아르도 메디나는 코로나19 기간에 '많은 사람들이 슬픔을 공동으로 풀어내지 못하고' 불확실한 상태에 갇혀 있던 현상을 '애도의 연옥'이라는 표현으로 설명했다. 메디나는 제대로 된 장례의 부재로 한 유족이 느낀 '형언할 수 없는' 외로움과 또 다른 유족이 느낀 '끊임없는 고통의 원천'에 관한 글을 썼다. 뒤늦게 장례를 치른 한 유족은 자신이 느낀 감정을 이렇게 표현했다. "돌아가신 지 꽤 됐는데 이제야 이 모든 걸 하고 있다니 정말 이상하게 느껴진다. 보통은 장례식이 끝나면 한 단계 앞으로 나아가는 기분이 들어야 정상일 것이다. 그런데 우리 가족은 아직 그 방향으로 나가지 못했다." 메디나는 어느 정신분석가의 말을 인용해 "유족은 고인의 존재를 인정할 기회를 얻을 수만 있다면 기꺼이 고통과 슬픔을 견디며 그 안에 머무르려 한다"고 설명했다.

코로나19 기간에는 많은 장례식과 추도식이 줌 화상회의 등을 통해 원격으로 진행되었다. 유족들은 박탈감을 느끼면서도 원격으로 리추얼에 참여한 많은 이에게서 나름의 위안을 얻을 수 있었다.

슬픔은 참아도 사라지지 않는다

◇◇◇

많은 사람들이 죽음에 직면했을 때 슬픔을 드러내지 않고 의연한 자세를 취하는 것을 미덕으로 여긴다. 미국의 언론은 1963년 남편의 비극적인 죽음에도 감정을 지나치게 드러내지 않고 차분한 모습을 보인 재클린 케네디에게 찬사를 보냈다. 미국이 이상적으로 생각하는 이런 태도는 영국적 유산과 청교도적 전통에서 비롯되었다. 사회학자 제프리 고러는 영국인들이 애도를 일종의 '병적인 자기방종'으로 여기며, '어떤 일이 있었는지 전혀 눈치챌 수 없을 정도로 슬픔을 완전히 숨기는' 유족에게 사회적 찬사를 보낸다고 설명했다.

정신의학과 심리학, 인류학, 사회학을 막론한 많은 문헌이 죽음 리추얼이 유족의 정신 건강 측면에서 지닌 중요성을 강조한다. 어떤 애도 리추얼에도 참여하지 못하는 사람은 추후 정신 건강의 문제를 경험할 가능성이 크다는 연구 결과도 존재한다. 반려자와 사별한 사람들에 관한 한 연구에서는 애도의 감정을 충분히 표현한 쪽이 애도하지 못하는 쪽에 비해 신체적·정신적으로 더 건강한 것으로 나타났다. 가족치료사들은 가족 안에서 애도가 충분히 표현되고 해결되지 못하면 결국 죽은 이의 '유령'이 가족의 구성원이 되고 만다고 설명했다.

가족을 잃고 애도 중인 성인 50명을 대상으로 진행한 제이슨 캐슬과 윌리엄 필립스의 연구에 따르면 '적절한 리추얼은 사별 이후의 생활에 적응하는 데 도움을 주며, 리추얼의 수행은 상당한 긍정적 결과

를 가져올 수 있다.' 또 리추얼을 통한 애도의 사회적 수용은 애도의
진행과 해소에 도움을 준다.

부모를 잃은 아동 318명을 대상으로 한 연구에서도 부모 사망 후
대면과 장례식, 매장 등의 리추얼에 참가한 아동이 1년 후와 2년 후
조사에서 정신적으로 더 건강한 것으로 나타났다. 반면 '그런 리추얼
을 거치지 않은 가정의 아동은 시간이 지나도 잘 지내지 못하는 모습
을 지속적으로 보였다.'

애도 상담사는 가까운 이의 죽음을 경험한 사람에게 치유 리추얼
을 권장한다. 죽은 이에게 편지를 쓰는 것도 그런 리추얼이 될 수 있
다. 빈 의자를 놓고 마주 앉아 고인에게 직접 하지 못한 말을 하며 감
정을 표현하는 리추얼도 도움이 된다.

애도를 위해 예로부터 현재까지 내려온 각종 풍습들은 유족으로
하여금 죽음을 현실로 받아들이고 상실이 주는 깊은 슬픔의 감정을
극복하도록 돕는다. 이러한 리추얼의 부재로 충분한 애도를 거치지
못한 유족은 애도 상태에 계속 머무르기도 한다. 이는 심리적 자유의
감소로 이어진다. 애도와 상실을 연구한 정신분석학자 조지 폴락은
"애도 회피는 상실과 변화에 관한 수용을 막는다"고 말했다. 다양한
분야의 연구가 죽음에 수반된 리추얼이 정신 건강을 향상시키고 가
까운 사람을 잃은 이에게 심리적 자유를 준다고 밝히고 있다.

이번 장에서는 별도의 리추얼이 없는 죽음에 관해 살펴봤다. 유산 등으로 인한 태아 사망, 자살이나 중독에 의한 사망 등 낙인찍힌 죽음, 실종, 대형 참사 속 죽음, 코로나19 기간 중 사망 등이 여기에 해당한다. 이 장에서 살펴본 바와 같이 리추얼의 부재는 유족이 마땅히 받아야 할 사회적 위로와 지지를 박탈하고 충분히 애도할 수 있는 자유를 빼앗는다.

4부

인간은 항상
틀 너머를 꿈꾼다

무언가를 잃어야 비로소 그 소중함을 깨닫는 일은 흔하다. 슬픔을 알아야 기쁨의 감정을 느낄 수 있으며, 틀 안에 있어야 자유가 무엇인지 깨닫는다. 세계 신기록을 세우려면, 기존 기록이 얼마인지 알아야 이를 뛰어넘기 위해 도전할 수 있다. 우리를 옭아매는 각종 규칙, 의식, 습관들을 기준으로 인간은 이를 뛰어넘으려 한다. 4부에서는 리추얼의 한계, 구조, 규칙이 어떻게 창의성과 변화를 촉진하는지 알아본다.

리추얼이 만드는 한계는 역설적으로 창의성을 촉진하는 마음 방랑 등의 정신적 상태를 발달시킨다. 우리는 제약이 적을 때보다 많을 때 오히려 더 큰 창의성을 발휘한다. 리추얼은 때에 따라 뇌의 메커니즘을 활성화하거나 비활성화해 창의성을 촉진하고, 우리의 정신은 특정한 하나의 작업에 집중할 때보다 루틴하고 리추얼화된 활동을 할 때 더욱 자유롭게 방황한다.

창의성과 변화는 리추얼이 주는 구조와 경계, 규칙, 반복적인 루틴을 통해 강화된다. 4부에서는 음악과 춤, 시각 예술, 글쓰기, 과학, 운동 등 다양한 분야에서 높은 수준의 완성도와 혁신을 이룬 사람들의 사례를 살펴본다. 이들이 창의성을 높이기 위한 수단으로 리추얼을 어떻게 활용했는지 알아봄으로써 우리의 창의성을 높일 방법을 생각해보자.

14

리추얼은 어떻게
창의성과 변화를 촉진하는가

예술의 적은 한계의 부재다. – 헨리 자글롬

구조나 규칙이 없다면 창의성도 있을 수 없다. 창의성은 일련의 규칙을 전제로 존재한다. – 노엄 촘스키

앞서 설명한 바와 같이 리추얼은 반복성과 경직적인 구조라는 특성을 지니고 있다. 그런데 어떻게 그런 리추얼이 창의적인 사람들의 창작을 돕는다는 걸까? 답은 리추얼이 지닌 두 가지 역할에서 찾을 수 있다.

첫째, 리추얼은 상태의 경계를 만들어 참여자로 하여금 자신이 어떤 상태에 있는지 자각하게 한다. 리추얼은 산 것과 죽은 것, 글 쓰는 시간과 평상시, 평범한 날과 성스러운 날, 식사 시간과 그 외의 시간에 경계를 긋는다. 이러한 경계는 사람들이 특정한 상태에 맞는 정신 상태를 갖추고 그 안에서 자유롭게 행동할 수 있도록 해준다. 리추얼은 마음 방랑을 즐길 시간과 일에 집중할 시간을 분리한다. 특정한 명절에 들뜬 기분과 엄숙한 기분을 분리한다. 애도의 시간과 일상을 분리하며, 작게는 식사의 시작과 끝을 분리한다. 이런 분리가 창의성의 원천이 된다. 리추얼은 한계와 규칙의 경계선을 만든다. 이 경계선이 새로운 사고방식과 행동 방식을 허용하고, 나아가 창의성을 장려한다. 규칙과 한계가 창의성을 장려한다는 말은 여전히 모순처럼 들린다. 하지만 무한대의 자유가 변화와 창의성으로 가는 길이 아니라는 점을 깨닫는다면 이해의 길이 열리기 시작한다.

만약 당신에게 내일부터 아무 계획도 인간관계도 없는 완벽한 자유가 주어진다면 어떨까? 아마 반나절도 지나지 않아 무엇을 해야 할지 생각하느라 골치 아파지며, 결국 원래대로 돌아와 습관처럼 뭔가를 하고 있을 것이다. 창의성을 발휘하기 위해서는 우선 규칙 준수가 선행되어야 한다. 경계와 창의성에 관한 연구에 따르면 창의성은 많은 제약이 존재할 때 오히려 더 크게 발휘된다고 한다. 실제로 음악과 춤, 시각예술, 글쓰기, 과학, 운동에서의 창의성은 리추얼을 통해 향상될 수 있다. 변화와 창의성으로 가는 길은 오히려 리추얼이 주는 구조와 경계, 규칙과 반복적인 루틴 안에 존재하는 것이다.

코미디언 존 스튜어트는 〈데일리쇼〉 방송을 준비하는 아침 회의에 관해 이렇게 말했다. "창의성은 자유가 아닌 제한에서 옵니다. 자유만 있으면 오히려 뭘 해야 할지 알 수 없어요. 저희는 하루를 아주 엄격하게 구조화합니다. 구조가 있으면 그 구조를 활용해 즉흥성을 발휘할 수 있죠. 구조는 우리에게 그 구조를 비틀 자유를 줍니다."

익숙함과 창의

◇◇◇

자기 분야에서 높은 수준의 완성도와 혁신을 이뤄낸 사람들에게
는 공통점이 있다. 바로 반복 연습이라는 리추얼을 통해 자기 분야의
기본 원칙에 관한 깊은 이해를 갖추었다는 점이다. 광범위한 연구를
진행한 인지심리학자 K. 안데르스 에릭손은 다양한 분야에서 숙달에
도달하기 위해서는 '의도적 연습'이 필요하다고 주장했다. 에릭손의
연구에 이어 미하이 칙센트미하이와 말콤 글래드웰은 의도적 연습
리추얼에 필요한 시간을 정량화하고자 했다. 칙센트미하이는 "어느
분야에서든 창의성을 발휘하기 위해서는 적어도 10년 이상 쌓아 올
린 기술적 지식이 필요하다고 주장했다. 글래드웰은 어떤 기술에서
든 세계적 수준의 전문성에 도달하기 위해서는 올바른 방법으로 1만
시간을 연습해야 한다고 주장했다.

창의적인 연주를 하기 위해 음악가는 우선 끝없는 연습으로 악기
와 음악에 통달해야 한다. 시각예술가는 창의적인 화폭을 만들기 위
해 먼저 자기가 쓰는 매체의 기본 기술을 반복적으로 익힌다. 뛰어난
운동선수는 기량을 향상시키기 위해 필요한 동작을 반복적으로 연습
한다. 과학자들도 새로운 이론이나 실험을 창조하기 위해 자기 분야
의 기본적 지식을 충분히 익히고 깊게 몰입한다. 훈련을 통해 기본적
인 기술을 충분히 익힌 사람만이 창의적인 성과를 낼 수 있다.

예술가 헬렌 슈워츠는 "자신이 속한 분야 예술을 숙달하기 전까지
는 자기만의 예술을 펼칠 수 없다"고 말했다. 창의력이 뛰어난 인물

들을 연구한 정신분석학자 조지프 리히텐버그는 창의성을 발휘하기 위해서는 "재능과 연습이라는 두 개의 나선형 요소"가 필요하다며 "노력은 연습을 계속 반복하려는 분투"라고 말했다.

창의적인 사람들은 창의성의 비결로 리추얼과 반복, 경계 설정이 지닌 미덕을 강조한다. 언어에도, 음악과 예술에도, 과학과 운동에도 규칙과 경계는 존재한다. 규칙은 우리를 제약하지만 무한한 창의력의 가능성을 열어주기도 한다.

언어

언어에는 규칙이 있다. 그러나 규칙은 언어 사용을 원활하게 하기 위한 경계 설정의 역할을 할 뿐, 언어 사용자들은 정해진 경계 안에서 자유를 누리며 창의성을 발휘할 수 있다. 언어는 산문, 시, 스토리텔링, 연설, 대화 등 무궁무진한 방법으로 사용된다. 리추얼과 마찬가지로 언어의 수많은 규칙은 오히려 사용자를 자유롭게 하고 더 큰 창의성을 가능하게 한다. 일례로 소네트나 하이쿠, 리머릭_{풍자적 내용의 오행시}에는 엄격한 구조와 규칙이 존재하지만, 그 규칙의 틀 안에서 가장 혁신적이고 창의적인 문장들이 탄생한다.

인류학자 도로시 리는 이렇게 주장했다. "언어에는 수많은 규칙과 금지가 존재한다. 그러나 동시에 언어는 자유롭다. 언어의 규칙을 배움으로써 우리는 타인과 소통할 수 있고 자신을 자유롭게 표현할 수 있다." 독일 철학자 쿠르트 리츨러는 "언어의 규칙은 우리가 누리는 말의 자유를 가능하게 하는 기반"이라고 말했다.

유명 작가들은 글 쓰는 데 집중하기 위해 작업을 위한 공간과 시간에 인위적인 경계를 설정하곤 했다. 어떤 작가는 평일 오전의 특정 시간을 작업 시간으로 정해 글을 썼다. 어떤 작가는 컴퓨터와 연필, 펜 등을 늘 같은 방식으로 배열하고 특정한 책상에 앉는 것으로 작업을 시작했다. 작가들의 리추얼을 조사한 한 연구에 따르면 많은 작가들이 글을 쓸 때 특정한 시간과 공간을 체계적으로 유지한 것으로 드러났다.

많은 작가에게 루틴은 창의력을 발휘하는 데 중요한 요소로 작용했다. 스티븐 킹과 W. H. 오든은 낮이나 밤의 특정 시간을 정해서 작업했다. 앤서니 트롤럽과 앨리스 먼로는 정해진 단어 수를 채우는 것을 작업 루틴으로 삼았다. 레프 톨스토이와 솔 벨로는 스스로를 고립시켰고, E. B. 화이트는 다른 사람들을 만나는 것을 루틴으로 했다. 존 치버와 마이아 앤절로는 집 밖으로 나가는 것을 루틴으로 삼았고, 이디스 워튼과 마르셀 프루스트는 침대에 누워 창작 활동을 했다. 어니스트 헤밍웨이는 일어선 채로 글을 썼다고 한다.

많은 작가가 자신들의 글쓰기 리추얼을 상세히 묘사했다. 마이아 앤절로의 리추얼은 다음과 같았다. "나는 작업할 때면 호텔 방을 잡았다. 주로 침대 정도만 있는 작고 지저분한 호텔이었고, 가끔은 세면대가 있기도 했다. 방에는 사전과 성경책, 카드 한 벌, 셰리주 한 병만 놓아뒀다. 나는 그 방에서 아침 7시에부터 오후 2시까지 글을 썼다." 찰스 디킨스의 서재는 언제나 정확히 같은 방식으로 정돈되어 있었다. 디킨스는 아침 7시에 일어나 8시에 식사를 하고 9시부터 오후 2시까지 글을 쓴 후 가족과 함께 점심을 먹었다. 디킨스는 종종 점심을 먹을 때도 "무아지경에 빠진 듯 말 한 마디 하지 않은 채 기계적으로 밥을 먹고는 서둘러 서재로 돌아가곤 했다."

음악과 춤

음악에는 리듬, 멜로디, 화음 등 제한적인 구성 요소가 존재한다. 이런 요소들이 특정한 패턴이나 형태로 조직되어 음악을 이룬다. 작곡가, 지휘자, 음악가들은 소리와 형식의 기본을 배움으로써 그 속에서 자유를 얻는다. 규칙을 배우는 것으로 정해진 한계 안에서 그 규칙을 깨고 나갈 자유를 얻는 것이다. 음악가들은 다양한 방식으로 규칙을 벗어나 작곡하고, 즉흥적으로 비틀고, 악기를 연주하거나 노래한다. 재즈 음악가 데이브 브루벡은 이렇게 말한 바 있다. "자유에 도달하기 위해서는 수많은 규율을 익혀야 합니다. 재즈는 무작정 자유로운 것이 아니에요. 모든 규칙을 익힌 후에야 비로소 자유로운 연주가 가능해집니다."

바이올리니스트 나자 살레르노 소넨버그는 리추얼을 통한 기술적 숙련이 주는 창의적 자유에 관해 이렇게 말했다. "기술적인 부분을 아예 신경 쓰지 않아도 될 정도로 철저히 준비되어 있어야 합니다. 아름다운 연주를 위해서는 기술 같은 건 생각할 틈이 없거든요."

건축가 렘 콜하스와의 인터뷰에서 찰리 로즈는 이렇게 말했다. "새롭고 신선한 것을 창조하기 위해서는 규율과 질서가 있어야 합니다. 규율을 익히는 것이 우선이고, 그다음에는 규율에서 벗어나는 것의 중요성을 깨달아야 합니다. 음악도 마찬가지죠. 창의성을 발휘하기 위해서는 질서를 이해해야 합니다."

무용가이자 안무가인 트와일라 타프는 엄격한 루틴이 창의적 과정을 향상시킨다는 믿음으로 60대 내내 자신이 정한 루틴을 고수해왔다. 그녀는 "창의성은 규율과 끈기, 변함없는 루틴에서 온다"며 "예술은 습관이 이루어내는 광대한 민주주의"라고 말했다.

뛰어난 연주자나 무용가 중에는 공연 시작 전 자신만의 독특한 리추얼을 거치는 이들도 많다. 피아니스트 장 피에르 아르노 다블몽은 자신의 리추얼을 이렇게 설명했다. "저는 공연 전에 꼭 셔츠를 직접 다림질하고 피아노 건반을 닦습니다. 연주 전에 잠시 혼자 조용히 숨을 가다듬는 것도 저의 루틴 중 하나입니다."

과학

창의적인 과학자들은 우선 끊임없는 연구를 통해 자기 분야의 지식을 광범위하게 습득한다. 일견 지루하게 느껴지는 이러한 연습은 창의성 발휘를 위해 필수적이다. 노벨 물리학상을 두 차례 수상한 존 바딘은 물리학에 관한 백과사전적 지식으로 유명했다. 바딘은 일생의 대부분을 물리학 연구에 바쳤다. 바딘의 일대기를 쓴 작가는 그에 관해 이렇게 말했다. "바딘은 수학적 난제와의 씨름이 창의적 연구와 정확한 리스크 감수를 위한 지적 근육과 자신감을 키워준다는 점을 알고 있었다."

시각예술

창의적인 시각예술가는 색채, 선, 모양, 공간, 질감, 명암을 잘 이해해야 할 뿐 아니라 반복적인 연습을 통해 자신이 활용하고자 하는 매체를 숙달해야 한다. 인류학자 클로드 레비스트로스는 모든 예술에는 창의성을 발휘하기 위해 숙달해야 할 제약과 경계가 존재한다고 설명했다. 그는 회화를 '붓과 물감, 캔버스에 대항하는 싸움'이라고 표현했다. 15세기 화가 라파엘 산지오는 "그림을 그릴 때는 생각하지 않는다"는 말을 남겼다.

화가 프랜시스 베이컨은 한 인터뷰에서 이렇게 말했다. "예술에서는 우선 기술을 완벽히 익힌 후에야 행운의 '우연'을 얻을 수 있습니다. 기술을 익히는 것은 고통스러운 일이지만, 영감은 오직 숙달을 통해서만 얻을 수 있습니다. 깊은 곳에 자리한 모든 기술이 영감을 꽃피우게 하는 거죠."

예술가 척 클로스는 제한이 직관을 해방시키고 지나친 자유는 직관을 억제한다며 이렇게 말했다. "아무거나 할 수 있는 자유가 주어졌을 때는 계속 같은 작업만 반복했다. 그런데 어떤 특정한 일을 할 수 없게 스스로를 제한해봤더니 그 제한이 작업을 제약하기는커녕 직관을 강화하는 것을 느꼈다." 건축가이자 가구 디자이너인 찰스 임스는 "디자인은 제약에 많은 부분을 의존한다"고 말하기도 했다.

운동

뛰어난 운동선수는 모두 자기 분야에 통달한 사람들이다. 예술가,

과학자와 마찬가지로 운동선수도 무수한 반복을 통해 기술을 습득한다. 글래드웰은 이들의 리추얼을 '강박적 준비'라고 불렀다. 2010년 밴쿠버 동계올림픽 스노보드 하프파이프 종목에 출전한 제프 배철러는 인터뷰에서 이렇게 말했다. "저는 훈련할 때 반복하는 것을 좋아합니다. 계속해서 다시 해보는 거죠. 무수한 반복을 통해 모든 상황에 정신적으로 대비할 수 있습니다."

글래드웰은 한때 세계 랭킹 4위였던 테니스 선수 그레그 루세드스키에 관해 이렇게 말했다. "루세드스키는 하위권 선수들과 확실히 달랐다. 그는 기술을 조금이라도 향상시키겠다는 일념으로 여름의 뜨거운 뙤약볕 아래서 같은 동작을 몇 번이고 반복할 줄 아는 사람이었다." 내셔널하키리그 최다득점 기록을 보유한 아이스하키 챔피언 웨인 그레츠키는 팀 연습이 끝난 뒤에도 혼자 늦게까지 남아 퍽을 골크리스의 특정 지점으로 보내는 연습을 하곤 했다.

미국 여자 프로골프 선수들의 프리샷과 퍼팅 루틴을 분석한 한 연구에서는 성공한 선수와 평범한 선수가 지닌 차이점이 드러났는데, 성공한 선수들의 프리샷과 퍼팅 루틴이 훨씬 더 길었다.

경기 전 리추얼은 당면한 과제에 집중력을 높이고 방해 요소를 차단함으로써 선수들이 압박감을 이기고 좋은 성적을 낼 수 있도록 돕는다. 선수들은 같은 방식으로 몸을 풀고, 유니폼을 입을 때도 같은 순서를 고수하곤 한다. 농구계의 슈퍼스타 르브론 제임스는 경기에 출전할 때 여러 가지 정교한 공적 리추얼과 사적 리추얼을 수행한다. 르브론 제임스는 경기 전 기록석에서 손에 송진가루를 뿌린 후 두 손에 머금고 허공에 퍼뜨리는 퍼포먼스를 한다. 손가락으로 자신의 고향인 오하이오주 애크런의 지역번호 '330'을 만들어 보이기도 한다. 그는 동료 선수 열네 명과 악수와 포옹, 인사를 나누고 마우스가드를 착용한다. 그다음에는 위쪽 관람석에 앉은 팬들을 가리키고 상대 선수 한 명 한 명과 인사를 나눈 다음 심판에게서 공을 받아 한 번 만지작거리고는 다시 심판에게 던진다.

이런 공적 리추얼 외에도 르브론은 경기 전 수많은 사적 리추얼을 수행한다. 우선 기상 직후부터 아침 식사를 하는 8시까지 정해진 루틴에 따라 움직인다. 경기장에는 연습 한 시간 전에 도착해 웨이트트레이닝을 한다. 그 후에는 한 시간가량 슛 연습을 하고 잠시 낮잠을 잔다. 낮잠을 자는 이유에 관해 그는 '긴장을 풀고 경기에 집중하기 위해서'라고 설명한다. 낮잠 후 경기 전에는 닭고기나 생선 요리로 구성된 식사를 한다. 식사 후에는 다시 30분가량 슛 연습을 한다. "제가 잘하는 일을 더 잘할 수 있도록 리추얼을 통해서 준비하는 겁니다."

또 다른 농구 스타 레이 앨런도 경기 전 언제나 동일한 사적 리추얼을 수행한다. 앨런은 오전 11시 30분부터 오후 1시까지 낮잠을 자고, 오후 2시 30분에는 닭고기나 흰쌀로 구성된 식사를 하며, 3시 45분에 체육관에 도착해 스트레칭을 한다. 그 후에는 머리카락을 면도해 정리한 후 정확히 4시 30분에 경기장으로 나간다. 경기장에서는 양쪽 베이스라인과 엘보, 자유투라인 위쪽에서 차례로 슛을 던지며 연습한다.

마음 가는 대로

◇◇◇

뛰어나게 창의적인 사람들의 리추얼은 최고의 성과를 내는 데 어떤 도움을 줄까? 창의적인 사람들은 리추얼의 구조와 반복을 통해 자신에게 필요한 정신적 상태를 구축함으로써 창의성을 더욱 향상시킨다. 이러한 정신적 상태는 마음의 자유로운 방황을 가능하게 해준다. 인간의 뇌는 마음 방랑 상태에서 더 창의적으로 생각하는 경향이 있다.

많은 작가가 리추얼을 활용해 의식적으로 일종의 백일몽이나 최면 상태로 진입한다. 스티븐 킹은 매일 정해진 시간(오전 8시에서 8시 반 사이)에 모든 자료가 정리되어 있는 서재로 가서 정해진 자리에 앉아 정해진 리추얼을 거쳐 작업을 시작한다. "제가 매일 같은 방식으로 리추얼을 수행하는 목적은 단 하나입니다. 바로 제 정신에게 '이제부터 꿈꾸는 상태로 들어간다'고 말해주는 거죠."

무라카미 하루키에게도 리추얼이 있다. 그는 매일 새벽 4시에 일어나 대여섯 시간 정도 글을 쓴다. 오후에는 10킬로미터 정도 달리기를 하거나 수영을 1,500미터 정도 한다(둘 다 할 때도 있다). 밤 9시에 잠자리에 들기 전에는 책을 읽거나 음악을 듣는다. "저는 매일 이 루틴을 고수합니다. 반복이라는 것 자체가 일종의 최면과도 같은 역할을 합니다. 저는 이 최면을 통해 더 깊은 내면에 도달합니다."

마이아 앤절로는 '작은 정신'으로 반복적인 십자말풀이나 솔리테어 카드게임을 하며 '큰 정신'이 거대한 글쓰기 주제 속으로 빠져들어 가도록 유도한다.

메이슨 커리는 자신의 책에서 이란의 영화감독 자파르 파나히의 사례를 소개했다. 파나히는 2010년부터 영화 제작과 시나리오 집필은 물론 해외여행과 인터뷰 참여까지 금지당한 상태였다. "집에 갇혀 아무것도 할 수 없게 된 파나히는 가족과 함께 사는 테헤란의 아파트에서 일상을 기록하기 시작했다. 아내와 아이들은 친척을 방문하느라 집을 비운 상태였다. 매일의 루틴을 기록하던 그에게 좋은 아이디어가 떠올랐다."

창의적인 사람들은 창의성에 리추얼이 반드시 필요하다고 말한다. 사소한 습관이나 아침 루틴 같은 일상의 리추얼이든 깊은 의미를 지닌 종교적 리추얼이든, 리추얼에 수반되는 행동의 반복은 마음의 방랑을 허용한다. 반복적인 루틴을 수행하는 사람들은 그 행동에 마음을 모두 집중하지 않는다. 루틴을 수행하는 동안 우리의 마음은 한 주제에서 다른 주제로, 한 감정에서 다른 감정으로 자유롭게 방황한다. 이런 마음의 방랑은 머릿속의 이미지와 아이디어를 새로운 방식으로 연결한다. 리추얼이 불러오는 백일몽 같은 마음 방랑 상태는 자유, 자연스러운 즉흥성과 창의성의 기반이 된다.

물리학자 프리먼 다이슨의 일화는 마음 방랑이 창의적 사고로 이어진 사례를 잘 보여준다. 다이슨이 길고 지루한 버스 여행 사흘 차에 아이오와주의 옥수수밭을 지나다가 번뜩이는 아이디어를 얻은 일화는 유명하다.

여행의 사흘째 되던 날에 놀라운 일이 일어났다. 내 마음은 마치 일종의 무감각 상태에 이른 것 같았다(…) 나는 슈윙거와 파인먼의 이론에 관해 아주 열심히 생각하기 시작했다. 생각은 점점 하나로 정리됐고, 마침내 나는 오랫동안 마음 한구석에 자리 잡고 있던 문제를 해결해냈다. 바로 두 이론이 궁극적으로 같다는 증명이었다.

물리학자 존 바딘은 명상적인 무아지경 상태인 '클라우드 나인_{구름} 위를 떠다니는 것 같은 행복한 상태' 상태에 빠지는 것으로 유명했는데, 가끔은 대화 도중에 갑자기 이런 상태에 빠지기도 했다. 첼로 연주가 요요마는 자기 시간의 90퍼센트는 마음을 자유롭게 떠돌게 하고 나머지 10퍼센트만 악기에 집중한다고 말했다.

모차르트는 음악적 영감에 관해 이렇게 말했다고 전해진다. "마차를 타고 이동할 때나 맛있는 음식을 먹고 산책할 때, 또는 잠이 안 오는 밤처럼 완전히 혼자 있을 때 나의 영감은 가장 풍부하게 솟아난다."

무기화학의 창시자 아우구스트 케쿨레는 뱀이 자기 꼬리를 물고 빙글빙글 도는 모습을 멍하니 생각하다가 벤젠의 고리 구조를 깨달은 것으로 유명하다. 수학자이자 물리학자인 앙리 푸앵카레는 오랫동안 고민하던 문제에 관한 통찰을 산책 중에 얻었다. "혁신적인 생각이 나려고 하다가도 책상 앞에만 앉으면 갑자기 멈췄다. 반면 일어서서 걸을 때는 무수한 아이디어가 물밀듯 밀려왔다."

마음이 몸을 신경 쓰지 않을 때 창의성이 열린다

◇◇◇

뇌 연구에 따르면 인간의 정신은 특정한 작업에 집중할 때보다 루틴하거나 리추얼화된 활동을 할 때 더 활발하게 방황하는 것으로 드러났다. 리추얼이나 루틴, 습관 등 반복적인 작업을 하고 있을 때의 정신 상태와 노력의 투입이 필요한 낯선 작업을 하고 있을 때의 정신 상태를 비교하는 연구가 여러 차례 이루어졌다. 결과를 보면 무의식적이고 반복적인 작업을 하는 사람들이 집중력을 요하는 작업에 몰두한 사람들보다 더 독창적인 아이디어를 만들어내는 것을 알 수 있다. 이런 연구들은 리추얼이 마음의 방랑을 유도해 창의성을 이끌어낸다는 사실을 보여준다.

3만 명의 뇌 영상을 분석한 연구의 결과를 보면 마음 방랑의 상태는 우리가 깨어 있는 시간의 절반 이상을 차지할 만큼 일상적이고 정상적인 상태다. 마음 방랑 상태의 뇌를 찍은 기능적 자기공명영상에서는 '휴식' 상태에서도 뇌의 기능적 네트워크 전체가 지속적으로 '활성화'되어 있었다. 마음 방랑은 우리에게 더 창의적으로 생각할 기회를 준다.

반복적인 루틴이나 습관을 수행하면 우리의 뇌파는 고차원적 기능과 인지를 담당하는 베타파에서 백일몽과 마음 방랑을 담당하는 세타파로 전환된다. 동시에 계획, 자기성찰, 고차원적 사고를 담당하는 배외측 전전두피질 상당 부분이 일시적으로 비활성화된다. 세타파의 활성화와 전전두피질 일부의 비활성화는 노르에피네프린과 도

파민, 엔도르핀, 아난다마이드, 세로토닌의 대량 분비로 이어져 상상력을 강화하고 아이디를 새로운 방식으로 연결하게 해준다.

반복적인 행동 등을 통한 마음 방랑 상태에서 활성화되는 일련의 신경망을 '기본 상태 네트워크default mode network'라고 한다. 창의적인 사람의 뇌는 그렇지 않은 사람의 뇌와는 다른 방식으로 연결되어 있다는 사실 또한 뇌 영상 촬영으로 드러났다. 창의적인 사람의 뇌에서는 일반적으로 동시에 작동하지 않는 네트워크가 함께 작동하는 것을 볼 수 있다.

창의적 사고에 핵심적인 역할을 하는 하위 네트워크가 세 가지 있는데, 창의성은 이 하위 네트워크들 간의 연결 강도와도 관련이 있다. 또한 유형을 막론한 모든 반복 연습은 뇌의 백질 경로 변화를 촉진해 서로 떨어진 뇌 영역을 연결하고 반응 시간을 단축시키는 것으로 나타났다. 아이작 아시모프는 창의성과 관련해 이렇게 말한 바 있다. "창의적인 사람은 자신도 모르게 끊임없이 일하고 있다. 창의적인 사람의 정신은 자신이 의식하지 못하는 순간에도 항상 카드를 섞듯 여러 정보를 섞고 있다."

창의성을 만드는 정신적 상태

반복되는 루틴은 창의성을 강화하는 정신적 상태를 만든다. 어떤 활동에 완전히 집중해 그것 외에는 아무것도 인식하지 못하는 몰입 상태에 빠져본 경험이 있을 것이다. 이런 완전한 몰입 상태에서는 다른 생각과 걱정이 모두 차단된다.

완전한 몰입 상태는 걷기, 달리기, 자전거 타기, 운동, 샤워, 고속도로 운전, 명상, 종교의식 참여 등 루틴한 리추얼을 수행하는 중에도 찾아올 수 있다. 루틴, 또는 익숙한 리추얼은 거의 자동적으로 수행되기 때문에 우리의 정신은 눈앞의 과업에 딱히 집중하지 않아도 되는 상태로 접어든다.

칙센트미하이는 극한의 몰입 상태를 '플로flow'라고 불렀다. 빅터 터너는 '리미널리티liminality, 경계가 허물어진 전환의 상태'라는 용어를 사용했고, 프로이트는 '대양의 느낌oceanic experience, 자아를 초월하는 감각'이라고 불렀다. 일반 사람들은 '무아지경'이라고 표현하기도 한다. 종교를 비롯한 영적 영역에서는 요가적 황홀감, 삼매三昧, 깨달음, 내면의 빛 등으로 표현하기도 한다. 이런 마음 상태는 창의성을 향상시키고 변화를 가능하게 하는 잠재력을 지니고 있다.

몰입 상태는 잠재적으로 창의성을 추구할 수 있게 하지만, 몰입감을 경험한다고 해서 창의성이 저절로 찾아오지는 않는다. 창의성 발휘를 위해서는 수년에 걸친 리추얼과 연습이 전제되어야 한다. 정기적으로 달리는 사람은 달리기가 창의성에 기여한다고 말하곤 한다. 작가 루이자 메이 올컷은 달리기와 창의성의 연관성에 관해 "규칙적인 호흡과 계량적인 보폭이 만나 명상의 리듬이 탄생한다"고 말했다. 조이스 캐럴 오츠도 달리기에 관한 글을 썼다.

달리기를 하면 의식이 확장되며 내가 쓰고 있는 글을 마치 영화나 드라마처럼 그려볼 수 있다. 달릴 때는 몸과 함께 마음도 날아다니는 느낌이다. 달리는 발의 리듬과 흔들리는 팔의 리듬에 맞춰 언어가 신비롭게 피어나며 뇌 안에서 박동한다. 달릴 때는 영혼이 몸을 침범한다. 장거리 달리기의 꾸준하고도 반복적인 움직임 속에 정신은 마치 자동조종장치처럼 움직이며 창의적 사고를 위한 공간을 만들어낸다.

글래드웰 또한 이렇게 말했다. "달리는 동안 나는 자유연상으로 빠져든다. 나는 우리의 무의식 속에 수많은 유용한 생각이 존재한다고 믿는다." 목탄화가 샌디 니페이버는 이렇게 말했다. "내 안에 많은 영감이 있다는 것을 느낀다. 밖에 나가서 달리며 마음 방랑을 경험할 때면 더욱 그렇게 느껴진다. 새로운 생각이 자유롭게 떠오르는 것을 느낀다. 이때야말로 최고의 아이디어를 얻을 수 있는 순간이다. 나는 확실히 달릴 때 가장 좋은 아이디어를 얻는다." 작가이자 잡지 에디터인 니컬러스 톰슨도 마찬가지다. "확실히 가장 좋은 생각은 달릴 때 찾아온다. 달리면서 내 머릿속을 벗어나 생각할 때 새로운 아이디어와 문제의 해결책이 떠오른다. 내가 쓰거나 편집한 작품 중 상당수는 달리면서 얻은 통찰에 기대고 있다."

걷기와 달리기의 리추얼은 자유로운 사고를 가능하게 한다. 달릴 때는 동작 하나하나에 집중하지 않아도 몸이 자동으로 움직인다. 달리기는 마음 방랑을 돕고 창의적 생각이 떠오르게 한다. 수많은 연구가 우리가 특정 과업에 지나치게 집중하지 않을 때 창의성이 찾아온다고 말하고 있다. 그러므로 이미 뛰어난 창의성을 지닌 사람들이 수행하는 일상적인 리추얼이 그들의 창의성을 더욱 강화했을 수도 있다. 아이작 아시모프는 이에 관해 다음과 같이 말했다. "시대의 위대한 아이디어는 위대한 아이디어를 떠올리라고 월급을 받는 사람들이 아닌 교사, 특허사무소 직원, 하급 공무원으로서 월급을 받는 사람들, 또는 아예 아무런 대가도 받지 않은 사람들에 의해 탄생해왔다. 위대한 아이디어는 늘 부수적인 일로 탄생했다." 실제로 알베르트 아인슈타인이 특허사무소에서 수행한 단조로운 일들이 그가 20세기 최고의 창의적 과학자가 되는 데 기여했을 수도 있다. 앤서니 트롤럽은 우체국에서 일했지만 매일 출근 전 세 시간 동안 15분마다 250단어씩 글을 쓰는 리추얼을 지켰다. 프리모 레비는 첫 책을 집필하던 시절 페인트 공장에서 일했고, 프란츠 카프카는 보험회사에서 일했다.

허먼 멜빌은 29년 동안 세관 감독관으로 일했다. 조지 오웰은 서점 직원으로 일하며 많은 작품을 썼다. 커트 보니것은 첫 기고문을 쓰던 당시 제너럴일렉트릭 연구소의 홍보 담당자로 일하고 있었고, 미겔 데 세르반테스는 세금 징수원이었다.

리추얼은 다양한 경로로 창의성에 기여할 수 있다. 리추얼이 주는 창의성은 리추얼 그 자체도 변화시킬 수 있다. 리추얼이 만드는 구조와 경계는 가능성을 제한하지만, 역설적으로 이런 제한이 창의성을 촉진한다. 어떤 분야든 숙달에 이르기 위해서는 리추얼을 통한 반복적인 연습이 필요하며, 반복은 마음을 해방시켜 자유롭게 방랑할 수 있게 한다. 마음 방랑 상태에서 뇌는 분석적 인지 사고의 일부를 억제해 창의적 사고를 유도한다. 뛰어난 예술가와 음악가, 작가, 운동선수, 과학자들은 창의성 향상을 위해 사적인 리추얼과 공적인 리추얼을 적극 활용한다.

죽은 관습과
살아 움직이는 루틴

리추얼에는 보수적인 편견과 혁신적인 잠재력이 공존한다. – 데이비드 커처

삶을 이루는 매일의 리추얼을 바꾸는 데 시간을 투자하라. 그리고 그 리추얼 안에 자신을 던져보라. – 아서 클라인먼

현대인이 리추얼을 낡은 것, 구시대의 틀로 느끼는 것은 거기에 제약과 보수성이 내재해 있기 때문이다. 그러나 리추얼이 주는 창의성은 리추얼 자체의 제약과 보수성을 초월해 우리에게 마음껏 생각하고 느끼고 상상하고 리추얼 그 자체에 관해 성찰할 자유를 준다. 리추얼의 힘은 바로 이 역설에서 온다. 리추얼은 행동의 반복을 통해 창의적 사고를 장려한다. 일상 루틴에서 정교한 의식에 이르기까지, 리추얼의 정형화되고 반복적인 행동은 정신을 자유롭게 해 우리가 마음껏 생각하고 느끼고 상상하고 성찰하고 창작할 수 있게 한다. 아침 기상이나 샤워, 독서, 운전, 잠자리에 드는 것처럼 가장 일상적인 리추얼을 보면 알 수 있다. 이런 행동을 습관처럼 반복하면서 사람들은 익숙한 행동에 집중할 필요가 없기 때문에 자유를 느낀다. 참여자는 이미 잘 알고 있는 반복적이고 예측 가능한 일련의 행동 속에서 안정감을 느낀다. 그 과정에서 공상에 빠질 자유, 무한한 마음 방랑을 즐길 자유가 주어진다.

회사에 입사한 첫날, 우리는 대중교통을 타고 어디서 내려야 하는지, 어느 길로 가야 할지, 회사에 도착해서는 어디로 가야 할지, 동료들과는 어떤 말을 해야 할지 긴장의 연속이다. 다른 생각을 할 겨를이 없다. 하지만 회사 생활에 익숙해지는 순간, 출근 시간부터 업무를 하는 중에도 무슨 생각이든 여유롭게 할 수 있다. 명절이나 생일 등 특별한 날도 정해진 리추얼에 참여하는 이들은 다른 참여자와 유대하며 정서적 흥분을 경험한다. 외부인이 볼 때는 예배에 참여하는 신자에게 자유가 없는 것처럼 느껴질 수도 있지만, 가장 경건하고 독실한 신자들도 예배 속에서 자유의 틈새를 누린다. 죄수나 포로, 신병교육대의 훈련병처럼 가장 많은 제약을 받는 이들도 그 제약 안에서 생각과 감정, 상상과 성찰의 자유를 느낄 수 있다고 말한다. 장례와 매장을 위한 수많은 리추얼은 유족의 애도를 돕고 이들이 슬픔을 극복하고 상실을 견뎌내 마침내 일상으로 돌아올 수 있도록 한다.

리추얼이 지닌 해방의 힘은 다음의 방식으로 우리를 돕는다.

- 생각하고 느끼고 상상하고 성찰하고 창조할 심리적 자유를 준다.
- 참여자를 하나로 모으고 집단으로서의 정체성을 만든다.

- 공간과 시간, 상태의 전환을 도움으로써 슬픔과 상실을 견뎌내 일상으로 돌아가게 한다
- 감정의 표현이나 숨김을 도와 스트레스를 해소시킨다.
- 상징과 리듬을 통해 참여자의 소통을 돕는다.
- 동일 인물의 역할을 분리한다.
- 갈등을 예방하고 해소한다.
- 신체적 건강과 정신적 건강을 개선한다.
- 창의성을 장려한다.

우리 삶의 루틴과 의례, 규칙과 습관은 시간과 공간, 인생의 흐름, 사건의 시작과 끝, 상태의 전환을 명확하게 한다. 불분명한 상태들 사이에 과장된 경계를 만들어 평상시와 명절을, 아이와 어른을, 삶과 죽음을, 일반 직원과 관리자를, 수술실의 멸균 영역과 비멸균 영역을 구분한다. 이런 틀은 불분명한 범주 사이에 과장되고 임의적인 경계를 만듦으로써 특정한 시간과 장소에서 어떤 범주가 작동 중인지 분명히 알리고, 그 범주에서 기대되는 행동을 명확히 한다. 범주가 명확해지면 참여자는 그 범주 안에서 자유를 얻으며, 마음껏 생각하고 느끼고 상상하고 성찰하고 창작할 수 있게 된다.

그런데 우리는 종종 범주를 명확히 할 수 없는 상태에 놓일 때가 있다. 삶에도 죽음에도 속하지 못하고 오랜 기간에 걸쳐 죽어가는 상태, 상대와 내가 사귀는 건지 아닌지 잘 모르는 상태 등이 그 예시가 될 수 있다. 일상의 익숙한 규칙들이 사라지거나 약화되고 온라인으

로 대체됐던 코로나19 시기 또한 그랬다. 이런 상태에서 사람들은 어떻게 행동해야 할지 모르고, 그 결과 그들의 사고와 상상, 창의성은 위축된다.

적절한 리추얼이 없거나 부족한 경우 사람들은 심리적 자유를 누리지 못한다. 리추얼이 없으면 우리는 자신에게 기대되는 바가 무엇인지, 어떻게 행동해야 할지 파악하지 못한다. 상실과 슬픔을 극복하게 해주는 리추얼이 없다면 사람들은 일상으로 돌아오는 데 오랜 시간이 걸리며, 심지어 영원히 돌아오지 못한 채 삶을 마감하는 경우도 있다. 이로 인한 혼란은 생각과 감정, 상상, 성찰, 창의성을 제한한다.

병원의 수술실에서 멸균 영역과 비멸균 영역을 명확히 나누지 않을 때 무슨 일이 벌어질까? 수술을 받던 환자가 세균 감염으로 또 다른 병을 얻을 수도 있으며, 심각할 경우 사망에 이를 수도 있다. 이런 사례는 극단적이지만, 범주의 약화가 가져오는 혼란은 어디에서든 일어날 수 있다.

오랫동안 이어져 온 교제 문화가 20세기 후반부터 큰 변화를 맞았다. 젊은 사람들 사이에서 과거 인생을 함께할 동반자를 찾는 교제에서 즐기기 위한 교제로 그 의도가 변하면서 그에 맞는 리추얼이 없기에 두 사람의 관계성이 모호해지고, 이는 소통의 부재로 이어졌다. 참여자 간 소통의 부재는 친밀감이나 신뢰, 우정, 충실함을 저해한다. 젊은이들은 과거보다 더 많은 만남을 즐기면서도 심리적 자유의 제한 속에 혼란과 실망을 느꼈다.

대형 참사로 인해 사망이 확실시되지만 유해를 찾지 못한 경우, 또는 자살이나 중독사로 장례를 치르지 못한 경우 등 죽음에 관한 리추얼이 부재하면 유족은 죽은 이를 충분히 애도하지 못하고 주변의 정서적 지지도 받지 못한다. 죽음으로 인한 이별은 견디기 힘든 상실이다. 따라서 가족의 사망을 제대로 확인하지 못하고 적절한 리추얼을 치르지 못하는 경우에 사람들은 죽음의 발생 자체에 의문을 품기도한다. 유산이나 사산, 낙태로 인한 태아의 사망 역시 마찬가지다.

코로나19 기간의 일상 리추얼

코로나19는 많은 일상 리추얼을 멈춰 세웠다. 익숙하게 수행하던 리추얼이 사라지거나 변해버린 후에야 많은 사람들이 그 소중함을 깨달았다. 부모들은 재택근무를 하며 일상적인 가족 리추얼은 물론 직장에서 이루어지던 상호 작용의 리추얼도 잃어버렸다. 많은 부모가 종일 자녀들과 집에서 머물러야 했고, 학교 봉쇄 조치로 집에 돌아온 대학생 자녀와 함께 지내야 했다. 아이들은 학교의 리추얼을 빼앗기고 선생님과 학교 친구들이 주던 정서적 지지도 잃어버렸다. 부모는 재택근무를 하며 부모와 직장인의 역할 분리에 어려움을 겪었고, 아이들도 집에서 온라인 수업을 들으며 자녀와 학생의 역할 분리를 어려워했다.

가족은 출산의 순간을 함께하지 못했고, 가까운 가족이 입원해도 병문안을 갈 수 없었다. 심지어 사랑하는 이들이 죽어가는 순간에도 마지막 작별 인사를 나눌 수 없었다. 사랑하는 이를 잃은 많은 사람들은 전염병으로 인해 장례와 매장 리추얼까지 박탈당하며 응당 받아야 할 주변의 위로를 받지 못했고, 이는 다시 애도 리추얼을 방해했다.

엄마들은 자신이 낳은 아기를 제대로 안아볼 수 없었다. 젊은 사람들은 활발했던 성생활을 빼앗겼다. 코로나19는 기존 파트너와의 교류 방식은 물론 새로운 성적 파트너를 찾는 방식도 바꿔놓았다. 많은 사람들이 봉쇄 기간 동안 혼자가 되지 않기 위해 갑작스러운 동거를 결정하기도 했다. 안타깝게도 가정폭력 가해자들은 코로나19 기간에 외부의 제재 없이 학대를 이어갈 수 있다는 확신을 가지기도 했다.

많은 사람들이 코로나19 기간에 일상적인 리추얼의 부재로 신체적 자유를 제한당하고 생각과 느낌, 상상과 성찰, 그리고 창조를 위한 심리적 자유를 박탈당했다. 그런 와중에도 일부 사람들은 새로운 리추얼을 만들어 매일의 일상에 더 큰 의미를 불어넣기도 했다.

리추얼이 우리에게 주는 가장 큰 자유는 마음 방랑을 통한 창의성이다. 리추얼에 내재된 행동의 반복성과 형식의 경직성은 창의성 향상에도 기여할 수 있다. 언어, 음악, 예술, 과학, 운동 등 여러 분야에 존재하는 경계와 규칙은 역설적이게도 우리에게 더 큰 심리적 자유를 준다. 많은 예술가와 연주자, 작가, 운동선수, 과학자가 창의성의 향상을 위해 사적인 리추얼과 공적인 리추얼을 활용한다. 반복적 연습 리추얼은 한 분야에 통달하기 위해 꼭 필요한 요소다. 리추얼은 제약을 주기도 하지만 마음의 방랑을 유도해 자유와 자율성, 창의성 향상과 변화를 위한 토대가 되기도 한다.

집중이 필요한 작업보다 일상적인 루틴이나 리추얼화된 행동을 할 때 마음 방랑이 더 자유롭게 일어나서 독창적인 아이디어를 만들어낸다는 사실이 여러 뇌 관련 연구에서 드러났다. 경계와 창의성에 관한 연구들은 제약이 적을 때보다 많을 때 우리가 더 큰 창의성을 발휘한다는 사실을 보여주고 있다. 리추얼이 지닌 놀라운 해방의 힘은 우리가 하는 일상적인 행동을 무한한 마음의 자유로 전환한다.

감사의 말

이 책의 개선에 도움을 준 랠프 볼튼, 아몬 차푸리카, 메리 클리블랜드, 로버트 골드스타인, 프레드 카츠, 리아트 카츠, 리사 카츠, 모니카 매카시, 폴 맥휴, 퍼트리샤 모스코프, 먼로 프레이, 파멜라 로디, 월터 라이벡, 조너선 선샤인, 메리 베르디에, 해리 웨일, 그리고 내 에이전트인 돈 페어에게 감사의 말을 전한다.

나를 믿고 삶의 내밀한 이야기를 들려준 많은 사람들에게도 고맙다는 말을 하고 싶다.

더 좋은 책이 되도록 도와준 멜빈 코너와 월리 그린버그에게 특별한 감사를 표한다.

출처

여는 글

Carl Bialik, "Starbucks Stays Mum on Drink Math," Wall Street Journal, April 2, 2008, https://www.wsj.com/amp/articles/BL-NB-309?responsive=y

Starbucks, "Our Company," accessed November 7, 2023, https://www.starbucks.com/about-us/company-information/mission-statement

Crystal Garret-Evans, "Starbucks the only place in the world that you can truly be you," Facebook, n.d.; Lisa Jernstrom, "Do you know what I like about Starbucks? When I order a skinny cinnamon dolce latte it tastes the same everytime! Those other coffee places I never know what I'm going to get," Facebook, n.d.; Jhonna Manuel, "I want to feel the 'experience' again at Starbucks :)," Facebook, n.d.; Kari Mozian, "I go EVERY DAY. I do a lot of work online and for some reason when I do it at Starbucks it doesn't feel as much like work as it does when I'm at home. It's awesome!" Facebook, 2010; Pat Owens, "Oh Starbucks Oh Starbucks Oh How I love thee. Your green symbol makes me smile. It gives me an extra mile. Oh Starbucks Oh Starbucks Oh how I love thee! :)," Facebook, December 7, 2010

Joyce Carol Oates, A Widow's Story: A Memoir (New York: Ecco, 2010)

조앤 디디온, 상실, 책읽는수요일, 2023.

Arthur Kleinman, "How Rituals and Focus Can Turn Isolation into a Time for Growth," Wall Street Journal, April 9, 2020, https://www.wsj.com/articles/how-rituals-and-focus-can-turn-isolation-into-a-time-for-growth-11586445045

Quoted in Renee Ghert-Zand, "With Clues from Mysterious Box, Daughter Solves Puzzle of Father's WWII Survival," Times of Israel, February 10, 2020, https://www.timesofisrael.com/with-clues-from-mysterious-box-daughter-solves-puzzle-of-fathers-wwii-survival/

Quoted in Eric Christensen, "Ta-Nehisi Coates and Mayor Mitch Landrieu Discuss Whether Violence Is a Function of Culture or the Consequence of History," Aspen Institute, July 3, 2015, https://www.aspeninstitute.org/blog-posts/Ta-Nehisi-Coates-Mayor-Mitch-Landrieu-discuss-whether-violence-function-culture/

Malia Mason, "Mindwandering," filmed May 7, 2010, TEDx-East video, 8:58, https://www.youtube.com/watch?v=Mf4kbi76yGk; Malia F. Mason et al., "Wandering Minds: The Default Network and Stimulus-Independent Thought," Science 315, no. 5810 (January 19, 2007), https://doi.org/10.1126/science.1131295

Emily S. Goldman, "Running's Mysteriously Real Benefits," Washington Post, June 26, 2011

"Roger Federer Serve: How Federer Starts on His Serve," https://blog.tennisevolution.com/ roger-federer-serve-how-roger-federer-starts-on-his-serve/

Judith Martin [Miss Manners], "Customs Give Families Identity," Washington Post, 1991

Pearl Katz, "Adaptations to Crowded Space: The Case of Taos Pueblo," in The Human Mirror: Material and Spatial Images of Man, ed. Miles Richardson (Baton Rouge: Louisiana State University Press, 1974); Pearl Katz, "Initiation Rites and the Status of Women at Taos Pueblo," Anthropos 77, nos. 5–6 (1982), https://www.jstor.org/stable/40460534

Pearl Katz, "Ritual in the Operating Room," Ethnology 20, no. 4 (October 1981), https://doi.org/10.2307/3773355; Pearl Katz, The Scalpel's Edge: The Culture of Surgeons (Boston: Allyn and Bacon, 1999); Pearl Katz and Faris R. Kirkland, "Traditional Thought and Modern Western Surgery," Social Science and Medicine 26, no. 12 (1988), https://doi.org/10.1016/0277-9536(88)90148-7

Pearl Katz, "Ritual in Psychoanalytic Practice," presented at the American Psychoanalytic Association annual meeting, New York, 1985

Pearl Katz, "Emotional Metaphors, Socialization, and Roles of Drill Sergeants," Ethos 18, no. 4 (December 1990), https://doi.org/10.1525/eth.1990.18.4.02a00060

1장

Paul Stoller, Stranger in the Village of the Sick: A Memoir of Cancer, Sorcery, and Healing(Boston: Beacon Press, 2004).

Antoine de Saint-Exupéry, Petit Prince, trans. Richard Howard (San Diego: Harcourt, 1993).

Danel de Coppet, introduction to Understanding Rituals, ed. Danel de Coppet (London: Routledge, 1992); Robert Edgerton, Rules, Exceptions, and Social Order(Berkeley: University of California Press, 1985); Frederick R. Ford, "Rules: The Invisible Family," Family Process22, no. 2 (June 1983), https://doi.org/10.1111/j.1545-5300.1983.00135.x; Anthony Giddens, The Constitution of Society: Outline of the Theory of Structuration(Berkeley: University of California Press, 1984); Erving Goffman, Interaction Ritual: Essays on Face-to-Face Behavior(Garden City, NY: Anchor Books, 1967); Max Gluckman, "Les Rites de Passage," in Essays on the Ritual of Social Relations, ed. Max Gluckman (Manchester, UK: Manchester University Press, 1962); Edmund R. Leach, "Ritual," in International Encyclopedia of the Social Sciences, ed. David L. Sills (New York: Macmillan and the Free Press, 1968); Judith Martin [Miss Manners], "Rituals Ease Difficulties of Life," Gainesville Sun, January 5, 1987.

Thomas J. Csordas, "Somatic Modes of Attention," Cultural Anthropology8, no. 2 (May 1993), https://doi.org/10.1525/can.1993.8.2.02a00010.

Judith Kleinfeld, "Rituals Help Keep Families Together," Anchorage Daily News, April 4, 2003.

Ede Frecska and Zsuzsanna Fulcsar, "Social Bonding in the Modulation of the Physiology of Ritual Trance," Ethos17, no. 1 (1989), https://doi.org/10.1525/eth.1989.17.1.02a00040; Harvey Whitehouse, "Emotion, Memory, and Religious Rituals: An Assessment of Two Theories," in Mixed Emotions: Anthropological Studies of Feeling, ed. Kay Milton and Maruska Svasek (New York: Berg, 2005).

Lionel Tiger and Michael McGuire, God's Brain(Brunswick, NJ: Prometheus Books, 2010).

Konrad Lorenz, On Aggression(New York: Bantam Books, 1966); Niko Tinbergen, Social Behaviour in Animals: With Special Reference to Vertebrates, Methuen's Monographs on Biological Subjects (London: Methuen, 1962).

Harold M. Schroder, Michael J. Driver, and Siegfried Streufert, Human Information Processing: Individuals and Groups Functioning in Complex Social Situations(New York: Holt, Rinehart, and Winston, 1967).

Laine Bergeson, "Do-It-Yourself Rituals: Who Needs Old Traditions When You Can Make Up New Ones?" Utne, July 1, 2004, http://www.utne.com/2004-07-01/Do-It-Yourselfrituals.aspx.

Mary Douglas, "The Contempt of Ritual," New Society, March 31, 1966.

Sir Isaiah Berlin, Two Concepts of Liberty: An Inaugural Lecture Delivered before the University of Oxford, on 31 October 1958(Oxford, UK: Clarendon Press, 1958).

Baruch Spinoza, Tractatus Theologico-Politicus, trans. Samuel Shirley (Leiden, Netherlands: E. J. Brill, 1989).

Bruno Bettelheim, The Informed Heart: Autonomy in a Mass Age(Glencoe, IL: Free Press, 1960).

Quoted in Rollo May, Freedom and Destiny(New York: Norton, 1981).

Bronislaw Malinowski, Freedom and Civilization(New York: Roy, 1944).

Quoted in Jean-Yves Pellegrin, "'Only the Conversation Matters': An Interview with Richard Powers," European Journal of American Studies2, no. 1 (Spring 2007), https://doi.org/10.4000/ejas.1145.

Daniel B. Levinson, Jonathan Smallwood, and Richard J. Davidson, "The Persistence of Thought: Evidence for a Role of Working Memory in the Maintenance of Task-Unrelated Thinking," Psychological Science23, no. 4 (April 2012), https://doi.org/10.1177/0956797611431465.

Dorothy Lee, Freedom and Culture(New York: Prentice Hall, 1959).

Quoted in David Remnick, The Bridge: The Life and Rise of Barack Obama(New York: Knopf, 2010).

Frederick Langbridge, The Scales of Heaven: Poems, Narrative, Legendary, and Meditative, with a Few Sonnets(London: E. Stock 1896).

Tony Judt in Charlie Rose, "Remembering Tony Judt," Charlie Rose Show, aired August 23, 2010, on PBS, https://charlierose.com/videos/21211.

Miles O'Brien, "Probing the Universe's Mysteries, Stephen Hawking Proved the Power of the Human Spirit," PBS NewsHour, aired March 14, 2018, on PBS, https://www.pbs.org/

newshour/show/probing-the-universes-mysteries-stephen-hawking-proved-the-power-of-the-human-spirit.

Katherine P. Ewing, "Can Psychoanalytic Theories Explain the Pakistani Woman? Intrapsychic Autonomy and Interpersonal Engagement in the Extended Family," Ethos19, no. 2 (June 1991), https://doi.org/10.1525/eth.1991.19.2.02a00010.

Keith McMahon, Polygamy and Sublime Passion: Sexuality in China on the Verge of Modernity(Honolulu: University of Hawaii Press, 2010).

Pearl Katz, "Emotional Metaphors, Socialization, and Roles of Drill Sergeants," Ethos18, no. 4 (December 1990), https://doi.org/10.1525/eth.1990.18.4.02a00060.

Niccolò Machiavelli, The Prince, trans. Ninian Hill Thomson (London: Kegan Paul, Trench, 1882).

Monica Wilson, "Nyakyusa Ritual and Symbolism," American Anthropologist56, no. 2 (April 1954), https://doi.org/10.1525/aa.1954.56.2.02a00060.

Rodney Needham, Exemplars(Berkeley: University of California Press, 1985).

Rodney Needham, Belief, Language, and Experience(Oxford, UK: Blackwell, 1972).

2장

Judith Martin [Miss Manners], "Miss Manners: Dealing with Feelings," Washington Post, September 22, 1991.

Jean-Yves Pellegrin, "'Only the Conversation Matters': An Interview with Richard Powers," European Journal of American Studies2, no. 1 (Spring 2007), https://doi.org/10.4000/ejas.1145.

William James, Psychology: The Briefer Course, ed. Gordon Allport (New York: Harper, 1961). 쉬나 아이엔가, 선택의 심리학, 21세기북스, 2012.

Joyce Carol Oates, The Lost Landscape: A Writer's Coming of Age(New York: HarperCollins, 2015).

Fenella Cannell, "How Does Ritual Matter?" in Questions of Anthropology, ed. Rita Astuti, Jonathan Parry, and Charles Stafford (Oxford, UK: Berg, 2007).

Olaf Kuhlke, Geographies of Freemasonry: Ritual, Lodge, and City in Spatial Context(Lewiston, UK: Edwin Mellen Press, 2008).

Ross Parmenter, School of the Soldier: An Essay in the Form of a Memoir(New York: Profile Press, 1980).

팀 오브라이언, 그들이 가지고 다닌 것들, 섬과달, 2020.

Susan Slyomovics in Barbara Rose Johnston et al., "On Happiness," American Anthropologist114, no. 1 (March 2012), https://doi.org/10.1111/j.1548-1433.2011.01393.x.

Sonny Venkatrathnam in Robert Siegel and Michele Norris, "Mandela: An Audio History: Part 3: Robben Island (1964–1976)," All Things Considered, aired April 29, 2004, on NPR, http://www.radiodiaries.org/mandela/t_robbenisland.html.

Amia Lieblich, "Hope and Recovery: The Experience of Prisoners of War during the

Attrition War," in Between Stress and Hope: From a Disease-Centered to a Health-Centered Perspective, ed. Rebecca Jacoby and Giora Keinan (Westport, CT: Praeger, 2003).

Everett Alvarez Jr. and Anthony S. Pitch, Chained Eagle: The Heroic Story of the First American Shot Down over North Vietnam(New York: D. I. Fine, 1989).

임레 케르테스, 태어나지 않은 아이를 위한 기도, 민음사, 2022.

Quoted in Alex Traub, "Albert Woodfox, Survivor of 42 Years in Solitary Confinement, Dies at 75," New York Times, August 5, 2022, https://www.nytimes.com/2022/08/05/us/albert-woodfox-dead.html.

Ian Manuel, "I Survived 18 Years in Solitary Confinement," New York Times, March 25, 2021, https://www.nytimes.com/2021/03/25/opinion/solitary-confinement-reform.html.

Aleksander Kulisiewicz in Jon Wertheim, "Prisoners in Nazi Concentration Camps Made Music; Now It's Being Discovered and Performed," 60 Minutes, aired December 15, 2019, on CBS.

Damien Echols in Piers Morgan, interview with Damien Echols, Piers Morgan Tonight, aired September 29, 2011, on CNN.

Quoted in Isabel Kershner, "Israeli Ex-Soldier Recalls Captivity under Militants," New York Times, October 13, 2012, https://www.nytimes.com/2012/10/14/world/middleeast/ex-israeli-soldier-shalit-recalls-captivity-under-militants.html.

알렉산드르 솔제니친, 수용소군도, 열린책들, 2020.

Natan Sharansky, interview on Zoom, October 6, 2020.

Marc Gonsalves, Keith Stansell, Tom Howes, and Gary Brozek, Out of Captivity: Surviving 1,967 Days in the Colombian Jungle(New York: William Morrow, 2009).

Gonsalves et al., Out of Captivity.

Roxana Saberi, Between Two Worlds: My Life and Captivity in Iran(New York: Harper Perennial, 2011).

3장

에밀 뒤르켐, 종교생활의 원초적 형태, 노치준, 민혜숙 번역, 민영사, 2017.

Alfred Reginald Radcliffe-Brown, "Religion and Society," in The Social Anthropology of Radcliffe-Brown, ed. Adam Kuper (London: Routledge Kegan Paul, 1977).

Pauline Boss, "Boundary Ambiguity: A Block to Cognitive Coping," in Cognitive Coping, Families and Disability, ed. Ann P. Turnbull et al. (Baltimore, MD: Brookes, 1993).

아놀드 반 제넵, 통과의례, 달을긷는우물, 2022

빅터 터너, 의례의 과정, 한국심리치료연구소, 2005.

Ruth S. Ogden, "The Passage of Time during the UK Covid-19 Lockdown," PLOS One15, no. 7 (July 6, 2020), https://doi.org/10.1371/journal.pone.0235871.

Martin Lang et al., "Sync to Link: Endorphin-Mediated Synchrony Effects on Cooperation," Biological Psychology127 (July 2017), https://doi.org/10.1016/j.biopsycho.2017.06.001.

Itihari Y. Toure, "What Ritual Does…," Embodied Teaching(blog series), February 27, 2023, https://www.wabashcenter.wabash.edu/print-blog-as-pdf/?id=251844.

David I. Kertzer, Ritual, Politics, and Power(New Haven, CT: Yale University Press, 1988).

Pearl Katz and Fred E. Katz, "Symbols as Charters in Culture Change: The Jewish Case," Anthropos72, nos. 3–4 (1977), https://www.jstor.org/stable/40459134.

메리 더글러스, 순수와 위험현대미학사, 1997; Max Gluckman, "Specificity of Social-Anthropological Studies of Ritual," Mental Health and Society2, nos. 1–2 (1975); Victor Turner, Ndembu Divination: Its Symbolism and Techniques(Manchester, UK: Manchester University Press, 1961).

Lisa J. Lucero, "The Politics of Ritual: The Emergence of Classic Maya Rulers," Current Anthropology44, no. 4 (August/October 2003).

Judith Martin [Miss Mannners], "Kind Words for Diplomats and the Need for Protocol," Washington Post, June 30, 1985.

Nancy D. Munn, "Symbolism in a Ritual Context: Aspects of Symbolic Action," in Handbook of Social and Cultural Anthropology, ed. John J. Honigman (Chicago: Rand McNally, 1973).

Susanne K. Langer, Feeling and Form: A Theory of Art(London: Routledge and Kegan Paul, 1953).

Tiffany Field, "Attachment as Psychobiological Attunement: Being on the Same Wavelength," in Psychobiology of Attachment and Separation, ed. Martin Reite and Tiffany Field (New York: Academic Press, 1985); Joseph Jaffe et al., "Rhythms of Dialogue in Infancy: Coordinated Timing in Development," Monographs of the Society for Research in Child Development66, no. 2 (April 2001); University of Cambridge, "Eye Contact with Your Baby Helps Synchronize Your Brainwaves," Science Daily, November 29, 2017, www.sciencedaily.com/releases/2017/11/171129104230.htm.

Robert W. Levenson and John M. Gottman, "Physiological and Affective Predictors of Change in Relationship Satisfaction," Journal of Personality and Social Psychology49, no. 1 (1985), https://doi.org/10.1037/0022-3514.49.1.85; H. Clyde Wilson, "A Critical Review of Menstrual Synchrony Research," Psychoneuroendocrinology17, no. 6 (November 1992), https://doi.org/10.1016/0306-4530(92)90016-Z.

Quoted in Richard Fardon, Mary Douglas: An Intellectual Biography(London: Routledge, 1999); Gluckman, "Specificity of Social-Anthropological Studies."

Saba Mahmood, "Rehearsed Spontaneity and the Conventionality of Ritual: Disciplines of Ṣalāt," American Ethnologist28, no. 4 (November 2001), https://doi.org/10.1525/ae.2001.28.4.827.

Natan Sharansky, interview on Zoom, October 6, 2020.

Paul Marcus, Autonomy in the Extreme Situation: Bruno Bettelheim, the Nazi Concentration Camps and the Mass Society(Westport, CT: Praeger, 1999).

Alexandra Vardi, "Many Ultra-Orthodox Who Lose Their Faith Must Live a 'Double Life,'"

Times of Israel, February 25, 2020, https://www.timesofisrael.com/many–ultra–orthodox–who–lose–their–faith–must–live–a–double–life/?utm_source=The+Daily+Edition&utm_campaign=daily–edition–2020–02–26&utm_medium=email.

Edmund R. Leach, Culture and Communication: The Logic by Which Symbols Are Connected(Cambridge, UK: Cambridge University Press, 1976).

Pearl Katz and Paul Bartone, "Mourning, Ritual and Recovery after an Airline Tragedy," Omega36, no. 3 (May 1998), https://doi.org/10.2190/EH1M–8NP0–279Y–5FDR.

4장

Quoted in Diane L. Coutu, "In Praise of Boundaries: A Conversation with Miss Manners," Harvard Business Review81, no. 2 (December 2003).

Max Gluckman pioneered the concept of rituals preventing conflicts. See Max Gluckman, Custom and Conflict in Africa(Oxford, UK: Blackwell, 1991); Max Gluckman, Politics, Law and Ritual in Tribal Society(Chicago: Aldine, 1965); Max Gluckman, Rituals of Rebellion in South–East Africa(Manchester, UK: Manchester University Press, 1954).

Judith Martin [Miss Manners], interview, aired August 25, 1993, on PBS.

Quoted in Coutu, "In Praise of Boundaries."

Quoted in Julie Bawden Davis, "90's Family: The Rite Stuff," Los Angeles Times, December 21, 1994.

Ruth Bader Ginsburg, Mary Hartnett, and Wendy W. Williams, My Own Words(New York Simon and Schuster, 2018).

Judith Martin [Miss Manners], "Kind Words for Diplomats and the Need for Protocol," Washington Post, June 30, 1985.

Marcus Mabry, Twice as Good: Condoleezza Rice and Her Path to Power(Emmaus, PA: Modern Times, 2007).

Pernilla Josefsson and Fredrik Hanell, "Role Confusion in Facebook Groups," in An Education in Facebook? Higher Education and the World's Largest Social Network, ed. Mike Kent and Tama Leaver (New York: Routledge, 2014).

Arlie Russell Hochschild, The Time Bind: When Work Becomes Home and Home Becomes Work(New York: Henry Holt, 1977).

Gil Gordon, Turn It Off: How to Unplug from the Anytime–Anywhere Office without Disconnecting Your Career(New York: Three Rivers Press, 2003).

Melanie Pinola, "How to Co–Work from Home (without Driving Each Other Nuts)," New York Times, March 17, 2020, https://www.nytimes.com/wirecutter/blog/how–to–co–work–from–home/.

Lisa Belkin, Life's Work: Confessions of an Unbalanced Mom(New York: Simon and Schuster, 2002).

Margaret Laurence, Dance on the Earth: A Memoir(Toronto: McClelland, 1989).

George Clooney in Charlie Rose, interview with George Clooney, Charlie Rose Show, aired

April 11, 2008, on PBS, https://charlierose.com/videos/11559.

Robert Redford in Katie Couric, interview with Robert Redford, Today Show, aired 2001, on NBC.

Allen W. Batteau, "Negations and Ambiguities in the Cultures of Organizations," American Anthropologist102, no. 4 (December 2000), https://www.jstor.org/stable/684196; Roger V. Gould, Collision of Wills: How Ambiguity about Social Rank Breeds Conflict(Chicago: University of Chicago Press, 2003); Ari Väänänen et al., "Role Clarity, Fairness, and Organizational Climate as Predictors of Sickness Absence: A Prospective Study in the Private Sector," Scandinavian Journal of Public Health32, no. 6 (2004), https://doi.org/10.1080/14034940410028136.

May Lim, Richard Metzler, and Yaneer Bar-Yam, "Global Pattern Formation and Ethnic/ Cultural Violence," Science317, no. 5844 (September 14, 2007), https://doi.org/10.1126/science.1142734.

Judith Martin [Miss Manners], "Free Speech? Put a Sock in It," Washington Post, March 13, 1994, https://www.washingtonpost.com/archive/lifestyle/1994/03/13/free-speech-put-a-sock-in-it/098e0fb0-bc4c-4d31-8650-a244bf689c96/.

N. Tinbergen, "'Derived Activities': Their Causation, Biological Significance, Origin, and Emancipation during Evolution," Quarterly Review of Biology27, no. 1 (March 1952), https://doi.org/10.1086/398642.

Georges Balandier, Political Anthropology, trans. A. M. Sheridan Smith (New York: Pantheon Books, 1970).

Radcliffe-Brown, "On Joking Relationships."

5장

Ernest Watson Burgess and Harvey James Locke, The Family, 2nd ed., American Sociology Series (New York: American Book Co., 1953).

William J. Doherty, The Atlanta Journal-Constitution, September 14, 2011.

스티븐 R. 코비, 성공하는 가족들의 7가지 습관, 김영사, 1998.

Brad Stone, "Breakfast Can Wait. The Day's First Stop Is Online," New York Times, August 9, 2009, https://www.nytimes.com/2009/08/10/technology/10morning.html.

Richard Pillsbury, No Foreign Food: The American Diet in Time and Place(Boulder, CO: Westview Press, 1998).

Lynn Gibson, "Enriched by Rituals: Routines Provide Meaning, Balance," Spokesman Review, June 12, 1999.

Susan P. Respess, "Daily Rituals and Traditions Help Bind and Strengthen Households into a Cohesive Unit," 1999.

Julie Bawden Davis, "90's Family: The Rite Stuff," Los Angeles Times, December 21, 1994.

Quoted in "The Power of Family Rituals," O, The Oprah Magazine, September 2000, http://www.oprah.com/omagazine/The-Power-of-Family-Rituals.

Norman Lobsenz, "The Joy of Family Rituals," McCall's, December 1981.

Quoted in Gibson, "Enriched by Rituals."

Barbara H. Fiese, Thomas J. Tomcho et al., "A Review of 50 Years of Research on Naturally Occurring Family Routines and Rituals: Cause for Celebration?" Journal of Family Psychology16, no. 4 (2002), https://doi.org/10.1037//0893-3200.16.4.381.

Barbara H. Fiese, "Routine and Ritual Elements in Family Mealtimes," in Family Mealtime as a Context of Development and Socialization, ed. Reed W. Larson, Angela R. Wiley, and Kathryn R. Branscomb, New Directions for Child and Adolescent Development, no. 111 (San Francisco: Jossey-Bass, 2006).

Quoted in Barbara Sibbald, "Beyond a Dozen Long-Stems," Ottawa Citizen, February 10, 2001.

DC Urban Moms and Dads, "Favorite Family Tradition," accessed November 6, 2023, http://www.dcurbanmom.com/jforum/posts/list/51542.page#363974.

Quoted in Bob Condor and Tribune Staff Writer, "Don't Mess with Dinner," Chicago Tribune, September 21, 1997, http://articles.chicagotribune.com/1997-09-21/features/9709210221_1_meals-dinner-teens.

Condor and Tribune Staff Writer, "Don't Mess with Dinner."

William J. Doherty, "Strengthening Family Ties; Family Occasions," Better Homes and Gardens76 (July 12, 1998).

Iris Krasnow, Parade, November 17, 2002.

Kathleen D. Vohs et al., "Rituals Enhance Consumption," Psychological Science24, no. 9 (September 2013), https://doi.org/10.1177/0956797613478949.

Bee Wilson, "The Meals That Still Matter," Wall Street Journal, November 25–26, 2017.

Pearl Katz and Fred E. Katz, "Symbols as Charters in Culture Change: The Jewish Case," Anthropos72, nos. 3–4 (1977), https://www.jstor.org/stable/40459134.

Jaine Carter and James D. Carter, "Adding Meaning to Marriage: Religious Rituals and Traditions Strengthen Family Bonds," Pittsburgh Post-Gazette, December 25, 2001.

Quoted in Lobsenz, "Joy of Family Rituals."

6장

Quoted in Julie Bawden-Davis, "90's Family: The Rite Stuff," Los Angeles Times, December 21, 1994.

Sybil Wolin, "Holiday Ritual and Tradition Help Families Replace Uncertainty with Resilience," Free Library, December 18, 2001, http://www.thefreelibrary.com/Holiday+Ritual+and+Tradition+Help+Families+Replace+Uncertainty+with..-a080874479.

Dolores Curran, Traits of a Healthy Family: Fifteen Traits Commonly Found in Healthy Families by Those Who Work with Them (Minneapolis, MN: Winston Press, 1983).

Mary Pipher, The Shelter of Each Other: Rebuilding Our Families to Enrich Our Lives (New York: Grosset/Putnam, 1998).

Carla Crespo et al., "Family Routines and Rituals in the Context of Chronic Conditions: A Review," International Journal of Psychology 48, no. 5 (2013), https://doi.org/10.1080/00207 594.2013.806811.

Lewis W. Sprunger, W. Thomas Boyce, and John A. Gaines, "Family–Infant Congruence: Routines and Rhythmicity in Family Adaptations to a Young Infant," Child Development 56, no. 3 (June 1985), https://doi.org/10.2307/1129746.

Bette Keltner et al., "Family Routines and Conduct Disorders in Adolescent Girls," Western Journal of Nursing Research 12, no. 2 (April 1990), https://doi.org/10.1177/019394599001200203.

John Guidubaldi et al., "The Role of Selected Family Environment Factors in Children's Post–Divorce Adjustment," Family Relations 35, no. 1 (January 1986), https://doi.org/10.2307/584293; Frederick W. Seymour et al., "Reducing Sleep Disruptions in Young Children: Evaluation of Therapist–Guided and Written Information Approaches: A Brief Report," Journal of Child Psychology and Psychiatry 30, no. 6 (November 1989), https://doi.org/10.1111/j.1469-7610.1989.tb00293.x.

Barbara H. Fiese, Amber Hammons, and Diana Grigsby–Toussaint, "Family Mealtimes: A Contextual Approach to Understanding Childhood Obesity," Economics and Human Biology 10, no. 4 (December 2012), https://doi.org/10.1016/j.ehb.2012.04.004.

Gene H. Brody and Douglas L. Flor, "Maternal Psychological Functioning, Family Processes, and Child Adjustment in Rural, Single Parent African American Families," Developmental Psychology 33, no. 6 (November 1997), https://doi.org/10.1037/0012-1649.33.6.1000.

Eleanor K. Seaton and Ronald D. Taylor, "Exploring Familial Processes in Urban, Low–Income African American Families," Journal of Family Issues 24, no. 5 (July 2003), https://doi.org/10.1177/0192513X03252572.

Nicole Yorio, "7 Secrets of Low–Stress Families," Redbook, July 30, 2014, http://www.redbookmag.com/kids-family/advice/less-stress-family-tips.

Laurel J. Kiser et al., "Family Ritual and Routine: Comparison of Clinical and Non–Clinical Families," Journal of Child and Family Studies 14, no. 3 (September 2005), https://doi.org/10.1007/s10826-005-6848-0.

Benedict Carey, "Families' Every Fuss, Archived and Analyzed," New York Times, May 23, 2010, http://www.nytimes.com/2010/05/23/science/23family.html?sq=ucla%20and%20 study%20&st=cse&scp=1&pagewanted=all.

Leslie A. Baxter and Catherine L. Clark, "Perceptions of Family Communication Patterns and the Enactment of Family Rituals," Western Journal of Communication 60, no. 3 (1996), https://doi.org/10.1080/10570319609374546.

Barbara H. Fiese, "Routine and Ritual Elements in Family Mealtimes," in Family Mealtime as a Context of Development and Socialization, ed. Reed W. Larson, Angela R. Wiley, and Kathryn R. Branscomb, 57–89, New Directions for Child and Adolescent Development, no.

111 (San Francisco: Jossey–Bass, 2006); Samia Markson and Barbara H. Fiese, "Family Rituals as a Protective Factor for Children with Asthma," Journal of Pediatric Psychology 25, no. 7 (October 2000), https://doi.org/10.1093/jpepsy/25.7.471.

Barbara H. Fiese, Thomas J. Tomcho et al., "A Review of 50 Years of Research on Naturally Occurring Family Routines and Rituals: Cause for Celebration?" Journal of Family Psychology 16, no. 4 (December 2002), https://doi.org/10.1037//0893–3200.16.4.381.

B. S. Bowden and J. M. Zeisz, "Supper's On! Adolescent Adjustment and Frequency of Family Mealtimes," paper presented at the 105th annual meeting of the American Psychological Association, Chicago, August 16, 1997.

E. Compañ et al., "Doing Things Together: Adolescent Health and Family Rituals," Journal of Epidemiology and Community Health 56 (2002), https://doi.org/10.1136/jech.56.2.89.

Marla E. Eisenberg et al., "Correlations between Family Meals and Psychosocial Well–Being among Adolescents," Archives of Pediatrics and Adolescent Medicine 158, no. 8 (2004), https://doi.org/10.1001/archpedi.158.8.792.

Thomas Knestrict and Debora Kuchey, "Welcome to Holland: Characteristics of Resilient Families Raising Children with Severe Disabilities," Journal of Family Studies 15, no. 3 (2014), https://doi.org/10.5172/jfs.15.3.227.

Yesel Yoon, "The Role of Family Routines and Rituals in the Psychological Well Being of Emerging Adults" (master's thesis, University of Massachusetts, 2012).

Femke Koome, Clare Hocking, and Daniel Sutton, "Why Routines Matter: The Nature and Meaning of Family Routines in the Context of Adolescent Mental Illness," Journal of Occupational Science 19, no. 4 (2012), https://doi.org/10.1080/14427591.2012.718245.

National Center on Addiction and Substance Abuse at Columbia University, The Importance of Family Dinners VIII, a CASA Columbia white paper (New York: Columbia University, September 2012).

Bob Condor and Tribune Staff Writer, "Don't Mess with Dinner: Having a Family Meal Can Help Raise Better and Happier Kids," Chicago Tribune, September 21, 1997, http://articles.chicagotribune.com/1997-09-21/features/9709210221_1_meals–dinner–teens.

Sara Malaquias, Carla Crespo, and Rita Francisco, "How Do Adolescents Benefit from Family Rituals? Links to Social Connectedness, Depression and Anxiety," Journal of Child and Family Studies 24, no. 10 (October 2015), https://doi.org/10.1007/s10826-014-0104-4.

R. Wildavsky, What's behind Success in School? Lou Harris–Reader's Digest National Poll (Pleasantville, NJ: Readers Digest Association, 1994).

Catherine E. Snow and Diane E. Beals, "Mealtime Talk That Supports Literacy Development," New Directions for Child and Adolescent Development 2006, no. 111 (2006), https://doi.org/10.1002/cd.155.

Diane E. Beals and Catherine E. Snow, "Thunder Is When the Angels Are Upstairs Bowling: Narratives and Explanations at the Dinner Table," Journal of Narrative and Life History 4, no. 4 (January 1994), https://doi.org/10.1075/jnlh.4.4.06thu.

K. W. Cullen and T. Baranowski, "Influence of Family Dinner on Food Intake of 4th to 6th Grade Students," Journal of the American Dietic Association 100, no. 9, suppl. 1 (September 2000).

Federation of American Societies for Experimental Biology (FASEB), "Families That Eat Together May Be the Healthiest, New Evidence Confirms," Science Daily, April 23, 2012, https://www.sciencedaily.com/releases/2012/04/120423184157.htm.

Nicole I. Larson et al., "Family Meals during Adolescence Are Associated with Higher Diet Quality and Healthful Meal Patterns during Young Adulthood," Journal of the American Dietic Association 107, no. 9 (September 2007), https://doi.org/10.1016/j.jada.2006.06.012.

Dianne Neumark–Sztainer et al., "Family Meals and Adolescents: What We Learned from Project EAT (Eating among Teens)?" Public Health Nutrition 13, no. 7 (July 2010), https://doi.org/10.1017/S1368980010000169.

Matthew W. Gillman et al., "Family Dinner and Diet Quality among Older Children and Adolescents," Archives of Family Medicine 9, no. 3 (March 2000), https://doi.org/10.1001/archfami.9.3.235.

Kerri N. Boutelle et al., "Associations between Perceived Family Meal Environment and Parent Intake of Fruit, Vegetables, and Fat," Journal of Nutrition Education and Behavior 35, no. 1 (January–February 2003), https://doi.org/10.1016/s1499-4046(06)60323-0.

Robert Wood Johnson Foundation, National Obesity Monitor, accessed December 13, 2023, https://stateofchildhoodobesity.org/national-obesity-monitor/.

Brian Wansink and Ellen van Kleef, "Dinner Rituals That Correlate with Child and Adult BMI," Obesity 22, no. 5 (May 2014), https://doi.org/10.1002/oby.20629.

Diann M. Ackard and Dianne Neumark–Sztainer, "Family Mealtime while Growing Up: Associations with Symptoms of Bulimia Nervosa," Eating Disorders: The Journal of Treatment and Prevention 9, no. 3 (2001).

Bisakha Sen, "Frequency of Family Dinner and Adolescent Body Weight Status: Evidence from the National Longitudinal Survey of Youth, 1997," Obesity 14, no. 11 (December 2006), https://doi.org/10.1038/oby.2006.266.

Elsie M. Taveras et al., "Family Dinner and Adolescent Overweight," Obesity Research 13, no. 5 (May 2005), https://doi.org/10.1038/oby.2005.104.

Barbara H. Fiese and Frederick S. Wamboldt, "Family Routines, Rituals, and Asthma Management: A Proposal for Family–Based Strategies to Increase Treatment Adherence," Families, Systems, and Health 18, no. 4 (2000), https://doi.org/10.1037/h0091864.

Kathleen Peterson–Sweeney et al., "The Effect of Family Routines on Care for Inner City Children with Asthma," Journal of Pediatric Nursing 25, no. 5 (October 2010), https://doi.org/10.1016/j.pedn.2009.02.017.

W. T. Boyce et al., "Influence of Life Events and Family Routines on Childhood Respiratory Tract Illness," Pediatrics 60, no. 4 (October 1977).

Leilani Greening et al., "Child Routines and Youths' Adherence to Treatment for Type 1

Diabetes," Journal of Pediatric Psychology 32, no. 4 (May 2007), https://doi.org/10.1093/jpepsy/jsl029.

Susana Santos et al., "Family Rituals and Quality of Life in Children with Cancer and Their Parents: The Role of Family Cohesion and Hope," Journal of Pediatric Psychology 40, no. 7 (August 2015), https://doi.org/10.1093/jpepsy/jsv013.

Steven J. Wolin et al., "Assessing Family Rituals in Alcoholic Families," in Rituals in Families and Family Therapy, ed. Evan Imber-Black, Janine Roberts, and Richard A. Whiting (New York: W. W. Norton, 1988).

Debra A. Murphy et al., "Family Routines and Parental Monitoring as Protective Factors among Early and Middle Adolescents Affected by Maternal HIV/AIDS," Child Development 80, no. 6 (November–December 2009), https://doi.org/10.1111/j.1467-8624.2009.01361.x.

Ellen Greene-Bush and Kenneth I. Pargament, "Family Coping with Chronic Pain," Families, Systems, and Health 15, no. 2 (1997), https://doi.org/10.1037/h0089797.

Barbara H. Fiese, Karen A. Hooker et al., "Family Rituals in the Early Stages of Parenthood," Journal of Marriage and the Family 57, no. 3 (August 1993).

Evan Imber-Black and Janine Roberts, Rituals for Our Times: Celebrating, Healing, and Changing Our Lives and Our Relationships (New York: Harper Perennial, 1993).

Barbara Fiese and Thomas J. Tomcho, "Finding Meaning in Religious Practices: The Relation between Religious Holiday Rituals and Marital Satisfaction," Journal of Family Psychology 15, no. 4 (2001).

Frederick R. Ford, "Rules: The Invisible Family," Family Process 22, no. 2 (June 1983), https://doi.org/10.1111/j.1545-5300.1983.00135.x.

7장

Raymond Firth, Elements of Social Organization (London: Watts, 1951).

Sigmund Freud, "Mourning and Melancholia," in The Standard Edition of the Complete Psychological Works of Sigmund Freud, vol. 14, ed. Ernest Jones (London: Hogarth Press, 1916).

Colin Murray Parkes, Bereavement: Studies of Grief in Adult Life (New York: Routledge, 2009).

Diane Rehm Show, aired 2010, on NPR.

윌리엄 셰익스피어, 비너스와 아도니스 https://shakespeare.mit.edu/Poetry/VenusAndAdonis.html.

윌리엄 셰익스피어, 리처드 2세 4막 1장.

조앤 디디온, 상실, 책읽는수요일, 2023.

Bill Hayes, "Sleep: Loss," New York Times, April 27, 2010, https://archive.nytimes.com/opinionator.blogs.nytimes.com/2010/04/27/sleep-loss/.

C. S. 루이스, 헤아려 본 슬픔, 홍성사, 2019.

Joyce Carol Oates, In Rough Country: Essays and Reviews (New York: Ecco, 2010).

Renato Rosaldo, Culture and Truth: The Remaking of Social Analysis (Boston: Beacon, 1989),

https://s3.amazonaws.com/arena-attachments/838093/1f43c09d7b21596b9c3684a4d4c
0d257.pdf.

아놀드 반 제넵, 통과의례, 김성민 옮김, 달을긷는우물, 2022.

Jeffrey A. Hammond, The American Puritan Elegy: A Literary and Cultural Study,
Cambridge Studies in American Literature and Culture (New York: Cambridge University Press,
2000); David E. Stannard, The Puritan Way of Death: A Study in Religion, Culture, and Social
Change (New York: Oxford University Press, 1977).

Robert Fulton, "The Funeral in Contemporary Society," in Death and Identity, ed. Robert
Fulton and Robert Bendiksen (Philadelphia: Charles Press, 1994).

Wikipedia, "List of Expressions Related to Death," accessed December 2, 2023, https://
en.wikipedia.org/wiki/List_of_expressions_related_to_death.

필리프 아리에스, 죽음 앞의 인간, 새물결, 2004.

Louise Chartrand, "Entre la vie et la mort': Une anthropologie du ventilateur" (PhD diss.,
University of Ottawa, 2018).

Alex Witchel, All Gone: A Memoir of My Mother's Dementia. With Refreshments (New
York: Riverhead Books, 2013).

J. Roche, "Creative Ritual in a Hospice," Health Progress 75, no. 10 (December 1994).

Satsuki Kawano, "Pre-Funerals in Contemporary Japan: The Making of a New Ceremony
of Later Life among Aging Japanese," Ethnology 43, no. 2 (Spring 2004), https://doi.
org/10.2307/3773951.

Roger Grainger, The Social Symbolism of Grief and Mourning (London: Jessica Kingsley,
1998).

엘리자베스 퀴블러 로스, 죽음 그리고 성장, 이레, 2010.

Colin McGinn, The Meaning of Disgust (New York: Oxford University Press, 2011).

A. Chapple and S. Ziebland, "Viewing the Body after Bereavement Due to a Traumatic
Death: Qualitative Study in the UK," British Medical Journal 340 (2010), https://doi.
org/10.1136/bmj.c2032.

C. David Heymann, Bobby and Jackie: A Love Story (New York: Atria Books, 2009).

Seán Ó Súilleabháin, Irish Wake Amusements (Cork, Ireland: Mercier Press, 1969).

Angela Bourke, "The Irish Traditional Lament and the Grieving Process," Women's Studies
International Forum 11, no. 4 (1988), https://doi.org/10.1016/0277-5395(88)900065-9;
Marie Murray, "The Beauty of an Irish Lament," Daily Undertaker, February 11, 2010, http://
www.dailyundertaker.com/2010/02/beauty-of-irish-lament-marie-murray.html.

Kevin Toolis, "Death: An Irish Wake and Anglo-Saxon Attitudes," Guardian Weekend,
October 7, 1995.

8장

Judith Martin [Miss Manners], "When Friend's Music Is Just Plain Awful," UExpress,
August 11, 2009, https://www.uexpress.com/miss-manners/2009/8/11/when-friends-music-

is just plain.

Pearl Katz and Paul Bartone, "Mourning, Ritual and Recovery after an Airline Tragedy," Omega 36, no. 3 (May 1998), https://doi.org/10.2190/EH1M-8NP0-279Y-5FDR.

"Tribute to Dead in EgyptAir Flight 990," CNN, 1999.

IBIS World, "Funeral Homes in the US Number of Businesses," accessed December 13, 2023, https://www.ibisworld.com/industry-statistics/number-of-businesses/funeral-homes-united-states/#:~:text=There%20are%2023%2C136%20Funeral%20Homes,over%20the%20past%205%20years%3F.

Rebecca Carballo, "Using AI to Talk to the Dead," New York Times, December 11, 2023, https://www.nytimes.com/2023/12/11/technology/ai-chatbots-dead-relatives.html.

National Funeral Directors Association (NFDA), "Statistics," accessed November 7, 2023, http://www.nfda.org/news/statistics.

윌리엄 셰익스피어, 햄릿, 3막 2장.

Francine du Plessix Gray, Lovers and Tyrants (New York: Simon and Schuster, 1976).

Michael R. Sisek, "With Flowers, Altars and Candles, Mexicans Are Honoring Deceased Relatives on the Day of the Dead," Chicago Tribune, November 1, 2023, https://www.chicagotribune.com/nation-world/mexican-day-of-the-dead-20231101-b7753npxafez7ns54ctwxdcv3i-story.html.

David Lida, "Grave Concern: Do Mexicans Treat Death Differently?" Psychology Today, January–February 2010, https://www.psychologytoday.com/us/articles/201001/global-psyche-mexico-grave-concern.

엘리자베스 퀴블러 로스, 죽음 그리고 성장, 이레, 2010.

Amy Dickenson, "Dear Amy," Washington Post, 2009.

Judith Martin [Miss Manners], Columbus Dispatch, August 21, 2008, http://www.dispatch.com/live/content/life/stories/2008/08/21/2_MANN0821.ART_ART_08-21-08_D2_E1B2G6S.html.

Compassionate Friends, Bereaved Parents and the Professional (n.p.: n.d.). See also Tony Walter, The Revival of Death (London: Routledge, 1994).

Sigmund Freud, "Mourning and Melancholia," in The Standard Edition of the Complete Psychological Works of Sigmund Freud, vol. 14, ed. Ernest Jones (London: Hogarth Press, 1916).

로베르 에르츠, 죽음과 오른손, 문학동네, 2021.

Candy Hathaway and Nancy Lightner, Giving Sorrow Words: How to Cope with Grief and Get On with Your Life (New York: Warner Books, 1990).

에밀리 브론테, 폭풍의 언덕.

Michelle Kapusta, "Prince William and Prince Harry's Most Heartbreaking Quotes about Their Late Mother Princess Diana," Showbiz Cheatsheet, August 30, 2023, https://www.cheatsheet.com/entertainment/prince-william-prince-harry-most-heartbreaking-quotes-late-mother-princess-diana.html/.

Colin Murray Parkes, Bereavement: Studies of Grief in Adult Life (New York: Routledge,

2009).

Jeffrey Brown, "Diane Rehm: On My Own," PBS NewsHour, aired March 3, 2016, on PBS.

In the Name of the Father, directed by Jim Sheridan (Universal City, CA: Universal Pictures, 1993).

Raymond Firth, Elements of Social Organization (London: Watts, 1951).

George H. Pollock, The Mourning–Liberation Process (Madison, CT: International Universities Press, 1989); George H. Pollock, "The Mourning–Liberation Process and Creativity: The Case of Käthe Kollwitz," Annual of Psychoanalysis 10 (1982).

George H. Pollock, "The Mourning Process and Creative Organizational Change," Journal of the American Psychoanalytic Association 25, no. 1 (February 1977), https://doi.org/10.1177/000306517702500101.

빅터 터너, 인간 사회와 상징 행위, 황소걸음, 2018.

Pico Iyer, The Man within My Head (New York: Alfred A. Knopf, 2012).

Doris Francis, Leonie Kellaher, and Georgina Neophytou, The Secret Cemetery (Oxford, UK: Berg, 2005).

Ari L. Goldman, Living a Year of Kaddish (New York: Schocken Books, 2003).

Sarah Wainio, "I Write Letters to My Big Sister, Even Though I Know She'll Never Write Back," Real Simple, September 2011.

Elizabeth Edwards, Resilience: Reflections on the Burdens and Gifts of Facing Life's Adversities (New York: Broadway Books, 2010).

George A. Bonanno, The Other Side of Sadness: What the New Science of Bereavement Tells Us about Life after Loss (New York: Basic Books, 2009).

9장

Comment on Tara Parker-Pope, "After Cancer, a Post-Treatment Letdown," New York Times, June 30, 2009, https://archive.nytimes.com/well.blogs.nytimes.com/2009/06/30/after-cancer-a-post-treatment-letdown/.

Pearl Katz, "Ritual in Psychoanalytic Practice," presented at the American Psychoanalytic Association annual meeting, New York, 1985; Pearl Katz, The Scalpel's Edge: The Culture of Surgeons (Boston: Allyn and Bacon, 1999); Pearl Katz and Faris R. Kirkland, "Traditional Thought and Modern Western Surgery," Social Science and Medicine 26, no. 12 (1988), https://doi.org/10.1016/0277-9536(88)90148-7.

Mark Zborowski, "Cultural Components in Response to Pain," Journal of Social Issues 8, no. 4 (Fall 1952), https://doi.org/10.1111/j.1540-4560.1952.tb01860.x; Irving Kenneth Zola, "Culture and Symptoms—An Analysis of Patient's Presenting Complaints," American Sociological Review 31, no. 5 (October 1966), https://doi.org/10.2307/2091854.

Deb Wilkinson, "Still waiting on a diagnosis!! Drs make me feel crazy!!! I can understand the relief bc finally it's not YOU," Facebook, April 22, 2015, https://www.facebook.com/

LupusFoundationofAmerica/posts/10152917292346775/?paipv=0&eav=AfZ1Nl–
VTVmh2KK3fXXucQm8_HOWZ_EZ8Tjx5_MzxpJxkTCtd8AgFUIVigKo5xhUkDY&_
rdr.

Pauline W. Chen, "The Comfort of a Diagnosis," New York Times, October 8, 2009,
https://www.nytimes.com/2009/10/08/health/08chen.html.

David Biro, One Hundred Days: My Unexpected Journey from Doctor to Patient (New
York: Pantheon Books, 2000).

Cindy, television program, aired 2010, on Discovery Health.

Sandi Wiggins et al., "The Psychological Consequences of Predictive Testing for
Huntington's Disease: Canadian Collaborative Study of Predictive Testing," New
England Journal of Medicine 327, no. 20 (November 12, 1992), https://doi.org/10.1056/
NEJM199211123272001.

Lisa Walters, "Never Give Up," Lupus Foundation of America, 2015, http://www.lupus.org/
blog/entry/lisa–walters–never–give–up.

Jeanne Nollman in Mystery Diagnosis, season 9, episode 9, "The Woman with Unusual
DNA," aired September 20, 2010, on Discovery Health.

Jay Fishman in Charlie Rose, interview with Jay Fishman, Charlie Rose Show, aired
November 4, 2015, on PBS, https://charlierose.com/videos/23366.

Douglas Hogetvedt, "Better Late than Never," Autism Asperger's Digest, September–
October 2008, 29, http://www.grasp.org/media/BetterLate0908.pdf.

Hanna Rosin, "Letting Go of Asperger's," Atlantic, March 2014, https://www.theatlantic.
com/magazine/archive/2014/03/letting–go–of–aspergers/357563/.

Dowling, comment on Parker-Pope, "After Cancer."

Janine Roberts, "Ice Bells Ringing: In Sickness and Health," Families, Systems and Health
21, no. 4 (2003), https://doi.org/10.1037/h0089622.

Dana Jennings, "Losing a Comforting Ritual: Treatment," New York Times, June 30, 2009.

Luana Colloca and Arthur J. Barsky, "Placebo and Nocebo Effects," New England Journal
of Medicine 382 (February 6, 2020), https://doi.org/10.1056/NEJMra1907805; Daniel E.
Moerman, Meaning, Medicine, and the "Placebo Effect" (Cambridge, UK: Cambridge University
Press, 2002).

Katz, "Ritual in the Operating Room."

10장

Rachel Kellem, The Birth of Grey Forest Walt (blog), 2004, http://rachyllgyne.tripod.com/
thebirthofgreyforestwalt/labor.html.

Robbie E. Davis–Floyd, Birth as an American Rite of Passage (Berkeley: University of California
Press, 2003), is a comprehensive book that looks at birth through van Gennep's framework.

Fake sonograms are available for sale online. See Fake Ultrasound Shop, "Most Realistic
Ultrasounds Around," accessed November 24, 2023, https://www.fakeultrasound.com/?msclki

d=e18864d94613149b767600f8b2fa244e.

DC Urban Moms and Dads, https://www.dcurbanmom.com/.

Pam England and Rob Horowitz, Birthing from Within: An Extra-ordinary Guide to Childbirth Preparation (Albuquerque, NM: Partners Press, 1998).

England and Horowitz, Birthing from Within.

Robbie Davis-Floyd and Melissa Cheyney, "Birth and the Big Bad Wolf: An Evolutionary Perspective," in Childbirth across Cultures: Ideas and Practices of Pregnancy, Childbirth and the Postpartum, ed. Helaine Selin and Pamela K. Stone (Dordrecht, Netherlands: Springer, 2009).

Tracie White, "Epidurals Increase in Popularity, Stanford Study Finds," Scope: Beyond the Headlines (blog), June 26, 2018, https://scopeblog.stanford.edu/2018/06/26/epidurals-increase-in-popularity-stanford-study-finds/.

Make Way for Baby: A Handbook for Prepared Childbirth (Silver Spring, MD: Holy Cross Hospital, 1994).

Birth in Awareness: Childbirth Preparation Class, http://www.birthinawareness.co.uk/classes.htm.

"Henna Pregnancy Body Art," http://www.freedompondmoonworks.com/pb/wp_928f5837.html?0.6762934429949305.

Sheri L. Menelli, Journey into Motherhood: Inspirational Stories of Natural Birth (Carlsbad, CA: White Heart, 2005).

Suzanne Salimbene and Laina M. Gerace, "Cultural Competence for Today's Healthcare Professionals: The Cultural Factor in Pain Management," http://www.todayinot.com/ce/course.html?CCID=32&PageNum=5&Begin=39217.

Kathleen Niska, Mariah Snyder, and Betty Lia-Hoagberg, "Family Ritual Facilitates Adaptation to Parenthood," Public Health Nursing 15, no. 5 (October 1998), https://doi.org/10.1111/j.1525-1446.1998.tb00357.x.

Rebecca Tuhus-Dubrow, "Why Won't This New Mom Wash Her Hair?" Slate, April 11, 2011, http://www.slate.com/id/2290973/.

Nicole Fabian-Weber, "8 Things You Can Do with Your Placenta after Birth," Parents, updated October 1, 2023, https://www.parents.com/pregnancy/giving-birth/labor-and-delivery/7-things-to-do-with-your-placenta-besides-leaving-it-at/.

Linda Ly, "I Planted My Placenta," Garden Betty, accessed November 24, 2023, https://www.gardenbetty.com/i-planted-my-placenta/.

Tara Godvin, "Hawaiians Seek Placenta for Ritual," Chron, April 23, 2006, https://www.chron.com/news/nation-world/article/hawaiians-seek-placenta-for-ritual-1854543.php.

Richard K. Reed, Birthing Fathers: The Transformation of Men in American Rites of Birth (New Brunswick, NJ: Rutgers University Press, 2004).

Anne E. Storey et al., "Hormonal Correlates of Paternal Responsiveness in New and Expectant Fathers," Evolution and Human Behavior 21, no. 2 (March 2000), https://doi.org/10.1016/S1090-5138(99)00042-2.

Catherine Pearson, "How Coronavirus Has Changed What It's Like to Give Birth in America," HuffPost, May 4, 2020, https://www.huffpost.com/entry/coronavirus–covid–19–childbirth–parenting–pregnancy_l_5ea83748c5b6085825798e46?ncid=newsltushpmgnews.

11장

Kira Cochrane, "Should I Follow Any Rules?" Guardian, January 24, 2009, http://www.guardian.co.uk/lifeandstyle/2009/jan/24/rules–of–dating.

David Popenoe and Barbara Dafoe Whitehead, The State of Our Unions 2000: The Social Health of Marriage in America (New Brunswick, NJ: National Marriage Project, 2000), www.stateofourunions.org/pdfs/SOOU2000.pdf.

Judith Martin [Miss Manners], "Remember the Good Old Days," Washington Post, February 12, 1989.

Emily F. Rothman et al., "The Prevalence of Using Pornography for Information about How to Have Sex: Findings from a Nationally Representative Survey of U.S. Adolescents and Young Adults," Archives of Sexual Behavior 50, no. 2 (February 2021), https://doi.org/10.1007/s10508–020–01877–7.

Arnold H. Slyper, "The Pubertal Timing Controversy in the USA, and a Review of Possible Causative Factors for the Advance in Timing of Onset of Puberty," Endocrinology 65, no. 1 (July 2006), https://doi.org/10.1111/j.1365–2265.2006.02539.x.

Statista, "Estimated Median Age of Americans at Their First Wedding in the United States from 1998 to 2022, by Sex," 2023, https://www.statista.com/statistics/371933/median–age–of–us–americans–at–their–first–wedding/#:~:text=Median%20age%20of%20U.S.%20Americans,wedding%201998%2D2022%2C%20by%20sex&text=In%202022%2C%20the%20median%20age,median%20age%20was%2030.5%20years.

Debby Herbenick et al., "Diverse Sexual Behaviors in Undergraduate Students: Findings from a Campus Probability Survey," Journal of Sexual Medicine 18, no. 6 (June 2021), https://doi.org/10.1016/j.jsxm.2021.03.006.

Justin Dent, "Relationships Built to Fail: Emotionless Hookups Should Remain Just That," Diamondback, September 11, 2012.

Justin R. Garcia et al., "Sexual Hookup Culture: A Review," Review of General Psychology 16, no. 2 (2012), https://doi.org/10.1037/a0027911; Kate Julian, "Why Are Young People Having So Little Sex?" Atlantic, December 2018, https://www.theatlantic.com/magazine/archive/2018/12/the–sex–recession/573949/; Jesse Owen, Frank D. Fincham, and Jon Moore, "Short–Term Prospective Study of Hooking Up among College Students," Archives of Sexual Behavior 40, no. 2 (2011), https://doi.org/10.1007/s10508–010–9697–x; Elizabeth L. Paul, Brian McManus, and Allison Hayes, "'Hookups': Characteristics and Correlates of College Students' Spontaneous and Anonymous Sexual Experiences," Journal of Sex Research 37, no. 1 (2000), https://doi.org/10.1080/00224490009552023.

Maya Lavie–Ajayi, Colette D. R. Jones, and Lucy Russell, "Social Sex: Young Women and

Early Sexual Relationships," in Understanding Non–Monogamies, ed. Meg Barker and Darren Langdrodge (New York: Routledge, 2010).

A. Chandra et al., "Fertility, Family Planning, and Reproductive Health of U.S. Women: Data from the 2002 National Survey of Family Growth, National Center for Health Statistics," Vital and Health Statistics 23, no. 25 (2005); Joe S. McIlhaney and Freda McKissic Bush, Hooked: New Science on How Casual Sex Is Affecting Our Children (Chicago: Northfield, 2008).

Peggy Orenstein, Boys and Sex: Young Men on Hookups, Love, Porn, Consent, and Navigating the New Masculinity (New York: HarperCollins, 2020).

Noelle Blake, "Dance Floor Makeout? It's More Likely than You Think," Dartmouth, February 8, 2023, https://www.thedartmouth.com/article/2023/02/dance–floor–make–out–its–more–likely–than–youd–think.

David Grazian, "The Girl Hunt: Urban Nightlife and the Performance of Masculinity as Collective Activity," Symbolic Interaction 30, no. 2 (Spring 2007), https://doi.org/10.1525/si.2007.30.2.221.

Angela D. Weaver, Kelly L. MacKeigan, and Hugh A. MacDonald, "Experiences and Perceptions of Young Adults in Friends with Benefits Relationships: A Qualitative Study," Canadian Journal of Human Sexuality 20, no. 1 (2011).

Emil Caillaux, "Rules for Friends with Benefits," Thought Catalog, 2012, http://thoughtcatalog.com/2012/rules–for–friends–with–benefits/.

Joseph Matthews, "Friends with Benefits: The Rules," Chicago Now, 2010, http://www.chicagonow.com/the–queer–guy–tells–it–straight/2010/04/friends–with–benefits–the–rules–by–joseph–matthews/.

MadameNoire, "8 Rules for Being 'Friends with Benefits,'" June 18, 2010, http://madamenoire.com/5471/8–rules–for–being–friends–with–benefits/; Matthews, "Friends with Benefits"; Carly Spindel, "13 Necessary Rules for Being Friends with Benefits," StyleCaster, October 28, 2021, https://stylecaster.com/lifestyle/love–sex/253545/friends–with–benefits–rules/; Jazz Stanton, "Friends with Benefits: The Rules," Date Experiment (blog), July 2, 2010, http://thedateexperiment.blogspot.com/2010/07/friends–with–benefits–rules.html.

Carolyn Hax, "Carolyn Hax Live: Potential Parent vs. 'Vessel,' Friends with Benefits, and Cupcake–Hating Boyfriends," Washington Post, March 21, 2008, http://www.washingtonpost.com/wp–dyn/content/discussion/2008/03/14/DI2008031402696.html.

Quoted in Alexandra Solomon, "Inside Hookup Culture: Are We Having Fun Yet?" Psychotherapy Networker, January–February 2016.

아지즈 안사리, 에릭 클라이넨버그, 모던 로맨스, 부키, 2019.

Wikipedia, "Dating," accessed December 5, 2023, http://en.wikipedia.org/wiki/Dating.

Louie Andre, "141 Crucial Online Dating Statistics: 2023 Data Analysis and Market Share," Finances Online, updated November 18, 2023, https://financesonline.com/online–dating–statistics/#:~:text=There%20are%20around%201%2C500%20online,niches%20like%20 highly%2Dreligious%20daters.

Anya Sostek, "Dating at Duke Doesn't Happen, Some Say," Chronicle–Duke University, February 12, 1999.

Tom Wolfe, interview at Miami Book Fair, November 10, 2012, Miami, FL.

Judith Martin, Miss Manners' Guide to Excruciatingly Correct Behavior, illus. Gloria Kamen (New York: W. W. Norton, 2005).

Judith Martin [Miss Manners], "Dear Miss Manners," Washington Post, February 8, 2009, http://www.dispatch.com/content/stories/life_and_entertainment/2009/02/08/2_MANN0208.ART_ART_02–08–09_E7_C0CQ265.html.

Janis Spindel, How to Date Men: Dating Secrets from America's Top Matchmaker (New York: A Plume Book, 2007).

Maureen Dowd, "The Manolo Moochers," New York Times, August 29, 2001.

Elizabeth Austin, "In Contempt of Courtship: Why We Love to Watch Other People Date, but Hate to Do It Ourselves," Washington Monthly 35, no. 6 (June 2003), https://go.gale.com/ps/i.do?id=GALE%7CA103565546&sid=googleScholar&v=2.1&it=r&linkaccess=abs&issn=00430633&p=AONE&sw=w&userGroupName=anon%7E32645996&aty=open–web–entry.

Alexandra Schwartz, "The Venmo Request: A New Wrinkle in Modern Dating," New Yorker, June 8, 2016.

Christian Gollayan, "Cheap Bros Have Found a New Way to Get Out of Paying for Dates," New York Post, May 25, 2016, https://nypost.com/2016/05/25/cheap–bros–have–found–a–new–way–to–get–out–of–paying–for–dates/.

Jamie E. Banker, Christine E. Kaestle, and Katherine R. Allen, "Dating Is Hard Work: A Narrative Approach to Understanding Sexual and Romantic Relationships in Young Adulthood," Contemporary Family Therapy 32, no. 2 (2010), https://doi.org/10.1007/s10591–009–9111–9.

Alexandra Fenwick, "Booty Call vs. Dating: Know the Signs," Galore, 2015, https://galoremag.com/booty–call–vs–dating–know–the–signs/.

Melissa A. Bisson and Timothy R. Levine, "Negotiating a Friends with Benefits Relationship," Archives of Sexual Behavior 38, no. 1 (February 2009), https://doi.org/10.1007/s10508–007–9211–2, found that ninety young people, too, had no discussion about their relationship in their friends–with–benefits relationships.

Judy C. Pearson, Jeffrey T. Child, and Anna F. Carmon, "Rituals in Dating Relationships: The Development and Validation of a Measure," Communication Quarterly 59, no. 3 (July 2011), https://doi.org/10.1080/01463373.2011.583502.

Kim Elsesser, "How the Pandemic Has Changed Our Sexuality," Forbes, October 7, 2020, https://www.forbes.com/sites/kidmelsesser/2020/10/07/how–the–pandemic–has–changed–our–sexuality/?sh=3d1c646717fc.

Neil Gleason et al., "The Impact of the COVID–19 Pandemic on Sexual Behaviors: Findings from a National Survey in the United States," Journal of Sexual Medicine 18, no. 11 (November 2021), https://doi.org/10.1016/j.jsxm.2021.08.008.

Samatha K. Brooks et al., "The Psychological Impact of Quarantine and How to Reduce It: Rapid Review of the Evidence," Lancet 395, no. 10227 (March 14, 2020), https://doi.org/10.1016/S0140-6736(20)30460-8.

Christen A. Johnson, "Here's What to Know about Sex and Dating in Phase Four of COVID-19 Reopening," Chicago Tribune, July 7, 2020, https://www.chicagotribune.com/lifestyles/ct-life-cb-sex-dating-phase-four-coronavirus-0706-20200707-pw5eud5afzanbg52a5cekdmveu-story.html.

Olivia Carville and Nate Lanxon, "How to Date Online in the Age of Covid-19," Bloomberg, March 20, 2020, https://www.bloomberg.com/news/articles/2020-03-20/online-dating-in-a-pandemic-coronavirus-keeps-singles-apart#xj4y7vzkg.

Hannah Resnick, "5 Ways COVID-19 Has Changed College Hookup Culture," PopSugar, May 5, 2021, https://www.popsugar.com/love/how-covid-19-has-changed-college-hookup-culture-48299982.

Anabelle Bernard Fournier et al., "Group Sex in the Time of COVID: Intimacy, Learning and Community-Building in Sexual Communities during a Pandemic," Canadian Journal of Human Sexuality 30, no. 2 (August 2021), https://doi.org/10.3138/cjhs.2021-0014.

Kinsey Institute, "New Study on Post-Pandemic Sex," Kinsey Institute Research and Institute News, April 21, 2021, https://blogs.iu.edu/kinseyinstitute/2021/04/21/new-study-on-post-pandemic-sex/.

12장

Quoted in Henry Alford, "Heedlessly Romantic," New York Times, September 23, 2012.

Maryanne L. Fisher et al., "Feelings of Regret Following Uncommitted Sexual Encounters in Canadian University Students," Culture, Health and Sexuality 14, no. 1 (2011), https://doi.org/10.1080/13691058.2011.619579.

Donna Freitas, Sex and the Soul: Juggling Sexuality, Spirituality, Romance, and Religion on America's College Campuses (New York: Oxford University Press, 2008).

In Laura Berman, In the Bedroom with Dr. Laura Berman, aired December 4, 2012, on OWN Network.

Quoted in Jamie E. Banker, Christine E. Kaestle, and Katherine R. Allen, "Dating Is Hard Work: A Narrative Approach to Understanding Sexual and Romantic Relationships in Young Adulthood," Contemporary Family Therapy 32, no. 2 (2010), https://doi.org/10.1007/s10591-009-9111-9.

In Berman, In the Bedroom.

Elizabeth Austin, "In Contempt of Courtship: Why We Love to Watch Other People Date, but Hate to Do It Ourselves," Washington Monthly 35, no. 6 (June 2003), https://go.gale.com/ps/i.do?id=GALE%7CA103565546&sid=googleScholar&v=2.1&it=r&linkaccess=abs&iss

n=00430633&p=AONE&sw=w&userGroupName=anon%7E32645996&aty=open-web-entry.

Robert T. Michael et al., Sex in America: A Definitive Survey (Boston: Little, Brown, 1994).

Lena Dunham, Girls, season 1, episode 2, "Vagina Panic," aired April 22, 2012, on HBO.

Laura M. Carpenter, "The Ambiguity of 'Having Sex': The Subjective Experience of Virginity Loss in the United States," Journal of Sex Research 38, no. 2 (May 2001), https://doi.org/10.1080/00224490109552080; Jessica Den Haese and Bruce M. King, "Oral-Genital Contact and the Meaning of 'Had Sex': The Role of Social Desirability," Archives of Sexual Behavior 51, no. 3 (2022), https://doi.org/10.1007/s10508-021-02220-4.

Quoted in Kathleen A. Bogle, Hooking Up: Sex, Dating, and Relationships on Campus (New York: New York University Press, 2008).

Amary Wiggin, "Limping toward the Truth, Wherever It Might Be," New York Times, March 2, 2013.

Donna Freitas, "Time to Stop Hooking up. (You Know You Want To.)," Washington Post, March 31, 2013.

Norval D. Glenn and Elizabeth Marquardt, Hooking Up, Hanging Out, and Hoping for Mr. Right: College Women on Mating and Dating Today (New York: Institute on American Values, 2001).

Jesse Owen and Frank D. Fincham, "Young Adults' Emotional Reactions after Hooking Up Encounters," Archives of Sexual Behavior 40, no. 2 (2011), https://doi.org/10.1007/s10508-010-9652-x; Jesse J. Owen, Galena K. Rhoades et al., "'Hooking Up' among College Students: Demographic and Psychosocial Correlates," Archives of Sexual Behavior 39, no. 3 (June 2010), https://doi.org/10.1007/s10508-008-9414-1.

Carolyn Bradshaw, Arnold S. Kahn, and Bryan K. Saville, "To Hook Up or Date: Which Gender Benefits?" Sex Roles 62, nos. 9–10 (May 2010), https://doi.org/10.1007/s11199-010-9765-7.

Justin J. Lehmiller, Laura E. VanderDrift, and Janice R. Kelly, "Sex Differences in Approaching Friends with Benefits Relationships," Journal of Sex Research 48, nos. 2–3 (March 2011), https://doi.org/10.1080/00224491003721694.

Quoted in Glenn and Marquardt, Hooking Up, Hanging Out.

Meytal Fischer-Shofty, Yechiel Levkovitz, and Simone G. Shamay-Tsoory, "Oxytocin Facilitates Accurate Perception of Competition in Men and Kinship in Women," Social Cognitive and Affective Neuroscience 8, no. 3 (March 2013), https://doi.org/10.1093/scan/nsr100.

Galena K. Rhoades and Scott M. Stanley, Before "I Do": What Do Premarital Experiences Have to Do with Marital Quality among Today's Young Adults? (Charlottesville, VA: National Marriage Project, 2014), https://nationalmarriageproject.org/wordpress/wp-content/uploads/2014/08/NMP-BeforeIDoReport-Final.pdf.

Laura Sahramaa, "Keeping Generation Y Up to Date," Cavalier Daily, October 30, 2001.

Justin Dent, "Relationships Built to Fail: Emotionless Hookups Should Remain Just That," Diamondback, September 11, 2012.

13장

Quoted in Wigtown and District Community Council, "Private Edward Kilpatrick," July 1916, https://wigtowncc.org.uk/private-edward-kilpatrick/.

Antonius C. G. M. Robben, "State Terror in the Netherworld: Disappearance and Reburial in Argentina," in Death Squad: The Anthropology of State Terror, ed. Jeffrey A. Sluka (Philadelphia: University of Pennsylvania Press, 2000).

Meghan O'Rourke, The Long Goodbye: A Memoir (New York: Riverhead Books, 2011).

Meghan O'Rourke, "Good Grief," New Yorker, January 24, 2010, http://www.newyorker.com/arts/critics/atlarge/2010/02/01/100201crat_atlarge_orourke#ixzz2Eyl2UD7U.

Louise Chartrand, "Entre la vie et la mort: Une anthropologie du ventilateur" (PhD diss., University of Ottawa, 2018).

Siobhan Quenby et al., "Miscarriage Matters: The Epidemiological, Physical, Psychological, and Economic Costs of Early Pregnancy Loss," Lancet 397, no. 10285 (May 1, 2021), https://doi.org/10.1016/S0140-6736(21)00682-6; Allen J. Wilcox et al., "Incidence of Early Loss of Pregnancy," New England Journal of Medicine 319, no. 4 (July 28, 1988), https://doi.org/10.1056/NEJM198807283190401.

Linda L. Layne, "Motherhood Lost: Cultural Dimensions of Miscarriage and Stillbirth in America," Women and Health 16, nos. 3–4 (1990), https://doi.org/10.1300/J013v16n03_05.

Lauren Kelley and Alexandra March, "Your Miscarriage Doesn't Have to Be a Secret: Losing a Pregnancy Might Be the Loneliest Experience That Millions of Women Have Faced," New York Times, October 13, 2019.

Linda L. Layne, "Breaking the Silence: An Agenda for a Feminist Discourse of Pregnancy Loss," Feminist Studies 23, no. 2 (Summer 1997), https://doi.org/10.2307/3178398.

Rosanne Cecil, ed., The Anthropology of Pregnancy Loss: Comparative Studies in Miscarriage, Stillbirth and Neonatal Death (Oxford, UK: Berg, 1996); Layne, "Motherhood Lost"; Claudia Malacrida, Mourning the Dreams: How Parents Create Meaning from Miscarriage, Stillbirth and Early Infant Death (Walnut Creek, CA: Left Coast Press, 1999).

Graciela Abelin-Sas, "To Mother or Not to Mother: Abortion and Its Challenges," Journal of Clinical Psychoanalysis 1, no. 4 (1992).

Jacqueline F. Clinton, "Physical and Emotional Responses of Expectant Fathers throughout Pregnancy and the Early Postpartum Period," International Journal of Nursing Studies 24, no. 1 (1987), https://doi.org/10.1016/0020-7489(87)90039-3; Bernadette Susan McCreight, "A Grief Ignored: Narratives of Pregnancy Loss from a Male Perspective," Sociology of Health and Illness 26, no. 3 (2004).

Quoted in Israela Meyerstein, "A Systemic Approach to Fetal Loss Following Genetic Testing," Contemporary Family Therapy 23, no. 4 (December 2001), https://doi.org/10.1023/

A:1013096811134.

Janneke Peelen, "Reversing the Past: Monuments for Stillborn Children," Mortality 14, no. 2 (2009), https://doi.org/10.1080/13576270902808043.

T. S. Fowler in Diane Rehm, "Dealing with Parents' Early Death," Diane Rehm Show, aired June 8, 2010, https://dianerehm.org/shows/2010-06-08/dealing-parents-early-death.

Miriam Greenspan, "Letting Them Die: The Stigma of Heroin Addiction and the Expanding Epidemic," HuffPost, updated November 15, 2017, https://www.huffpost.com/entry/letting-them-die-the-stigma-of-heroin-addiction-and_b_5a0cf5e7e4b023a796fed3ec.

Carolyn Hax, "Friends Who Go Silent while You Grieve," Washington Post, August 1, 2019.

Sabina Kučukalić and Abdulah Kučukalić, "Stigma and Suicide," Psychiatria Danubina 29, suppl. 5 (2017).

Steve Powell, Willi Butollo, and Maria Hagl, "Missing or Killed: The Differential Effect on Mental Health in Women in Bosnia and Herzegovina of the Confirmed or Unconfirmed Loss of Their Husbands," European Psychologist 15, no. 3 (January 2010), https://doi.org/10.1027/1016-9040/a000018.

Cathy L. Campbell and Alice S. Demi, "Adult Children of Fathers Missing in Action (MIA): An Examination of Emotional Distress, Grief, and Family Hardiness," Family Relations 49, no. 3 (July 2000), https://doi.org/10.1111/j.1741-3729.2000.00267.x.

Quoted in ABC News, "Chinese Families Have Death Rituals Disrupted by Missing Malaysia Flight," March 15, 2014, https://abcnews.go.com/Health/chinese-families-death-rituals-disrupted-missing-malaysia-flight/story?id=22919995.

Quoted in Elizabeth Kastor, "The Need to Say Goodbye: For the Hostages' Families, a Chance to Rest in Peace," Washington Post, December 31, 1991.

Carol Polsky, "16 Years after 9/11 Attacks, Grieving Process Continues for Families," Newsday, September 5, 2017, https://www.newsday.com/long-island/16years-after-9-11-attacks-grieving-process-continues-for-families-x54849.

Anna Ornstein, "The Missing Tombstone: Reflections on Mourning and Creativity," Journal of the American Psychoanalytic Association 58, no. 4 (August 2010), https://doi.org/10.1177/0003065110385573; Erika Schuluf Rybeck, On My Own: Decoding the Experience of Silence (Columbia, MD: Summit Crossroads Press, 2013).

Anna Ornstein, "Artistic Creativity and the Healing Process," Psychoanalytic Inquiry 26, no. 3 (June 2006), https://doi.org/10.2513/s07351690pi2603_7.

Pearl Katz, Acculturation and Social Networks of American Immigrants in Israel (Buffalo: State University of New York, 1974).

Ricardo C. Ainslie et al., "Contemporary Psychoanalytic Views on the Experience of Immigration," Psychoanalytic Psychology 30, no. 4 (2013).

Quoted in New York Times, "San Patricio," March 16, 2010, https://www.nytimes.com/2010/03/17/opinion/17wed4.html.

Vamik D. Volkan, Linking Objects and Linking Phenomena: A Study of the Forms, Symptoms, Metapsychology, and Therapy of Complicated Mourning (New York: International Universities Press, 1981).

León Grinberg and Rebeca Grinberg, Psychoanalytic Perspectives on Migration and Exile, trans. Nancy Festinger (New Haven, CT: Yale University Press, 1989).

Haowei Wang, Emily Smith–Greenaway et al., "Mourning in a Pandemic: The Differential Impact of COVID–19 Widowhood on Mental Health," Journals of Gerontology: Series B 77, no. 12 (December 2022), https://doi.org/10.1093/geronb/gbac085.

Haowei Wang, Ashton M. Verdery et al., "Bereavement from COVID–19, Gender, and Reports of Depression among Older Adults in Europe," Journals of Gerontology, Series B 77, no. 7 (July 2022), https://doi.org/10.1093/geronb/gbab132.

Eduardo Medina, "After Being in 'Grief Purgatory,' Mourning Families Finally Seek Solace," New York Times, August 1, 2021, https://www.nytimes.com/2021/07/31/us/coronavirus-grief-funerals.html.

Geoffrey Gorer, Death, Grief, and Mourning (Garden City, NY: Doubleday, 1965).

Esther Gelcer, "Mourning Is a Family Affair," Family Process 22, no. 4 (December 1983), https://doi.org/10.1111/j.1545-5300.1983.00501.x.

Gelcer, "Mourning."

Jason Castle and William L. Phillips, "Grief Rituals: Aspects That Facilitate Adjustment to Bereavement," Journal of Loss and Trauma 8, no. 1 (2003), https://doi.org/10.1080/15325020305876.

Jeffrey A. Kuller and Vem L. Katz, "Miscarriage: A Historical Perspective," Birth: Issues in Perinatal Care 21, no. 4 (December 1994), https://doi.org/10.1111/j.1523-536X.1994.tb00535.x.

Andrea Sankar, "Ritual and Dying: A Cultural Analysis of Social Support for Caregivers," Gerontologist 31, no. 1 (February 1991), https://doi.org/10.1093/geront/31.1.43.

Mary A. Fristad et al., "The Role of Ritual in Children's Bereavement," Omega: Journal of Death and Dying 42, no. 4 (June 2001), https://doi.org/10.2190/MC87-GQMC-VCDV-UL3U.

George H. Pollock, "The Mourning Process and Creative Organizational Change," Journal of the American Psychoanalytic Association 25, no. 1 (February 1977).

14장

Henry Jaglom, The Movie Business Book, ed. Jason E. Squire (New York: Simon and Schuster, 1992).

Chomsky's Philosophy, "Structure and Creativity," video, August 2, 2016, https://www.youtube.com/watch?v=Prh6qXcdmZshttps://www.youtube.com/watch?v=1X-AkJZUIiE.

Brent David Rosso, "Creativity and Constraint: Exploring the Role of Constraint in the Creative Processes of New Product and Technology Development Teams" (PhD diss., University of Michigan, 2011).

Don Handelman, "Re-Framing Ritual," in The Dynamics of Changing Rituals: The Transformation of Religious Rituals within Their Social and Cultural Context, ed. Jens Kreinath, Constance Hartung, and Annette Deschner, Toronto Studies in Religion, vol. 29 (New York: Peter Lang, 2004).

Thomas J. Csordas, Language, Charisma, and Creativity: The Ritual Life of a Religious Movement (Berkeley: University of California Press, 1997).

Jon Stewart in Terry Gross, "Jon Stewart: The Most Trusted Name in Fake News," Fresh Air, aired October 4, 2010, on NPR, https://www.npr.org/2010/10/04/130321994/jon-stewart-the-most-trusted-name-in-fake-news.

K. Anders Ericsson, "Deliberate Practice and the Acquisition and Maintenance of Expert Performance in Medicine and Related Domains," Academic Medicine 79, suppl. 10 (October 2004), https://doi.org/10.1097/00001888-200410001-00022.

Mihály Csikszentmihályi, "Flow: The Secret to Happiness," filmed February 2004, TED video, 18:55, https://www.youtube.com/watch?v=fXIeFJCqsPs.

말콤 글래드웰, 아웃라이어, 김영사, 1998.

Joseph D. Lichtenberg, "The Dialogic Nature of Narrative in Creativity and the Clinical Exchange," in Narrative and Meaning: The Foundation of Mind, Creativity, and the Psychoanalytic Dialogue, ed. Joseph D. Lichtenberg, Frank M. Lachmann, and James L. Fosshage (New York: Routledge, 2017).

Dorothy Lee, Freedom and Culture (New York: Prentice Hall, 1959).

Kurt Riezler, "What Is Freedom?" in Freedom: Its Meaning, ed. Ruth Nanda Anshen (New York: Harcourt Brace, 1940).

메이슨 커리, 리추얼, 책읽는수요일, 2014

Quoted in Sara Fishko, interview with Dave Brubeck, aired April 3, 2004, on WNYC, https://www.wnycstudios.org/podcasts/studio/segments/115831-dave-brubeck.

Nadya Solerno-Sonnenberg, The Mind, aired November 30, 1988, on PBS/BBC.

Charlie Rose, interview with Rem Koolhaas, Charlie Rose Show, aired January 14, 2016, on PBS, https://charlierose.com/episodes/28731?autoplay=true.

트와일라 타프, 천재들의 창조적 습관, 문예출판사, 2006.

Jean Pierre-Arnaud Dablemont, "On Rituals and Lucky Charms," October 2, 2009, http://en.pierre-arnaud-dablemont.com/blog/on-rituals-and-lucky-charms-1001.

Janet Weeks, "Pre-Show Rituals Ease Dancer Jitters," Dance Magazine, March 1, 2001, https://www.thefreelibrary.com/PRE-SHOW+RITUALS+EASE+DANCER+JITTERS-a070926843.

Lillian Hoddeson and Vicki Daitch, True Genius: The Life and Science of John Bardeen: The Only Winner of Two Nobel Prizes in Physics (Washington, DC: Joseph Henry Press, 2002).

Marcello Massenzio, "An Interview with Claude Lévi-Strauss," Current Anthropology 42, no. 3 (June 2001).

Raphael Sanzio, "Raphael Quotes," AZ Quotes, accessed November 7, 2023, https://www. azquotes.com/author/32953-Raphael.

munengoz, "Francis Bacon's Last Interview (17 August 1991)," video, 29:21, March 19, 2012, https://www.youtube.com/watch?v=p-d9TdRYUaQ.

Quoted in Michael Norman, "Contemporary Art Legend Chuck Close Talks about Painting, Creativity and a New Exhibition at the Akron Art Museum," Cleveland.com, September 1, 2009, https://www.cleveland.com/arts/2009/09/contemporary_art_legend_ chuck.html; Charlie Rose, "Creativity," episode 12 of Brain Series, aired October 28, 2010, on PBS, http://www.charlierose.com/videos/19846.

Quoted in Bob Sutton, "Want Some Creativity? Crank-up the Constraints," Medium, June 9, 2016, https://medium.com/stanford-d-school/want-some-creativity-crank-up-the-constraints-5728a988a635.

Malcolm Gladwell, "Physical Genius."

Jeff Batchelor, New York Times, 2010, http://www.nytimes.com/interactive/sports/ olympics/2010-snowboard—interviews.html#/4/3.

Debra J. Crews and Stephen H. Boutcher, "An Exploratory Observational Behavior Analysis of Professional Golfers during Competition," Journal of Sport Behavior 9, no. 2 (June 1, 1986).

Sean D. Hamill, "For James, Game-Day Quirks Evolve into the Ritual," New York Times, February 11, 2010, https://www.nytimes.com/2010/02/12/sports/basketball/12lebron.html.

Jackie MacMullan, "Routine Excellence Is Allen's Secret," Boston Globe, April 20, 2008, https://www.bostonglobe.com/sports/2012/07/06/routine-excellence-allen-secret/ dHqNA4eKkdPO6gDb3BKsBO/story.html.

Quoted in Lisa Rogak, Haunted Heart: The Life and Times of Stephen King (New York: Thomas Dunne Books, 2008).

Quoted in John Wray, "Haruki Murakami, the Art of Fiction No. 182," Paris Review, no. 170 (Summer 2004), https://www.theparisreview.org/interviews/2/haruki-murakami-the-art-of-fiction-no-182-haruki-murakami.

Jena McGregor, "Maya Angelou on Leadership, Courage and the Creative Process," Washington Post, May 28, 2014, https://www.washingtonpost.com/news/on-leadership/ wp/2014/05/28/maya-angelou-on-leadership-courage-and-the-creative-process/.

Mason Currey, "A Master Class in Creative Doubt," Subtle Maneuvers, January 23, 2023, https://masoncurrey.substack.com/p/jafar-pahani-master-class.

Freeman Dyson, Maker of Patterns: An Autobiography through Letters (New York: Liveright, 2018).

Quoted in Spirit of the Times 1–2 (1825).

Andrew Robinson, "Chemistry's Visual Origins," Nature 465, no. 6 (May 2010), https://doi. org/10.1038/465036a.

Quoted in Steven Johnson, Where Good Ideas Come From: The Natural History of Innovation (New York: Riverhead Books, 2010).

Benjamin Baird et al., "Inspired by Distraction: Mind Wandering Facilitates Creative Incubation," Psychological Science 23, no. 10 (August 31, 2012), https://doi.org/10.1177/0956797612446024; Ap Dijksterhuis and Teun Meurs, "Where Creativity Resides: The Generative Power of Unconscious Thought," Conscious Cognition 15, no. 1 (2006), https://doi.org/10.1016/j.concog.2005.04.007; Malia F. Mason et al., "Wandering Minds: The Default Network and Stimulus–Independent Thought," Science 315, no. 5810 (January 19, 2007), https://doi.org/10.1126/science.1131295; Benjamin Mooneyham and Jonathan W. Schooler, "The Costs and Benefits of Mind–Wandering: A Review," Canadian Journal of Experimental Psychology 67, no. 1 (March 2013), https://doi.org/10.1037/a0031569; Jonathan Smallwood and Jessica Andrews–Hanna, "Not All Minds That Wander Are Lost: The Importance of a Balanced Perspective on the Mind–Wandering State," Frontiers in Psychology 4 (August 6, 2013), https://www.frontiersin.org/articles/10.3389/fpsyg.2013.00441/full.

Stephen M. Smith et al., "Correspondence of the Brain's Functional Architecture during Activation and Rest," Proceedings of the National Academy of Sciences 106, no. 31 (August 4, 2009), https://doi.org/10.1073/pnas.0905267106.

Steven Kotler, "Flow States and Creativity: Can You Train People to Be More Creative?" Psychology Today, February 25, 2014, https://www.psychologytoday.com/us/blog/the-playing-field/201402/flow-states-and-creativity.

Xinqi Zhou and Xu Lei, "Wandering Minds with Wandering Brain Networks," Neuroscience Bulletin 34 (2018), https://doi.org/10.1007/s12264-018-0278-7.

Roger E. Beaty et al., "Robust Prediction of Individual Creative Ability from Brain Functional Connectivity," Proceedings of the National Academy of Sciences 115, no. 5 (January 16, 2018), https://doi.org/10.1073/pnas.1713532115.

Pascale Voelker et al., "How Changes in White Matter Might Underlie Improved Reaction Time Due to Practice," Cognitive Neuroscience 8, no. 2 (2017), https://doi.org/10.1080/17588928.2016.1173664.

Isaac Asimov, "Isaac Asimov Asks, 'How Do People Get New Ideas?': A 1959 Essay by Isaac Asimov on Creativity," MIT Technology Review, October 20, 2014, https://www.technologyreview.com/s/531911/isaac-asimov-asks-how-do-people-get-new-ideas/.

Pearl Katz, "Ritual in Psychoanalytic Practice," presented at the American Psychoanalytic Association annual meeting, New York, 1985.

Max Gluckman, "Les Rites de Passage," in Essays on the Ritual of Social Relations, ed. Max Gluckman (Manchester, UK: Manchester University Press, 1962); Victor Turner, Dramas, Fields, and Metaphors: Symbolic Action in Human Society (Ithaca, NY: Cornell University Press, 1974); 아놀드 반 제넵, 통과의례, 달을긷는우물, 2022

Quoted in Brent Crane, "Eight of Our Favorite Writers on Why They Run," Outside Online, updated May 12, 2022, https://www.outsideonline.com/2194156/our-favorite-writers-why-they-run.

Nick Ripatrazone, "Why Do Writers Run?" Atlantic, November 11, 2015, https://www.theatlantic.com/entertainment/archive/2015/11/why-writers-run/415146/.

Joyce Carol Oates, "To Invigorate Literary Mind, Start Invigorating Literary Feet," New York Times, July 19, 1999, https://www.nytimes.com/1999/07/19/arts/to-invigorate-literary-mind-start-moving-literary-feet.html.

Quoted in Ryan Lindemulder, "Trail Running and Creativity," I Run Far, October 15, 2013, https://www.irunfar.com/2013/10/trail-running-and-creativity.html.

Quoted in Sydney Allen-Ash, "Does Running Actually Help Creativity?" Medium, January 11, 2017, https://medium.com/voltwomen/does-running-actually-help-creativity-7ac38ec0aca5.

Quoted in Alex S. Pang, "Running, Writing, and Deep Play: Exercise and Hobbies Play an Important, Under-Appreciated Role in Creative Lives," Psychology Today, June 28, 2017, https://www.psychologytoday.com/us/blog/rest/201706/running-writing-and-deep-play.

15장

David I. Kertzer, Ritual, Politics, and Power (New Haven, CT: Yale University Press, 1988).

Arthur Kleinman, "How Rituals and Focus Can Turn Isolation into a Time for Growth," Wall Street Journal, April 9, 2020, https://www.wsj.com/articles/how-rituals-and-focus-can-turn-isolation-into-a-time-for-growth-11586445045.

Everett Alvarez Jr. and Anthony S. Pitch, Chained Eagle: The Heroic Story of the First American Shot Down over North Vietnam (New York: D. I. Fine, 1989).

Ross Parmenter, School of the Soldier: An Essay in the Form of a Memoir (New York: Profile Press, 1980).

Kleinman writes that the rituals he developed when sheltering in place "Transformed daily living into a chain of life-enhancing rituals that allow me to find and create joy" (Kleinman, "Rituals and Focus").

참고문헌

ABC News. "Chinese Families Have Death Rituals Disrupted by Missing Malaysia Flight." March 15, 2014. https://abcnews.go.com/Health/chinese-families-death-rituals-disrupted-missing-malaysia-flight/story?id=22919995.

Abelin-Sas, Graciela. "To Mother or Not to Mother: Abortion and Its Challenges." Journal of Clinical Psychoanalysis 1, no. 4 (1992).

Ackard, Diann M., and Dianne Neumark-Sztainer. "Family Mealtime while Growing Up: Associations with Symptoms of Bulimia Nervosa." Eating Disorders: The Journal of Treatment and Prevention 9, no. 3 (2001).

Ainslie, Ricardo C., Pratyusha Tummala-Narra, Andrew Harlem, Laura Barbanel, and Richard Ruth. "Contemporary Psychoanalytic Views on the Experience of Immigration." Psychoanalytic Psychology 30, no. 4 (2013).

Alford, Henry. "Heedlessly Romantic." New York Times, September 23, 2012. https://www.nytimes.com/2012/09/23/fashion/romance-with-no-rules.html.

Allen-Ash, Sydney. "Does Running Actually Help Creativity?" Medium. January 11, 2017. https://medium.com/voltwomen/does-running-actually-help-creativity-7ac38ec0aca5.

Alvarez, Everett, Jr., and Anthony S. Pitch. Chained Eagle: The Heroic Story of the First American Shot Down over North Vietnam. New York: D. I. Fine, 1989.

Andre, Louie. "141 Crucial Online Dating Statistics: 2023 Data Analysis and Market Share." Finances Online. Updated November 18, 2023. https://financesonline.com/online-dating-statistics/#:~:text=There%20are%20around%201%2C500%20online,niches%20like%20highly%2Dreligious%20daters.

Ansari, Aziz, and Eric Klinenberg. 모던 로맨스. 부키, 2019..

Apter, Andrew. "In Dispraise of the King: Rituals 'against' Rebellion in South-East Africa." Man 18, no. 3 (September 1983).

Aries, Philippe. 죽음 앞의 인간. 새물결, 2004.

Asimov, Isaac. "Isaac Asimov Asks, 'How Do People Get New Ideas?': A 1959 Essay by Isaac Asimov on Creativity." MIT Technology Review, October 20, 2014. https://www.technologyreview.com/s/531911/isaac-asimov-asks-how-do-people-get-new-ideas/.

Austin, Elizabeth. "In Contempt of Courtship: Why We Love to Watch Other People Date, but Hate to Do It Ourselves." Washington Monthly 35, no. 6 (June 2003). https://go.gale.com/

ps/i.do?id=GALE%7CA103565546&sid=googleScholar&v=2.1&it=r&linkaccess=abs&iss
n=00430633&p=AONE&sw=w&userGroupName=anon%7E32645996&aty=open-web-
entry.

Baird, Benjamin, Jonathan Smallwood, Michael D. Mrazek, Julia W. Y. Kam, Michael S.
Franklin, and Jonathan W. Schooler. "Inspired by Distraction: Mind Wandering Facilitates
Creative Incubation." Psychological Science 23, no. 10 (October 1, 2012). https://doi.
org/10.1177/0956797612446024.

Balandier, Georges. Political Anthropology. Translated by A. M. Sheridan Smith. New York:
Pantheon Books, 1970.

Banker, Jamie E., Christine E. Kaestle, and Katherine R. Allen. "Dating Is Hard Work:
A Narratibe Approach to Understanding Sexual and Romantic Relationships in Young
Adulthood." Contemporary Family Therapy 32, no. 2 (2010). https://doi.org/10.1007/
s10591-009-9111-9.

Batchelor, Jeff. New York Times, 2010. http://www.nytimes.com/interactive/sports/
olympics/2010-snowboard—interviews.html#/4/3.

Batteau, Allen W. "Negations and Ambiguities in the Cultures of Organization." American
Anthropologist 102, no. 4 (December 2000). https://www.jstor.org/stable/684196.

Baxter, Leslie A., and Catherine L. Clark. "Perceptions of Family Communication Patterns
and the Enactment of Family Rituals." Western Journal of Communication 60, no. 3 (1996).
https://doi.org/10.1080/10570319609374546.

Beals, Diane E., and Catherine E. Snow. "Thunder Is When the Angels Are Upstairs
Bowling: Narratives and Explanations at the Dinner Table." Journal of Narrative and Life
History 4, no. 4 (January 1994). https://doi.org/10.1075/jnlh.4.4.06thu.

Beaty, Roger E., Yoed N. Kenett, Alexander P. Christensen, Monica D. Rosenberg, Mathias
Benedek, Qunlin Chen, Andreas Fink et al. "Robust Prediction of Individual Creative Ability
from Brain Functional Connectivity." Proceedings of the National Academy of Sciences 115,
no. 5 (January 16, 2018). https://doi.org/10.1073/pnas.1713532115.

Belkin, Lisa. Life's Work: Confessions of an Unbalanced Mom. New York: Simon and
Schuster, 2002.

Bergeson, Laine. "Do-It-Yourself Rituals: Who Needs Old Traditions When You Can
Make Up New Ones?" Utne. July 1, 2004. http://www.utne.com/2004-07-01/Do-It-
Yourselfrituals.aspx.

Berlin, Sir Isaiah. Two Concepts of Liberty: An Inaugural Lecture Delivered before the
University of Oxford, on 31 October 1958. Oxford, UK: Clarendon Press, 1958.

Berman, Laura. In the Bedroom with Dr. Laura Berman. Aired December 4, 2012, on
OWN Network.

Bernard Fournier, Anabelle, Karyn Fulcher, Leah Shumka, and Nathan J. Lachowsky.
"Group Sex in the Time of COVID: Intimacy, Learning and Community-Building in Sexual
Communities during a Pandemic." Canadian Journal of Human Sexuality 30, no. 2 (August

2021). https://doi.org/10.3138/cjhs.2021-0014.

Bettelheim, Bruno. The Informed Heart: Autonomy in a Mass Age. Glencoe, IL: Free Press, 1960.

Bialik, Carl. "Starbucks Stays Mum on Drink Math." Wall Street Journal, April 2, 2008. https://www.wsj.com/amp/articles/BL-NB-309?responsive=y.

Biro, David. One Hundred Days: My Unexpected Journey from Doctor to Patient. New York: Pantheon Books, 2000.

Birth in Awareness: Childbirth Preparation Class. Accessed August 22, 2010. http://www.birthinawareness.co.uk/classes.htm.

Bisson, Melissa A., and Timothy R. Levine. "Negotiating a Friends with Benefits Relationship." Archives of Sexual Behavior 38, no. 1 (February 2009). https://doi.org/10.1007/s10508-007-9211-2.

Blake, Noelle. "Dance Floor Makeout? It's More Likely than You Think." Dartmouth, February 8, 2023. https://www.thedartmouth.com/article/2023/02/dance-floor-make-out-its-more-likely-than-youd-think.

Bogle, Kathleen A. Hooking Up: Sex, Dating, and Relationships on Campus. New York: New York University Press, 2008.

Bonanno, George A. The Other Side of Sadness: What the New Science of Bereavement Tells Us about Life after Loss. New York: Basic Books, 2009.

Boss, Pauline. "Boundary Ambiguity: A Block to Cognitive Coping." In Cognitive Coping, Families and Disability, edited by Ann P. Turnbull, Joan M. Patterson, Shirley K. Behr, Douglas L. Murphy, Janet G. Marquis, and Martha J. Blue-Banning. Baltimore, MD: Brookes, 1993.

Bourke, Angela. "The Irish Traditional Lament and the Grieving Process." Women's Studies International Forum 11, no. 4 (1988). https://doi.org/10.1016/0277-5395(88)900065-9.

Boutelle, Kerri N., Amanda S. Birnbaum, Leslie A. Lytle, David M. Murray, and Mary Story. "Associations between Perceived Family Meal Environment and Parent Intake of Fruit, Vegetables, and Fat." Journal of Nutrition Education and Behavior 35, no. 1 (January–February 2003). https://doi.org/10.1016/s1499-4046(06)60323-0.

Bowden, B. S., and J. M. Zeisz. "Supper's On! Adolescent Adjustment and Frequency of Family Mealtimes." Paper presented at the 105th annual meeting of the American Psychological Association, Chicago, August 17, 1997.

Boyce, W. T., E. W. Jensen, J. C. Cassel, A. M. Collier, A. H. Smith, and C. T. Ramey. "Influence of Life Events and Family Routines on Childhood Respiratory Tract Illness." Pediatrics 60, no. 4 (October 1977).

Bradshaw, Carolyn, Arnold S. Kahn, and Bryan K. Saville. "To Hook Up or Date: Which Gender Benefits?" Sex Roles 62, nos. 9–10 (May 2010). https://doi.org/10.1007/s11199-010-9765-7.

Brody, Gene H., and Douglas L. Flor. "Maternal Psychological Functioning, Family Processes, and Child Adjustment in Rural, Single Parent African American Families."

Developmental Psychology 33, no. 6 (November 1997). https://doi.org/10.1037/0012-1649.33.6.1000.

Brontë, Emily Jane. 폭풍의 언덕

Brooks, Samatha K., Rebecca K. Webster, Louise E. Smith, Lisa Woodland, Simon Wessely, Neil Greenberg, and Gideon James Rubin. "The Psychological Impact of Quarantine and How to Reduce It: Rapid Review of the Evidence." Lancet 395, no. 10227 (March 14, 2020). https://doi.org/10.1016/S0140-6736(20)30460-8.

Brown, Jeffrey. "Diane Rehm: On My Own." PBS NewsHour. Aired March 3, 2016, on PBS.

Burgess, Ernest Watson, and Harvey James Locke. The Family. 2nd ed. American Sociology Series. New York: American Book Co., 1953.

Caillaux, Emil. "Rules for Friends with Benefits." Thought Catalog. 2012. http://thoughtcatalog.com/2012/rules-for-friends-with-benefits/.

Campbell, Cathy L., and Alice S. Demi. "Adult Children of Fathers Missing in Action (MIA): An Examination of Emotional Distress, Grief, and Family Hardiness." Family Relations 49, no. 3 (July 2000). https://doi.org/10.1111/j.1741-3729.2000.00267.x.

Cannell, Fenella. "How Does Ritual Matter?" In Questions of Anthropology, edited by Rita Astuti, Jonathan Parry, and Charles Stafford. Oxford, UK: Berg, 2007.

Carballo, Rebecca. "Using AI to Talk to the Dead." New York Times, December 11, 2023. https://www.nytimes.com/2023/12/11/technology/ai-chatbots-dead-relatives.html.

Carey, Benedict. "Families' Every Fuss, Archived and Analyzed." New York Times, May 22, 2010. http://www.nytimes.com/2010/05/23/science/23family.html?sq=ucla%20and%20study%20&st=cse&scp=1&pagewanted=all.

Carpenter, Laura M. "The Ambiguity of 'Having Sex': The Subjective Experience of Virginity Loss in the United States." Journal of Sex Research 38, no. 2 (May 2001). https://doi.org/10.1080/00224490109552080.

Carter, Jaine, and James D. Carter. "Adding Meaning to Marriage: Religious Rituals and Traditions Strengthen Family Bonds." Pittsburgh Post-Gazette, December 25, 2001.

Carville, Olivia, and Nate Lanxon. "How to Date Online in the Age of Covid-19." Bloomberg. March 20, 2020. https://www.bloomberg.com/news/articles/2020-03-20/online-dating-in-a-pandemic-coronavirus-keeps-singles-apart#xj4y7vzkg.

Castle, Jason, and William L. Phillips. "Grief Rituals: Aspects That Facilitate Adjustment to Bereavement." Journal of Loss and Trauma 8, no. 1 (2003). https://doi.org/10.1080/15325020305876.

Cecil, Rosanne, ed. The Anthropology of Pregnancy Loss: Comparative Studies in Miscarriage, Stillbirth and Neonatal Death. Oxford, UK: Berg, 1996.

Chandra, A., G. M. Martinez, W. D. Mosher, J. C. Abma, and J. Jones. "Fertility, Family Planning, and Reproductive Health of U.S. Women: Data from the 2002 National Survey of Family Growth, National Center for Health Statistics." Vital and Health Statistics 23, no. 25

(2005).

Chapple, A., and S. Ziebland. "Viewing the Body after Bereavement Due to a Traumatic Death: Qualitative Study in the UK." British Medical Journal 340 (2010). https://doi.org/10.1136/bmj.c2032.

Chartrand, Louise. "Entre la vie et la mort: une anthropologie du ventilateur." PhD diss., University of Ottawa, 2018.

Chen, Pauline W. "The Comfort of a Diagnosis." New York Times, October 8, 2009. https://www.nytimes.com/2009/10/08/health/08chen.html.

Chomsky's Philosophy. "Structure and Creativity." Video, 6:00. August 2, 2016. https://www.youtube.com/watch?v=Prh6qXcdmZshttps://www.youtube.com/watch?v=1X-AkJZUIiE.

Christensen, Eric. "Ta-Nehisi Coates and Mayor Mitch Landrieu Discuss Whether Violence Is a Function of Culture or the Consequence of History." Aspen Institute. July 3, 2015. https://www.aspeninstitute.org/blog-posts/Ta-Nehisi-Coates-Mayor-Mitch-Landrieu-discuss-whether-violence-function-culture/.

Cindy. Aired 2010, on Discovery Health.

Clinton, Jacqueline F. "Physical and Emotional Responses of Expectant Fathers throughout Pregnancy and the Early Postpartum Period." International Journal of Nursing Studies 24, no. 1 (1987). https://doi.org/10.1016/0020-7489(87)90039-3.

Cochrane, Kira. "Should I Follow Any Rules?" Guardian, January 24, 2009. http://www.guardian.co.uk/lifeandstyle/2009/jan/24/rules-of-dating.

Colloca, Luana, and Arthur J. Barsky. "Placebo and Nocebo Effects." New England Journal of Medicine 382 (February 6, 2020). https://doi.org/10.1056/NEJMra1907805.

Compañ, E., J. Moreno, M. T. Ruiz, and E. Pascual. "Doing Things Together: Adolescent Health and Family Rituals." Journal of Epidemiology and Community Health 56 (2002). https://doi.org/10.1136/jech.56.2.89.

Compassionate Friends. Bereaved Parents and the Professional. N.p.: n.d.

Condor, Bob, and Tribune Staff Writer. "Don't Mess with Dinner." Chicago Tribune, September 21, 1997. http://articles.chicagotribune.com/1997-09-21/features/9709210221_1_meals-dinner-teens.

Couric, Katie. Interview with Robert Redford. Today Show. Aired 2001, on NBC.

Coutu, Diane L. "In Praise of Boundaries: A Conversation with Miss Manners." Harvard Business Review 81, no. 12 (December 2003).

Covey, Stephen R. 성공하는 가족들의 7가지 습관, 김영사, 1998.

Crane, Brent. "Eight of Our Favorite Writers on Why They Run." Outside Online. Updated May 12, 2022. https://www.outsideonline.com/2194156/our-favorite-writers-why-they-run.

Crespo, Carla, Susana Santos, Maria Cristina Canavarro, Magdalena Kielpikowski, Jan Pryor, and Terezinha Féres-Carneiro. "Family Routines and Rituals in the Context of Chronic Conditions: A Review." International Journal of Psychology 48, no. 5 (2013). https://doi.

org/10.1080/00207594.2013

Dablemont, Pierre-Arnaud. "On Rituals and Lucky Charms." 2009. http://en.pierre-arnaud-dablemont.com/blog/on-rituals-and-lucky-charms-1001.

Davis, Julie Bawden. "90's Family: The Rite Stuff." Los Angeles Times, December 21, 1994.

Davis-Floyd, Robbie E. Birth as an American Rite of Passage. Berkeley: University of California Press, 2003.

Davis-Floyd, Robbie, and Melissa Cheyney. "Birth and the Big Bad Wolf: An Evolutionary Perspective." In Childbirth across Cultures: Ideas and Practices of Pregnancy, Childbirth and the Postpartum, edited by Helaine Selin and Pamela K. Stone. Dordrecht, Netherlands: Springer, 2009.

DC Urban Moms and Dads. https://www.dcurbanmom.com/.

————. "Favorite Family Tradition." Accessed November 6, 2023. http://www.dcurbanmom.com/jforum/posts/list/51542.page#363974.

de Coppet, Danel. Introduction to Understanding Rituals, edited by Danel de Coppet. London: Routledge, 1992.

Dent, Justin. "Relationships Built to Fail: Emotionless Hookups Should Remain Just That." Diamondback, September 11, 2012.

Diane Rehm Show. Aired 2010, on NPR.

Dickenson, Amy. "Dear Amy." Washington Post, 2009.

Didion, Joan. 상실. 책읽는수요일, 2023.

Dijksterhuis, Ap, and Teun Meurs. "Where Creativity Resides: The Generative Power of Unconscious Thought." Conscious Cognition 15, no. 1 (2006). https://doi.org/10.1016/j.concog.2005.04.007

Doherty, William J. Atlanta Journal-Constitution, September 14, 2011.

————. "Strengthening Family Ties; Family Occasions." Better Homes and Gardens 76 (July 12, 1998).

Douglas, Mary. "The Contempt of Ritual." New Society (March 31, 1966).

————. 순수와 위험. 현대미학사, 1997

Dowd, Maureen. "The Manolo Moochers." New York Times, August 29, 2001.

Dunham, Lena. Girls. Season 1, episode 2, "Vagina Panic." Aired April 22, 2012, on HBO.

Durkheim, Émile. 종교생활의 원초적 형태. 한길사, 2020.

Dyson, Freeman. Maker of Patterns: An Autobiography through Letters. New York: Liveright, 2018.

Edgerton, Robert. Rules, Exceptions, and Social Order. Berkeley: University of California Press, 1985.

Edwards, Elizabeth. Resilience: Reflections on the Burdens and Gifts of Facing Life's Adversities. New York: Broadway Books, 2010.

Eisenberg, Marla E., Rachel E. Olson, Dianne Neumark-Sztainer, Mary Story, and Linda H. Bearinger. "Correlations between Family Meals and Psychosocial Well-Being among

Adolescents." *Archives of Pediatrics and Adolescent Medicine* 158, no. 8 (2004). https://doi.org/10.1001/archpedi.158.8.792.

Elsesser, Kim. "How the Pandemic Has Changed Our Sexuality." Forbes, October 7, 2020. https://www.forbes.com/sites/kimelsesser/2020/10/07/how-the-pandemic-has-changed-our-sexuality/?sh=3d1c646717fc.

England, Pam, and Rob Horowitz. *Birthing from Within: An Extra-ordinary Guide to Childbirth Preparation.* Albuquerque, NM: Partners Press, 1998.

Ericsson, K. Anders. "Deliberate Practice and the Acquisition and Maintenance of Expert Performance in Medicine and Related Domains." *Academic Medicine* 79, suppl. 10 (October 2004). https://doi.org/10.1097/00001888-200410001-00022.

Ewing, Katherine P. "Can Psychoanalytic Theories Explain the Pakistani Woman? Intrapsychic Autonomy and Interpersonal Engagement in the Extended Family." *Ethos* 19, no. 2 (June 1991). https://doi.org/10.1525/eth.1991.19.2.02a00010.

Fabian-Weber, Nicole. "8 Things You Can Do with Your Placenta after Birth." Parents. Updated October 1, 2023. https://www.parents.com/pregnancy/giving-birth/labor-and-delivery/7-things-to-do-with-your-placenta-besides-leaving-it-at/.

Fake Ultrasound Shop. "Most Realistic Ultrasounds Around." Accessed November 24, 2023. https://www.fakeultrasound.com/?msclkid=e18864d94613149b767600f8b2fa244e.

Fardon, Richard. *Mary Douglas: An Intellectual Biography.* London: Routledge, 1999.

Federation of American Societies for Experimental Biology (FASEB). "Families That Eat Together May Be the Healthiest, New Evidence Confirms." Science Daily, April 23, 2012. https://www.sciencedaily.com/releases/2012/04/120423184157.htm.

Fenwick, Alexandra. "Booty Call vs. Dating: Know the Signs." Galore, 2015. https://galoremag.com/booty-call-vs-dating-know-the-signs/.

Field, Tiffany. "Attachment as Psychobiological Attunement: Being on the Same Wavelength." In *Psychobiology of Attachment and Separation*, edited by Martin Reite and Tiffany Field. New York: Academic Press, 1985. Fiese, Barbara H. "Routine and Ritual Elements in Family Mealtimes." In *Family Mealtime as a Context of Development and Socialization*, edited by Reed W. Larson, Angela R. Wiley, and Kathryn R. Branscomb. New Directions for Child and Adolescent Development, no. 111. San Francisco: Jossey-Bass, 2006.

Fiese, Barbara H., Amber Hammons, and Diana Grigsby-Toussaint. "Family Mealtimes: A Contextual Approach to Understanding Childhood Obesity." *Economics and Human Biology* 10, no. 4 (December 2012). https://doi.org/10.1016/j.ehb.2012.04.004.

Fiese, Barbara H., Karen A. Hooker, Lisa Kotary, and Janet Schwagler. "Family Rituals in the Early Stages of Parenthood." *Journal of Marriage and the Family* 57, no. 3 (August 1993).

Fiese, Barbara, and Thomas J. Tomcho. "Finding Meaning in Religious Practices: The Relation between Religious Holiday Rituals and Marital Satisfaction." *Journal of Family Psychology* 15, no. 4 (2001).

Fiese, Barbara H., Thomas J. Tomcho, Michael Douglas, Kimberly Josephs, Scott Poltrock, and Tim Baker. "A Review of 50 Years of Research on Naturally Occurring Family Routines and Rituals: Cause for Celebration?" Journal of Family Psychology 16, no. 4 (2002). https://doi.org/10.1037//0893-3200.16.4.381.

Fiese, Barbara H., and Frederick S. Wamboldt. "Family Routines, Rituals, and Asthma Management: A Proposal for Family-Based Strategies to Increase Treatment Adherence." Families, Systems, and Health 18, no. 4 (2000). https://doi.org/10.1037/h0091864.

Firth, Raymond. Elements of Social Organization. London: Watts, 1951.

Fischer-Shofty, Meytal, Yechiel Levkovitz, and Simone G. Shamay-Tsoory. "Oxytocin Facilitates Accurate Perception of Competition in Men and Kinship in Women." Social Cognitive and Affective Neuroscience 8, no. 3 (March 2013). https://doi.org/10.1093/scan/nsr100.

Fisher, Maryanne L., Kerry Worth, Justin R. Garcia, and Tami Meredith. "Feelings of Regret Following Uncommitted Sexual Encounters in Canadian University Students." Culture, Health and Sexuality 14, no. 1 (2011). https://doi.org/10.1080/13691058.2011.619579.

Fishko, Sara. Interview with Dave Brubeck. Aired April 3, 2004, on WNYC. https://www.wnycstudios.org/podcasts/studio/segments/115831-dave-brubeck.

Ford, Frederick R. "Rules: The Invisible Family." Family Process 22, no. 2 (June 1983). https://doi.org/10.1111/j.1545-5300.1983.00135.x.

Francis, Doris, Leonie Kellaher, and Georgina Neophytou. The Secret Cemetery. Oxford, UK: Berg, 2005.

Frecska, Ede, and Zsuzsanna Fulcsar. "Social Bonding in the Modulation of the Physiology of Ritual Trance." Ethos 17, no. 1 (1989). https://doi.org/10.1525/eth.1989.17.1.02a00040.

Freitas, Donna. Sex and the Soul: Juggling Sexuality, Spirituality, Romance, and Religion on America's College Campuses. New York: Oxford University Press, 2008.

————. "Time to Stop Hooking Up. (You Know You Want To.)." Washington Post, March 31, 2013.

Freud, Sigmund. "Mourning and Melancholia." In The Standard Edition of the Complete Psychological Works of Sigmund Freud, vol. 14, edited by Ernest Jones. London: Hogarth Press, 1916.

Fristad, Mary A., Julie Cerel, Maria Goldman, Elizabeth B. Weller, and Ronald A. Weller. "The Role of Ritual in Children's Bereavement." Omega: Journal of Death and Dying 42, no. 4 (June 2001). https://doi.org/10.2190/MC87-GQMC-VCDV-UL3U.

Fulton, Robert. "The Funeral in Contemporary Society." In Death and Identity, edited by Robert Fulton and Robert Bendiksen. Philadelphia: Charles Press, 1994.

Garcia, Justin R., Chris Reiber, Sean G. Massey, and Ann M. Merriwether. "Sexual Hookup Culture: A Review." Review of General Psychology 16, no. 2 (2012). https://doi.org/10.1037/a0027911.

Garret-Evans, Crystal. "Starbucks the Only Place in the World That You Can Truly Be You." Facebook. N.d.

Gelcer, Esther. "Mourning Is a Family Affair." Family Process 22, no. 4 (December 1983). https://doi.org/10.1111/j.1545-5300.1983.00501.x.

Ghert-Zand, Renee. "With Clues from Mysterious Box, Daughter Solves Puzzle of Father's WWII Survival." Times of Israel, February 10, 2020. https://www.timesofisrael.com/with-clues-from-mysterious-box-daughter-solves-puzzle-of-fathers-wwii-survival/.

Gibson, Lynn. "Enriched by Rituals: Routines Provide Meaning, Balance." Spokesman Review, June 12, 1999.

Giddens, Anthony. The Constitution of Society: Outline of the Theory of Structuration. Berkeley: University of California Press, 1984.

Gillman, Matthew W., Sheryl L. Rifas-Shiman, A. Lindsay Frazier, Helaine R. H. Rockett, Carlos A. Camargo Jr., Alison E. Field, Catherine S. Berkey, and Graham A. Colditz. "Family Dinner and Diet Quality among Older Children and Adolescents." Archives of Family Medicine 9, no. 3 (March 2000). https://doi.org/10.1001/archfami.9.3.235.

Ginsburg, Ruth Bader, Mary Hartnett, and Wendy W. Williams. My Own Words. New York: Simon and Schuster, 2018.

Gladwell, Malcolm. 아웃라이어. 김영사, 2009

———. "The Physical Genius." New Yorker, August 2, 1999.

Gleason, Neil, Swagata Banik, Jesse Braverman, and Eli Coleman. "The Impact of the COVID-19 Pandemic on Sexual Behaviors: Findings from a National Survey in the United States." Journal of Sexual Medicine 18, no. 11 (November 2021). https://doi.org/10.1016/j.jsxm.2021.08.008.

Glenn, Norval, and Elizabeth Marquardt. Hooking Up, Hanging Out, and Hoping for Mr. Right: College Women on Dating and Mating Today. New York: Institute on American Values, 2001.

Gluckman, Max. Custom and Conflict in Africa. Oxford, UK: Blackwell, 1991.

———. "Les Rites de Passage." In Essays on the Ritual of Social Relations, edited by Max Gluckman. Manchester, UK: Manchester University Press, 1962.

———. Politics, Law and Ritual in Tribal Society. Chicago: Aldine, 1965.

———. Rituals of Rebellion in South-East Africa. Manchester, UK: Manchester University Press, 1954.

———. "Specificity of Social-Anthropological Studies of Ritual." Mental Health and Society 2, nos. 1–2 (1975).

Godvin, Tara. "Hawaiians Seek Placenta for Ritual." Chron, April 23, 2006. https://www.chron.com/news/nation-world/article/hawaiians-seek-placenta-for-ritual-1854543.php.

Goffman, Erving. 상호작용 의례. 아카넷, 2013.

Goldman, Ari L. Living a Year of Kaddish. New York: Schocken Books, 2003.

Goldman, Emily S. "Running's Mysteriously Real Benefits." Washington Post, June 26, 2011.

Gollayan, Christian. "Cheap Bros Have Found a New Way to Get Out of Paying for Dates."

New York Post, May 25, 2016. https://nypost.com/2016/05/25/cheap-bros-have-found-a-new-way-to-get-out-of-paying-for-dates/.

Gonsalves, Marc, Keith Stansell, Tom Howes, and Gary Brozek. Out of Captivity: Surviving 1,967 Days in the Colombian Jungle. New York: William Morrow, 2009.

Gordon, Gil. Turn It Off: How to Unplug from the Anytime-Anywhere Office without Disconnecting Your Career. New York: Three Rivers Press, 2003.

Gorer, Geoffrey. Death, Grief, and Mourning. Garden City, NY: Doubleday, 1965.

Gould, Roger V. Collision of Wills: How Ambiguity from Social Rank Breeds Conflict. Chicago: University of Chicago Press, 2003.

Grainger, Roger. The Social Symbolism of Grief and Mourning. London: Jessica Kingsley, 1998.

Gray, Francine du Plessix. Lovers and Tyrants. New York: Simon and Schuster, 1976.

Grazian, David. "The Girl Hunt: Urban Nightlife and the Performance of Masculinity as Collective Activity." Symbolic Interaction 30, no. 2 (Spring 2007). https://doi.org/10.1525/si.2007.30.2.221.

Greene-Bush, Ellen, and Kenneth I. Pargament. "Family Coping with Chronic Pain." Families, Systems, and Health 15, no. 2 (Summer 1997). https://doi.org/10.1037/h0089797.

Greening, Leilani, Laura Stoppelbein, Carlos Konishi, Sara Sytsma Jordan, and George Moll. "Child Routines and Youths' Adherence to Treatment for Type 1 Diabetes." Journal of Pediatric Psychology 32, no. 4 (May 2007). https://doi.org/10.1093/jpepsy/jsl029.

Greenspan, Miriam. "Letting Them Die: The Stigma of Heroin Addiction and the Expanding Epidemic." HuffPost, updated November 15, 2017. https://www.huffpost.com/entry/letting-them-die-the-stigma-of-heroin-addiction-and_b_5a0cf5e7e4b023a796fed3ec.

Grinberg, León, and Rebeca Grinberg. Psychoanalytic Perspectives on Migration and Exile. Translated by Nancy Festinger. New Haven, CT: Yale University Press, 1989.

Gross, Terry. "Jon Stewart: The Most Trusted Name in Fake News." Fresh Air. Aired October 4, 2010, on NPR. https://www.npr.org/2010/10/04/130321994/jon-stewart-the-most-trusted-name-in-fake-news.

Guidubaldi, John, Helen K. Cleminshaw, Joseph D. Perry, Bonnie K. Nastasi, and Jeanine Lightel. "The Role of Selected Family Environment Factors in Children's Post-Divorce Adjustment." Family Relations 35, no. 1 (January 1986). https://doi.org/10.2307/584293.

Haese, Jessica Den, and Bruce M. King. "Oral-Genital Contact and the Meaning of 'Had Sex': The Role of Social Desirability." Archives of Sexual Behavior 51, no. 3 (2022). https://doi.org/10.1007/s10508-021-02220-4.

Hamill, Sean D. "For James, Game-Day Quirks Evolve into the Ritual." New York Times, February 11, 2010. https://www.nytimes.com/2010/02/12/sports/basketball/12lebron.html.

Hammond, Jeffrey A. The American Puritan Elegy: A Literary and Cultural Study. Cambridge Studies in American Literature and Culture. New York: Cambridge University Press, 2000.

Handelman, Don. "Re-Framing Ritual." In The Dynamics of Changing Rituals: The Transformation of Religious Rituals within Their Social and Cultural Context, edited by Jens Kreinath, Constance Hartung, and Annette Deschner. Toronto Studies in Religion, vol. 29. New York: Peter Lang, 2004.

Hathaway, Candy, and Nancy Lightner. Giving Sorrow Words: How to Cope with Grief and Get On with Your Life. New York: Warner Books, 1990.

Hax, Carolyn. "Carolyn Hax Live: Potential Parent vs. 'Vessel,' Friends with Benefits, and Cupcake-Hating Boyfriends." Washington Post, March 21, 2008. http://www. washingtonpost.com/wp-dyn/content/discussion/2008/03/14/DI2008031402696.html.
————. "Friends Who Go Silent while You Grieve." Washington Post, August 1, 2019.

Hayes, Bill. "Sleep: Loss." New York Times, April 27, 2010. https://archive.nytimes.com/ opinionator.blogs.nytimes.com/2010/04/27/sleep-loss/.

Henna Pregnancy Body Art. http://www.freedompondmoonworks.com/pb/wp_928f5837. html?0.6762934429949305.

Herbenick, Debby, Callie Patterson, Jonathon Beckmeyer, Yael R. Rosenstock Gonzalez, Maya Luetke, Lucia Guerra-Reyes, Heather Eastman-Mueller, Dubravka Svetina Valdivia, and Molly Rosenberg. "Diverse Sexual Behaviors in Undergraduate Students: Findings from a Campus Probability Survey." Journal of Sexual Medicine 18, no. 6 (June 2021). https://doi. org/10.1016/j.jsxm.2021.03.006.

Hertz, Robert. 죽음과 오른손. 문학동네. 2021.

Heymann, C. David. Bobby and Jackie: A Love Story. New York: Atria Books, 2009.

Hochschild, Arlie Russell. The Time Bind: When Work Becomes Home and Home Becomes Work. New York: Henry Holt, 1977.

Hoddeson, Lillian, and Vicki Daitch. True Genius: The Life and Science of John Bardeen: The Only Winner of Two Nobel Prizes in Physics. Washington, DC: Joseph Henry Press, 2002.

Hogetvedt, Douglas. "Better Late than Never." Autism Asperger's Digest, September–October 2008. http://www.grasp.org/media/BetterLate0908.pdf.

IBIS World. "Funeral Homes in the US: Number of Businesses." Accessed December 13, 2023.
https://www.ibisworld.com/industry-statistics/number-of-businesses/funeral-homes-united-states/#:~:text=There%20are%2023%2C136%20Funeral%20Homes,over%20the%20past%205%20years%3F.

Imber-Black, Evan, and Janine Roberts. Rituals for Our Times: Celebrating, Healing, and Changing Our Lives and Our Relationships. New York: Harper Perennial, 1993.

Iyengar, Sheena. 선택의 심리학. 21세기북스. 2012..

Iyer, Pico. The Man within My Head. New York: Alfred A. Knopf, 2012.

Jaffe, Joseph, Beatrice Beebe, Stanley Feldstein, Cynthia L. Crown, and Michael D. Jasnow. "Rhythms of Dialogue in Infancy: Coordinated Timing in Development." Monographs of the

Society for Research in Child Development 66, no. 2 (April 2001).

Jaglom, Henry. The Movie Business Book. Edited by Jason E. Squire. New York: Simon and Schuster, 1992.

James, William. Psychology: The Briefer Course. Edited by Gordon Allport. New York: Harper, 1961.

Jennings, Dana. "Losing a Comforting Ritual: Treatment." New York Times, June 30, 2009.

Jernstrom, Lisa. "Do You Know What I Like about Starbucks? When I Order a Skinny Cinnamon Dolce Latte It Tastes the Same Every Time! Those Other Coffee Places I Never Know What I'm Going to Get." Facebook, n.d. http://www.facebook.com/#!/Starbucks?v=wall.

Johnson, Christen A. "Here's What to Know about Sex and Dating in Phase Four of COVID-19 Reopening." Chicago Tribune, July 7, 2020. https://www.chicagotribune.com/lifestyles/ct-life-cb-sex-dating-phase-four-coronavirus-0706-20200707-pw5eud5afzanbg52a5cekdmveu-story.html.

Johnson, Steven. Where Good Ideas Come From: The Natural History of Innovation. New York: Riverhead Books, 2010.

Johnston, Barbara Rose, Elizabeth Colson, Dean Falk, Graham St. John, John H. Bodley, Bonnie J. McCay, Alaka Wali, Carolyn Nordstrom, and Susan Slyomovics. "On Happiness." American Anthropologist 114, no. 1 (March 2012). https://doi.org/10.1111/j.1548-1433.2011.01393.x.

Josefsson, Pernilla, and Fredrik Hanell. "Role Confusion in Facebook Groups." In An Education in Facebook? Higher Education and the World's Largest Social Network, edited by Mike Kent and Tama Leaver. Stockholm, Sweden: KTH The Royal Institute of Technology, 2014.

Julian, Kate. "Why Are Young People Having So Little Sex?" Atlantic, December 2018. https://www.theatlantic.com/magazine/archive/2018/12/the-sex-recession/573949/.

Kapusta, Michelle. "Prince William and Prince Harry's Most Heartbreaking Quotes about Their Late Mother Princess Diana." Showbiz Cheatsheet, August 30, 2023. https://www.cheatsheet.com/entertainment/prince-william-prince-harry-most-heartbreaking-quotes-late-mother-princess-diana.html/.

Kastor, Elizabeth. "The Need to Say Goodbye: For the Hostages' Families, a Chance to Rest in Peace." Washington Post, December 31, 1991.

Katz, Pearl. Acculturation and Social Networks of American Immigrants in Israel. Buffalo: State University of New York, 1974.

————. "Adaptations to Crowded Space: The Case of Taos Pueblo." In The Human Mirror: Material and Spatial Images of Man, edited by Miles Richardson. Baton Rouge: Louisiana State University Press, 1974.

————. "Emotional Metaphors, Socialization, and Roles of Drill Sergeants." Ethos 18, no. 4 (December 1990). https://doi.org/10.1525/eth.1990.18.4.02a00060.

————. "Initiation Rites and the Status of Women at Taos Pueblo." Anthropos 77, nos. 5–6 (1982). https://www.jstor.org/stable/40460534.

————. "Ritual in Psychoanalytic Practice." Presented at the American Psychoanalytic Association Annual Meeting, New York, 1985.

————. "Ritual in the Operating Room." Ethnology 20, no. 4 (October 1981). https://doi.org/10.2307/3773355.

————. The Scalpel's Edge: The Culture of Surgeons. Boston: Allyn and Bacon, 1999.

Katz, Pearl, and Paul Bartone. "Mourning, Ritual and Recovery after an Airline Tragedy." Omega 36, no. 3 (May 1998). https://doi.org/10.2190/EH1M-8NP0-279Y-5FDR.

Katz, Pearl, and Fred E. Katz. "Symbols as Charters in Culture Change: The Jewish Case." Anthropos 72, nos. 3–4 (1977). https://www.jstor.org/stable/40459134.

Katz, Pearl, and Faris R. Kirkland. "Traditional Thought and Modern Western Surgery." Social Science and Medicine 26, no. 12 (1988). https://doi.org/10.1016/0277-9536(88)90148-7.

Kawano, Satsuki. "Pre–Funerals in Contemporary Japan: The Making of a New Ceremony of Later Life among Aging Japanese." Ethnology 43, no. 2 (Spring 2004). https://doi.org/10.2307/3773951.

Kellem, Rachel. "The Birth of Grey Forest Walt." Blog, 2004. http://rachyllgyne.tripod.com/thebirthofgreyforestwalt/labor.html.

Kelley, Lauren, and Alexandra March. "Your Miscarriage Doesn't Have to Be a Secret: Losing a Pregnancy Might Be the Loneliest Experience That Millions of Women Have Faced." New York Times, October 13, 2019.

Keltner, Bette, Norman L. Keltner, Elizabeth Farren, Shirley M. H. Hanson, and Nancy L. R. Anderson. "Family Routines and Conduct Disorders in Adolescent Girls." Western Journal of Nursing Research 12, no. 2 (April 1990). https://doi.org/10.1177/019394599001200203.

Kershner, Isabel. "Israeli Ex–Soldier Recalls Captivity under Militants." New York Times, October 13, 2012. https://www.nytimes.com/2012/10/14/world/middle–east/ex–israeli–soldier–shalit–recalls–captivity–under–militants.html.

Kertész, Imre. 태어나지 않은 아이를 위한 기도. 민음사, 2022.

Kertzer, David I. Ritual, Politics, and Power. New Haven, CT: Yale University Press, 1988.

Kinsey Institute. "New Study on Post–Pandemic Sex." Kinsey Institute Research and Institute News, April 21, 2021. https://blogs.iu.edu/kinseyinstitute/2021/04/21/new–study–on–post–pandemic–sex/.

Kiser, Laurel J., Linda Bennett, Jerry Heston, and Marilyn Paavola. "Family Ritual and Routine: Comparison of Clinical and Non–Clinical Families." Journal of Child and Family Studies 14, no. 3 (September 2005). https://doi.org/10.1007/s10826-005-6848-0.

Kleinfeld, Judith. "Rituals Help Keep Families Together." Anchorage Daily News, April 4, 2003.

Kleinman, Arthur. "How Rituals and Focus Can Turn Isolation into a Time for Growth."

Wall Street Journal, April 9, 2020. https://www.wsj.com/articles/how-rituals-and-focus-can-turn-isolation-into-a-time-for-growth-11586445045.

Knestrict, Thomas, and Debora Kuchey. "Welcome to Holland: Characteristics of Resilient Families Raising Children with Severe Disabilities." Journal of Family Studies 15, no. 3 (2014). https://doi.org/10.5172/jfs.15.3.227.

Koome, Femke, Clare Hocking, and Daniel Sutton. "Why Routines Matter: The Nature and Meaning of Family Routines in the Context of Adolescent Mental Illness." Journal of Occupational Science 19, no. 4 (2012). https://doi.org/10.1080/14427591.2012.718245.

Kotler, Steven. "Flow States and Creativity: Can You Train People to Be More Creative?" Psychology Today, February 25, 2014. https://www.psychologytoday.com/us/blog/the-playing-field/201402/flow-states-and-creativity.

Krasnow, Iris. Parade, November 17, 2002.

Kübler-Ross, Elisabeth, ed. 죽음 그리고 성장, 이레, 2010.

Kučukalić, Sabina, and Abdulah Kučukalić. "Stigma and Suicide." Psychiatria Danubina 29, suppl. 5 (2017).

Kuhlke, Olaf. Geographies of Freemasonry: Ritual, Lodge, and City in Spatial Context. Lewiston, UK: Edwin Mellen Press, 2008.

Kuller, Jeffrey A., and Vern L. Katz. "Miscarriage: A Historical Perspective." Birth: Issues in Perinatal Care 21, no. 4 (December 1994). https://doi.org/10.1111/j.1523-536X.1994.tb00535.x.

Lang, Martin, Vladimír Bahna, John H. Shaver, Paul Reddish, and Dimitris Xygalatas. "Sync to Link: Endorphin-Mediated Synchrony Effects on Cooperation." Biological Psychology 127 (July 2017). https://doi.org/10.1016/j.biopsycho.2017.06.001.

Langbridge, Frederick. The Scales of Heaven: Poems, Narrative, Legendary, and Meditative, with a Few Sonnets. London: E. Stock, 1896.

Langer, Susanne K. Feeling and Form: A Theory of Art. London: Routledge and Kegan Paul, 1953.

Larson, Nicole I., Dianne Neumark-Sztainer, Peter J. Hannan, and Mary Story. "Family Meals during Adolescence Are Associated with Higher Diet Quality and Healthful Meal Patterns during Young Adulthood." Journal of the American Dietetic Association 107, no. 9 (September 2007). https://doi.org/10.1016/j.jada.2006.06.012.

Laurence, Margaret. Dance on the Earth: A Memoir. Toronto: McClelland, 1989.

Lavie-Ajayi, Maya, Colette D. R. Jones, and Lucy Russell. "Social Sex: Young Women and Early Sexual Relationships." In Understanding Non-Monogamies, edited by Meg Barker and Darren Langdridge. New York: Routledge, 2010.

Layne, Linda L. "Breaking the Silence: An Agenda for a Feminist Discourse of Pregnancy Loss." Feminist Studies 23, no. 2 (Summer 1997). https://doi.org/10.2307/3178398.

―――――. "Motherhood Lost: Cultural Dimensions of Miscarriage and Stillbirth in America." Women and Health 16, nos. 3–4 (1990). https://doi.org/10.1300/J013v16n03_05.

Leach, Edmund R. Culture and Communication: The Logic by Which Symbols Are Connected. Cambridge, UK: Cambridge University Press, 1976.

———. "Ritual." In International Encyclopedia of the Social Sciences, edited by David L. Sills. New York: Macmillan and the Free Press, 1968.

Lee, Dorothy. Freedom and Culture. New York: Prentice Hall, 1959.

Lehmiller, Justin J., Laura E. VanderDrift, and Janice R. Kelly. "Sex Differences in Approaching Friends with Benefits Relationships." Journal of Sex Research 48, nos. 2–3 (March 2011). https://doi.org/10.1080/00224491003721694.

Levenson, Robert W., and John M. Gottman. "Physiological and Affective Predictors of Change in Relationship Satisfaction." Journal of Personality and Social Psychology 49, no. 1 (1985). https://doi.org/10.1037/0022-3514.49.1.85.

Levinson, Daniel B., Jonathan Smallwood, and Richard J. Davidson. "The Persistence of Thought: Evidence for a Role of Working Memory in the Maintenance of Task-Unrelated Thinking." Psychological Science 23, no. 4 (April 2012). https://doi.org/10.1177/0956797611431465.

Lewis, C. S. 헤아려 본 슬픔. 홍성사, 2019..

Lichtenberg, Joseph D. "The Dialogic Nature of Narrative in Creativity and the Clinical Exchange." In Narrative and Meaning: The Foundation of Mind, Creativity, and the Psychoanalytic Dialogue, edited by Joseph D. Lichtenberg, Frank M. Lachmann, and James L. Fosshage. New York: Routledge, 2017.

Lida, David. "Grave Concern: Do Mexicans Treat Death Differently?" Psychology Today, January–February 2010.

Lieblich, Amia. "Hope and Recovery: The Experience of Prisoners of War during the Attrition War." In Between Stress and Hope: From a Disease-Centered to a Health-Centered Perspective, edited by Rebecca Jacoby and Giora Keinan. Westport, CT: Praeger, 2003.

Lim, May, Richard Metzler, and Yaneer Bar-Yam. "Global Pattern Formation and Ethnic/Cultural Violence." Science 317, no. 5844 (September 14, 2007). https://doi.org/10.1126/science.1142734.

Lindemulder, Ryan. "Trail Running and Creativity." I Run Far, October 15, 2013. https://www.irunfar.com/2013/10/trail-running-and-creativity.html.

Lobsenz, Norman. "The Joy of Family Rituals." McCall's, December 1981.

Lorenz, Konrad. 공격성에 대하여. 까치, 1991.

Lucero, Lisa J. "The Politics of Ritual: The Emergence of Classic Maya Rulers." Current Anthropology 44, no. 4 (August/October 2003).

Ly, Linda. "I Planted My Placenta." Garden Betty. Accessed November 24, 2023. https://www.gardenbetty.com/i-planted-my-placenta/.

Mabry, Marcus. Twice as Good: Condoleezza Rice and Her Path to Power. Emmaus, PA: Modern Times, 2007.

Machiavelli, Niccolò. 군주론.

MacMullan, Jackie. "Routine Excellence Is Allen's Secret." Boston Globe, April 20, 2008. https://www.bostonglobe.com/sports/2012/07/06/routine-excellence-allen-secret/dHqNA4eKkdPO6gDb3BKsBO/story.html.

MadameNoire. "8 Rules for Being 'Friends with Benefits.'" June 18, 2010. http://madamenoire.com/5471/8-rules-for-being-friends-with-benefits/.

Mahmood, Saba. "Rehearsed Spontaneity and the Conventionality of Ritual: Disciplines of Şalat." American Ethnologist 28, no. 4 (November 2001). https://doi.org/10.1525/ae.2001.28.4.827.

Make Way for Baby: A Handbook for Prepared Childbirth. Silver Spring, MD: Holy Cross Hospital, 1994.

Malacrida, Claudia. Mourning the Dreams: How Parents Create Meaning from Miscarriage, Stillbirth and Early Infant Death. Walnut Creek, CA: Left Coast Press, 1999.

Malaquias, Sara, Carla Crespo, and Rita Francisco. "How Do Adolescents Benefit from Family Rituals? Links to Social Connectedness, Depression and Anxiety." Journal of Child and Family Studies 24, no. 10 (October 2015). https://doi.org/10.1007/s10826-014-0104-4.

Malinowski, Bronislaw. Freedom and Civilization. New York: Roy, 1944.

Manuel, Ian. "I Survived 18 Years in Solitary Confinement." New York Times, March 25, 2021. https://www.nytimes.com/2021/03/25/opinion/solitary-confinement-reform.html.

Manuel, Jhonna. "I want to feel the 'experience' again at Starbucks :)." Facebook. N.d. http://www.facebook.com/#!/Starbucks?v=wall.

Marcus, Paul. Autonomy in the Extreme Situation: Bruno Bettelheim, the Nazi Concentration Camps and the Mass Society. Westport, CT: Praeger, 1999.

Markson, Samia, and Barbara H. Fiese. "Family Rituals as a Protective Factor for Children with Asthma." Journal of Pediatric Psychology 25, no. 7 (October 2000). https://doi.org/10.1093/jpepsy/25.7.471.

Martin, Judith [Miss Manners]. Miss Manners' Guide to Excruciatingly Correct Behavior. Illustrated by Gloria Kamen. New York: W. W. Norton, 2005.

————. "Rituals Ease Difficulties of Life." Gainesville Sun, January 5, 1987.

————. "Free Speech? Put a Sock in It." Washington Post, March 13, 1994. https://www.washingtonpost.com/archive/lifestyle/1994/03/13/free-speech-put-a-sock-in-it/098e0fb0-bc4c-4d31-8650-a244bf689c96/.

————. "Dear Miss Manners." Washington Post, February 8, 2009.

————. "Miss Manners: Dealing with Feelings." Washington Post, September 22, 1991.

————. "Remember the Good Old Days." Washington Post, February 12, 1989.

————. Interview, aired August 25, 1993, on PBS.

Mason, Malia. "Mindwandering." Filmed May 7, 2010. TEDxEast video, 8:58. https://www.youtube.com/watch?v=Mf4kbi76yGk.

Mason, Malia F., Michael I. Norton, John D. Van Horn, Daniel M. Wegner, Scott T. Grafton, and C. Neil Macrae. "Wandering Minds: The Default Network and Stimulus-

Independent Thought." Science 315, no. 5810 (January 19, 2007). https://doi.org/10.1126/science.1131295.

Massenzio, Marcello. "An Interview with Claude Lévi-Strauss." Current Anthropology 42, no. 3 (June 2001).

Matthews, Joseph. "Friends with Benefits: The Rules." Chicago Now, 2010. http://www.chicagonow.com/the-queer-guy-tells-it-straight/2010/04/friends-with-benefits-the-rules-by-joseph-matthews/.

May, Rollo. Freedom and Destiny. New York: Norton, 1981.

McCreight, Bernadette Susan. "A Grief Ignored: Narratives of Pregnancy Loss from a Male Perspective." Sociology of Health and Illness 26, no. 3 (April 2004). https://doi.org/10.1111/j.1467-9566.2004.00393.x.

McGinn, Colin. The Meaning of Disgust. New York: Oxford University Press, 2011.

McGregor, Jena. "Maya Angelou on Leadership, Courage and the Creative Process." Washington Post, May 28, 2014. https://www.washingtonpost.com/news/on-leadership/wp/2014/05/28/maya-angelou-on-leadership-courage-and-the-creative-process/.

McIlhaney, Joe S., and Freda McKissic Bush. Hooked: New Science on How Casual Sex Is Affecting Our Children. Chicago: Northfield, 2008.

McMahon, Keith. Polygamy and Sublime Passion: Sexuality in China on the Verge of Modernity. Honolulu: University of Hawaii Press, 2010.

Medina, Eduardo. "After Being in 'Grief Purgatory,' Mourning Families Finally Seek Solace." New York Times, August 1, 2021. https://www.nytimes.com/2021/07/31/us/coronavirus-grief-funerals.html.

Menelli, Sheri L. Journey into Motherhood: Inspirational Stories of Natural Birth. Carlsbad, CA: White Heart, 2005.

Meyerstein, Israela. "A Systemic Approach to Fetal Loss Following Genetic Testing." Contemporary Family Therapy 23, no. 4 (December 2001). https://doi.org/10.1023/A:1013096811134.

Michael, Robert T., John H. Gagnon, Edward O. Laumann, and Gine Kolata. Sex in America: A Definitive Survey. Boston: Little, Brown, 1994.

Moerman, Daniel E. Meaning, Medicine, and the "Placebo Effect." Cambridge, UK: Cambridge University Press, 2002.

Mooneyham, Benjamin, and Jonathan W. Schooler. "The Costs and Benefits of Mind-Wandering: A Review." Canadian Journal of Experimental Psychology 67, no. 1 (March 2013). https://doi.org/10.1037/a0031569.

Morgan, Piers. Interview with Damien Echols. Piers Morgan Live. Aired September 29, 2011, on CNN.

Mozian, Kari. "I go EVERY DAY... when I do it at Starbucks it doesn't feel as much like work." Facebook, 2010.

munengoz. "Francis Bacon's Last Interview (17 August 1991)." Video, 29:21. March 19,

2012. https://www.youtube.com/watch?v=p-d9TdRYUaQ.

Munn, Nancy D. "Symbolism in a Ritual Context: Aspects of Symbolic Action." In Handbook of Social and Cultural Anthropology, edited by John J. Honigman. Chicago: Rand McNally, 1973.

Murphy, Debra A., William D. Marelich, Diane M. Herbeck, and Diana L. Payne. "Family Routines and Parental Monitoring as Protective Factors among Early and Middle Adolescents Affected by Maternal HIV/AIDS." Child Development 80, no. 6 (November–December 2009). https://doi.org/10.1111/j.1467-8624.2009.01361.x.

Murray, Marie. "The Beauty of an Irish Lament." Daily Undertaker, February 11, 2010. http://www.dailyundertaker.com/2010/02/beauty-of-irish-lament-marie-murray.html.

Mystery Diagnosis. Season 9, episode 9, "The Woman with Unusual DNA." Aired September 20, 2010, on Discovery Health.

National Center on Addiction and Substance Abuse at Columbia University. The Importance of Family Dinners VIII. A CASA Columbia white paper. New York: Columbia University, September 2012.

National Funeral Directors Association (NFDA). "Statistics." Accessed November 7, 2023. http://www.nfda.org/news/statistics.

Needham, Rodney. Belief, Language, and Experience. Oxford, UK: Blackwell, 1972.

————. Exemplars. Berkeley: University of California Press, 1985.

Neumark-Sztainer, Dianne, Nicole I. Larson, Jayne A. Fulkerson, Marla E. Eisenberg, and Mary Story. "Family Meals and Adolescents: What Have We Learned from Project EAT (Eating among Teens)?" Public Health Nutrition 13, no. 7 (July 2010). https://doi.org/10.1017/S1368980010000169.

New York Times. "San Patricio." March 16, 2010. https://www.nytimes.com/2010/03/17/opinion/17wed4.html.

Niska, Kathleen, Mariah Snyder, and Betty Lia-Hoagberg. "Family Ritual Facilitates Adaptation to Parenthood." Public Health Nursing 15, no. 5 (October 1998). https://doi.org/10.1111/j.1525-1446.1998.tb00357.x.

Norman, Michael. "Contemporary Art Legend Chuck Close Talks about Painting, Creativity and a New Exhibition at the Akron Art Museum." Cleveland.com, September 1, 2009. https://www.cleveland.com/arts/2009/09/contemporary_art_legend_chuck.html.

Oates, Joyce Carol. In Rough Country: Essays and Reviews. New York: Ecco, 2010.

————. The Lost Landscape: A Writer's Coming of Age. New York: HarperCollins, 2015.

————. "To Invigorate Literary Mind, Start Invigorating Literary Feet." New York Times, July 19, 1999. https://www.nytimes.com/1999/07/19/arts/to-invigorate-literary-mind-start-moving-literary-feet.html.

————. A Widow's Story: A Memoir. New York: Ecco, 2010.

O'Brien, Miles. "Probing the Universe's Mysteries, Stephen Hawking Proved the Power of the Human Spirit." PBS NewsHour. Aired March 14, 2018. https://www.pbs.org/newshour/

show/probing-the-universes-mysteries-stephen-hawking-proved-the-power-of-the-human-spirit.

O'Brien, Tim. 그들이 가지고 다닌 것들, 섬과달, 2020.

Ogden, Ruth S. "The Passage of Time during the UK Covid-19 Lockdown." PLOS One 15, no. 7 (July 6, 2020). https://doi.org/10.1371/journal.pone.0235871.

Orenstein, Peggy. Boys and Sex: Young Men on Hookups, Love, Porn, Consent, and Navigating the New Masculinity. New York: HarperCollins, 2020.

Ornstein, Anna. "Artistic Creativity and the Healing Process." Psychoanalytic Inquiry 26, no. 3 (June 2006). https://doi.org/10.2513/s07351690pi2603_7.

————. "The Missing Tombstone: Reflections on Mourning and Creativity." Journal of the American Psychoanalytic Association 58, no. 4 (August 2010). https://doi.org/10.1177/0003065110385573.

O'Rourke, Meghan. "Good Grief." New Yorker, January 24, 2010. http://www.newyorker.com/arts/critics/atlarge/2010/02/01/100201crat_atlarge_orourke#ixzz2Eyl2UD7U.

————. The Long Goodbye: A Memoir. New York: Riverhead Books, 2011.

Ó Súilleabháin, Seán. Irish Wake Amusements. Cork, Ireland: Mercier Press, 1969.

Owen, Jesse, and Frank D. Fincham. "Young Adults' Emotional Reactions after Hooking Up Encounters." Archives of Sexual Behavior 40, no. 2 (April 2011). https://doi.org/10.1007/s10508-010-9652-x.

Owen, Jesse, Frank D. Fincham, and Jon Moore. "Short-Term Prospective Study of Hooking Up among College Students." Archives of Sexual Behavior 40, no. 2 (April 2011). https://doi.org/10.1007/s10508-010-9697-x.

Owen, Jesse J., Galena K. Rhoades, Scott M. Stanley, and Frank D. Fincham. "'Hooking Up' among College Students: Demographic and Psychosocial Correlates." Archives of Sexual Behavior 39, no. 3 (June 2010). https://doi.org/10.1007/s10508-008-9414-1.

Owens, Pat. "Oh Starbucks Oh Starbucks Oh How I Love Thee." Facebook, December 7, 2010.

Pang, Alex S. "Running, Writing, and Deep Play: Exercise and Hobbies Play an Important, Under-Appreciated Role in Creative Lives." Psychology Today, June 28, 2017. https://www.psychologytoday.com/us/blog/rest/201706/running-writing-and-deep-play.

Parker-Pope, Tara. "After Cancer, a Post-Treatment Letdown." New York Times, June 30, 2009. https://archive.nytimes.com/well.blogs.nytimes.com/2009/06/30/after-cancer-a-post-treatment-letdown/.

Parkes, Colin Murray. Bereavement: Studies of Grief in Adult Life. New York: Routledge, 2009.

Parmenter, Ross. School of the Soldier: An Essay in the Form of a Memoir. New York: Profile Press, 1980.

Paul, Elizabeth L., Brian McManus, and Allison Hayes. "'Hookups': Characteristics and Correlates of College Students' Spontaneous and Anonymous Sexual Experiences." Journal of

Sex Research 37, no. 1 (2000). https://doi.org/10.1080/00224490009552023.

Pearson, Catherine. "How Coronavirus Has Changed What It's Like to Give Birth in America." HuffPost, May 4, 2020. https://www.huffpost.com/entry/coronavirus-covid-19-childbirth-parenting-pregnancy_l_5ea83748c5b6085825798e46?ncid=newsltushpmgnews.

Pearson, Judy C., Jeffrey T. Child, and Anna F. Carmon. "Rituals in Dating Relationships: The Development and Validation of a Measure." Communication Quarterly 59, no. 3 (July 2011). https://doi.org/10.1080/01463373.2011.583502.

Peelen, Janneke. "Reversing the Past: Monuments for Stillborn Children." Mortality 14, no. 2 (2009). https://doi.org/10.1080/13576270902808043.

Pellegrin, Jean-Yves. "'Only the Conversation Matters': An Interview with Richard Powers." European Journal of American Studies 2, no. 1 (Spring 2007). https://doi.org/10.4000/ejas.1145.

Peterson-Sweeney, Kathleen, Jill S. Halterman, Kelly Conn, and H. Lorrie Yoos. "The Effect of Family Routines on Care for Inner City Children with Asthma." Journal of Pediatric Nursing 25, no. 5 (October 2010). https://doi.org/10.1016/j.pedn.2009.02.017.

Pillsbury, Richard. No Foreign Food: The American Diet in Time and Place. Boulder, CO: Westview Press, 1998.

Pinola, Melanie. "How to Co-Work from Home (without Driving Each Other Nuts)." New York Times, March 17, 2020. https://www.nytimes.com/wirecutter/blog/how-to-co-work-from-home/.

Pipher, Mary. The Shelter of Each Other: Rebuilding Our Families to Enrich Our Lives. New York: Grosset/Putnam, 1998.

Pollock, George H. The Mourning-Liberation Process. Madison, CT: International Universities Press, 1989.

——. "The Mourning-Liberation Process and Creativity: The Case of Käthe Kollwitz." Annual of Psychoanalysis 10 (1982).

——. "The Mourning Process and Creative Organizational Change." Journal of the American Psychoanalytic Association 25, no. 1 (February 1977). https://doi.org/10.1177/000306517702500101.

Polsky, Carol. "16 Years after 9/11 Attacks, Grieving Process Continues for Families." Newsday, September 5, 2017. https://www.newsday.com/long-island/16-years-after-9-11-attacks-grieving-process-continues-for-families-x54849.

Popenoe, David, and Barbara Dafoe Whitehead. The State of Our Unions 2000: The Social Health of Marriage in America. New Brunswick, NJ: National Marriage Project, 2000. http://www.stateofourunions.org/pdfs/SOOU2000.pdf.

Powell, Steve, Willi Butollo, and Maria Hagl. "Missing or Killed: The Differential Effect on Mental Health in Women in Bosnia and Herzegovina of the Confirmed or Unconfirmed Loss of Their Husbands." European Psychologist 15, no. 3 (January 2010). https://doi.org/10.1027/1016-9040/a000018.

"The Power of Family Rituals." O, The Oprah Magazine, September 2000. http://www.oprah.com/omagazine/The-Power-of-Family-Rituals.

Quenby, Siobhan, Ioannis D. Gallos, Rima K. Dhillon-Smith, Marcelina Podesek, Mary D. Stephenson, Joanne Fisher, Jan J. Brosens, et al. "Miscarriage Matters: The Epidemiological, Physical, Psychological, and Economic Costs of Early Pregnancy Loss." Lancet 397, no. 10285 (May 1, 2021). https://doi.org/10.1016/S0140-6736(21)00682-6.

Radcliffe-Brown, Alfred Reginald. "On Joking Relationships." Africa: Journal of the International African Institute 13, no. 3 (July 1940). https://doi.org/10.2307/1156093.

———. "Religion and Society." In The Social Anthropology of Radcliffe-Brown, edited by Adam Kuper. London: Routledge Kegan Paul, 1977.

Reed, Richard K. Birthing Fathers: The Transformation of Men in American Rites of Birth. New Brunswick, NJ: Rutgers University Press, 2004.

Rehm, Diane. "Dealing with a Parent's Early Death." Diane Rehm Show. Aired June 8, 2010. https://dianerehm.org/shows/2010-06-08/dealing-parents-early-death.

Remnick, David. The Bridge: The Life and Rise of Barack Obama. New York: Knopf, 2010.

Resnick, Hannah. "5 Ways COVID-19 Has Changed College Hookup Culture." PopSugar, May 5, 2021. https://www.popsugar.com/love/how-covid-19-has-changed-college-hookup-culture-48299982.

Respess, Susan P. "Daily Rituals and Traditions Help Bind and Strengthen Households into a Cohesive Unit." 1999.

Rhoades, Galena K., and Scott M. Stanley. Before "I Do": What Do Premarital Experiences Have to Do with Marital Quality among Today's Young Adults? Charlottesville, VA: National Marriage Project, 2014. https://nationalmarriageproject.org/wordpress/wp-content/uploads/2014/08/NMP-BeforeIDoReport-Final.pdf.

Riezler, Kurt. "What Is Freedom?" In Freedom: Its Meaning, edited by Ruth Nanda Anshen. New York: Harcourt Brace, 1940.

Ripatrazone, Nick. "Why Do Writers Run?" The Atlantic, November 11, 2015. https://www.theatlantic.com/entertainment/archive/2015/11/why-writers-run/415146/.

Robben, Antonius C. G. M. "State Terror in the Netherworld: Disappearance and Reburial in Argentina." In Death Squad: The Anthropology of State Terror, edited by Jeffrey A. Sluka. Philadelphia: University of Pennsylvania Press, 2000.

Robert Wood Johnson Foundation. National Obesity Monitor. Accessed December 13, 2023. https://stateofchildhoodobesity.org/national-obesity-monitor/.

Roberts, Janine. "Ice Bells Ringing: In Sickness and Health." Families, Systems, and Health 21, no. 4 (2003). https://doi.org/10.1037/h0089622.

Robinson, Andrew. "Chemistry's Visual Origins." Nature 465, no. 6 (May 2010). https://doi.org/10.1038/465036a.

Roche, J. "Creative Ritual in a Hospice." Health Progress 75, no. 10 (December 1994).

Rogak, Lisa. Haunted Heart: The Life and Times of Stephen King. New York: Thomas

Dunne Books, 2008.

"Roger Federer Serve: How Federer Starts on His Serve." Tennis Evolution Blog. https://blog.tennisevolution.com/roger-federer-serve-how-roger-federer-starts-on-his-serve/.

Rosaldo, Renato. Culture and Truth: The Remaking of Social Analysis. Boston: Beacon, 1989. https://s3.amazonaws.com/arena-attachments/838093/1f43c09d7b21596b9c3684a4d4c0d257.pdf.

Rose, Charlie. "Creativity." Episode 12 of Brain Series. Aired October 28, 2010, on PBS. https://charlierose.com/videos/19846.

————. Interview with Damien Echols. Charlie Rose Show. Aired April 18, 2017, on PBS. https://charlierose.com/videos/30389.

————. Interview with George Clooney. Charlie Rose Show. Aired April 11, 2008, on PBS. https://charlierose.com/videos/11559.

————. Interview with Jay Fishman. Charlie Rose Show. Aired November 4, 2015, on PBS. https://charlierose.com/videos/23366.

————. Interview with Rem Koolhaas. Charlie Rose Show. Aired January 14, 2016, on PBS. https://charlierose.com/episodes/28731?autoplay=true.

————. "Remembering Tony Judt." Charlie Rose Show. Aired August 23, 2010, on PBS. https://charlierose.com/videos/21211.

Rosin, Hanna. "Letting Go of Asperger's." The Atlantic, March 2014. https://www.theatlantic.com/magazine/archive/2014/03/letting-go-of-aspergers/357563/.

Rosso, Brent David. "Creativity and Constraint: Exploring the Role of Constraint in the Creative Processes of New Product and Technology Development Teams." PhD diss., University of Michigan, 2011.

Rothman, Emily F., Jonathon J. Beckmeyer, Debby Herbenick, Tsung-Chieh Fu, Brian Dodge, and J. Dennis Fortenberry. "The Prevalence of Using Pornography for Information about How to Have Sex: Findings from a Nationally Representative Survey of U.S. Adolescents and Young Adults." Archives of Sexual Behavior 50, no. 2 (February 2021). https://doi.org/10.1007/s10508-020-01877-7.

Rybeck, Erika Schuluf. On My Own: Decoding the Experience of Silence. Columbia, MD: Summit Crossroads Press, 2013.

Saberi, Roxana. Between Two Worlds: My Life and Captivity in Iran. New York: Harper Perennial, 2011.

Sahramaa, Laura. "Keeping Generation Y Up to Date." Cavalier Daily, October 30, 2001.

Saint-Exupéry, Antoine de. 어린 왕자.

Salimbene, Suzanne, and Laina M. Gerace. "Cultural Competence for Today's Healthcare Professionals: The Cultural Factor in Pain Management." http://www.todayinot.com/ce/course.html?CCID=32&PageNum=5&Begin=39217.

Sankar, Andrea. "Ritual and Dying: A Cultural Analysis of Social Support for Caregivers." Gerontologist 31, no. 1 (February 1991). https://doi.org/10.1093/geront/31.1.43.

Santos, Susana, Carla Crespo, Cristina Canavarro, and Anne E. Kazak. "Family Rituals and Quality of Life in Children with Cancer and Their Parents: The Role of Family Cohesion and Hope." Journal of Pediatric Psychology 40, no. 7 (August 2015). https://doi.org/10.1093/jpepsy/jsv013.

Sanzio, Raphael. "Raphael Quotes." AZ Quotes. Accessed November 7, 2023. https://www.azquotes.com/author/32953-Raphael.

Schroder, Harold M., Michael J. Driver, and Siegfried Streufert. Human Information Processing: Individuals and Groups Functioning in Complex Social Situations. New York: Holt, Rinehart, and Winston, 1967.

Schwartz, Alexandra. "The Venmo Request: A New Wrinkle in Modern Dating." New Yorker, June 8, 2016.

Seaton, Eleanor K., and Ronald D. Taylor. "Exploring Familial Processes in Urban, Low-Income African American Families." Journal of Family Issues 24, no. 5 (July 2003). https://doi.org/10.1177/0192513X03252572.

Sen, Bisakha. "Frequency of Family Dinner and Adolescent Body Weight Status: Evidence from the National Longitudinal Survey of Youth, 1997." Obesity 14, no. 12 (December 2006). https://doi.org/10.1038/oby.2006.266.

Seymour, Frederick W., Phyllis Brock, Mary During, and Gary Poole. "Reducing Sleep Disruptions in Young Children: Evaluation of Therapist-Guided and Written Information Approaches: A Brief Report." Journal of Child Psychology and Psychiatry 30, no. 6 (November 1989). https://doi.org/10.1111/j.1469-7610.1989.tb00293.x.

Shakespeare, William. 햄릿.

——. 리처드 2세

——. 비너스와 아도니스 https://shakespeare.mit.edu/Poetry/VenusAndAdonis.html.

Sheridan, Jim, dir. In the Name of the Father. Universal City, CA: Universal Pictures, 1993.

Sibbald, Barbara. "Beyond a Dozen Long-Stems." Ottawa Citizen, February 10, 2001.

Siegel, Robert, and Michele Norris. "Mandela: An Audio History: Part 3: Robben Island (1964–1976)." All Things Considered. Aired April 29, 2004, on NPR. https://www.npr.org/2004/04/26/1851882/mandela-an-audio-history.

Sisek, Michael R. "With Flowers, Altars and Candles, Mexicans Are Honoring Deceased Relatives on the Day of the Dead." Chicago Tribune, November 1, 2023. https://www.chicagotribune.com/nation-world/mexican-day-of-the-dead-20231101-b7753npxafez7ns54ctwxdcv3i-story.html.

Slyper, Arnold H. "The Pubertal Timing Controversy in the USA, and a Review of Possible Causative Factors for the Advance in Timing of Onset of Puberty." Clinical Endocrinology 65, no. 1 (July 2006). https://doi.org/10.1111/j.1365-2265.2006.02539.x.

Smallwood, Jonathan, and Jessica Andrews-Hanna. "Not All Minds That Wander Are Lost: The Importance of a Balanced Perspective on the Mind-Wandering State." Frontiers in Psychology 4 (August 2013). https://www.frontiersin.org/articles/10.3389/fpsyg.2013.00441/

full.

Smith, Stephen M., Peter T. Fox, Karla L. Miller, David C. Glahn, P. Mickle Fox, Clare E. Mackay, Nicola Filippini, et al. "Correspondence of the Brain's Functional Architecture during Activation and Rest." Proceedings of the National Academy of Sciences 106, no. 31 (August 4, 2009). https://doi.org/10.1073/pnas.0905267106.

Snow, Catherine E., and Diane E. Beals. "Mealtime Talk That Supports Literacy Development." New Directions for Child and Adolescent Development 2006, no. 111 (2006). https://doi.org/10.1002/cd.155.

Solerno-Sonnenberg, Nadya. The Mind. Aired November 30, 1988, on PBS/BBC.

Solomon, Alexandra. "Inside Hookup Culture: Are We Having Fun Yet?" Psychotherapy Networker (January–February 2016).

Solzhenitsyn, Aleksandr. 수용소군도, 열린책들, 2020..

Sostek, Anya. "Dating at Duke Doesn't Happen, Some Say." Chronicle–Duke University, February 12, 1999.

Spindel, Carly. "13 Necessary Rules for Being Friends with Benefits." StyleCaster, October 28, 2021. https://stylecaster.com/lifestyle/love-sex/253545/friends-with-benefits-rules/.

Spindel, Janis. How to Date Men: Dating Secrets from America's Top Matchmaker. New York: A Plume Book, 2007.

Spinoza, Baruch. Tractatus Theologico-Politicus. Translated by Samuel Shirley. Leiden, Netherlands: E. J. Brill, 1989.

Spirit of the Times 1–2 (1825).

Sprunger, Lewis W., W. Thomas Boyce, and John A. Gaines. "Family–Infant Congruence: Routines and Rhythmicity in Family Adaptations to a Young Infant." Child Development 56, no. 3 (June 1985). https://doi.org/10.2307/1129746.

Stannard, David E. The Puritan Way of Death: A Study in Religion, Culture, and Social Change. New York: Oxford University Press, 1977.

Stanton, Jazz. "Friends with Benefits: The Rules." Date Experiment (blog), July 2, 2010. http://thedateexperiment.blogspot.com/2010/07/friends-with-benefits-rules.html.

Starbucks. "Our Company." Accessed November 7, 2023. https://www.starbucks.com/about-us/company-information/mission-statement.

Statista. "Estimated Median Age of Americans at Their First Wedding in the United States from 1998 to 2022, by Sex." 2023. https://www.statista.com/statistics/371933/median-age-of-us-americans-at-their-first-wedding/.

Stoller, Paul. Stranger in the Village of the Sick: A Memoir of Cancer, Sorcery, and Healing. Boston: Beacon Press, 2004.

Stone, Brad. "Breakfast Can Wait. The Day's First Stop Is Online." New York Times, August 9, 2009. https://www.nytimes.com/2009/08/10/technology/10morning.html.

Storey, Anne E., Carolyn J. Walsh, Roma L. Quinton, and Katherine W. Wynne-Edwards. "Hormonal Correlates of Paternal Responsiveness in New and Expectant Fathers." Evolution and Human Behavior 21, no. 2 (March 2000). https://doi.org/10.1016/S1090-5138(99)00042-2.

Sutton, Bob. "Want Some Creativity? Crank-up the Constraints." Medium, June 9, 2016. https://medium.com/stanford-d-school/want-some-creativity-crank-up-the-constraints-5728a988a635

Taveras, Elsie M., Sheryl L. Rifas-Shiman, Catherine S. Berkey, Helaine R. H. Rockett, Alison E. Field, A. Lindsay Frazier, Graham A. Colditz, and Matthew W. Gillman. "Family Dinner and Adolescent Overweight." Obesity Research 13, no. 5 (May 2005). https://doi.org/10.1038/oby.2005.104.

Tharp, Twyla, and Mark Reiter. 천재들의 창조적 습관, 문예출판사, 2006

Tiger, Lionel, and Michael McGuire. God's Brain. Brunswick, NJ: Prometheus Books, 2010.

Tinbergen, N. "'Derived Activities': Their Causation, Biological Significance, Origin, and Emancipation during Evolution." Quarterly Review of Biology 27, no. 1 (March 1952). https://doi.org/10.1086/398642.

Tinbergen, Niko. Social Behaviour in Animals: With Special Reference to Vertebrates. Methuen's Monographs on Biological Subjects. London: Methuen, 1962.

Toolis, Kevin. "Death: An Irish Wake and Anglo-Saxon Attitudes." Guardian Weekend, October 7, 1995.

Toure, Itihari Y. "What Ritual Does . . ." Embodied Teaching (blog series), February 27, 2023. https://www.wabashcenter.wabash.edu/print-blog-as-pdf/?id=251844.

Traub, Alex. "Albert Woodfox, Survivor of 42 Years in Solitary Confinement, Dies at 75." New York Times, August 5, 2022. https://www.nytimes.com/2022/08/05/us/albert-woodfox-dead.html.

"Tribute to Dead in EgyptAir Flight 990." CNN, 1999.

Trust Birth Institute. "Trust Birth." N.d. http://www.freedompondmoonworks.com/pb/wp_ec1e33b6.html?0.5.

Tuhus-Dubrow, Rebecca. "Why Won't This New Mom Wash Her Hair?" Slate, April 11, 2011. http://www.slate.com/id/2290973/.

Turner, Victor. 인간 사회와 상징 행위, 황소걸음, 2018.

———. Ndembu Divination: Its Symbolism and Techniques. Manchester, UK: Manchester University Press, 1961.

———. 의례의 과정, 한국심리치료연구소, 2005.

University of Cambridge. "Eye Contact with Your Baby Helps Synchronize Your Brainwaves." ScienceDaily, November 29, 2017. www.sciencedaily.com/releases/2017/11/171129104230.htm.

Väänänen, Ari, Raija Kalimo, Salla Toppinen-Tanner, Pertti Mutanen, José Maria Peiró, Mika Kivimäki, and Jussi Vahtera. "Role Clarity, Fairness, and Organizational Climate as Predictors of Sickness Absence: A Prospective Study in the Private Sector." Scandinavian

Journal of Public Health 32, no. 6 (2004). https://doi.org/10.1080/14034940410028136.

van Gennep, Arnold. 통과의례, 달을긷는우물, 2022.

Vardi, Alexandra. "Many Ultra-Orthodox Who Lose Their Faith Must Live a 'Double Life.'" Times of Israel, February 25, 2020. https://www.timesofisrael.com/many-ultra-orthodox-who-lose-their-faith-must-live-a-double-life/.

Voelker, Pascale, Denise Piscopo, Aldis P. Weible, Gary Lynch, Mary K. Rothbart, Michael I. Posner, and Cristopher M. Niell. "How Changes in White Matter Might Underlie Improved Reaction Time Due to Practice." Cognitive Neuroscience 8, no. 2 (2017). https://doi.org/10.1080/17588928.2016.1173664.

Vohs, Kathleen D., Yajin Wang, Gino Francesca, and Michael I. Norton. "Rituals Enhance Consumption." Psychological Science 24, no. 9 (September 2013). https://doi.org/10.1177/0956797613478949.

Volkan, Vamik D. Linking Objects and Linking Phenomena: A Study of The Forms, Symptoms, Metapsychology, and Therapy of Complicated Mourning. New York: International Universities Press, 1981.

Wainio, Sarah. "I Write Letters to My Big Sister, Even Though I Know She'll Never Write Back." Real Simple, September 2011.

Walter, Tony. The Revival of Death. London: Routledge, 1994.

Walters, Lisa. "Never Give Up." Lupus Foundation of America, 2015. http://www.lupus.org/blog/entry/lisa-walters-never-give-kl.

Wang, Haowei, Emily Smith-Greenaway, Shawn Bauldry, Rachel Margolis, and Ashton M. Verdery. "Mourning in a Pandemic: The Differential Impact of COVID-19 Widowhood on Mental Health." Journals of Gerontology: Series B 77, no. 12 (December 2022). https://doi.org/10.1093/geronb/gbac085.

Wang, Haowei, Ashton M. Verdery, Rachel Margolis, and Emily Smith-Greenaway. "Bereavement from COVID-19, Gender, and Reports of Depression among Older Adults in Europe." Journals of Gerontology: Series B 77, no. 7 (July 2022). https://doi.org/10.1093/geronb/gbab132.

Wansink, Brian, and Ellen van Kleef. "Dinner Rituals That Correlate with Child and Adult BMI." Obesity 22, no. 5 (May 2014). https://doi.org/10.1002/oby.20629.

Weaver, Angela D., Kelly L. MacKeigan, and Hugh A. MacDonald. "Experiences and Perceptions of Young Adults in Friends with Benefits Relationships: A Qualitative Study." Canadian Journal of Human Sexuality 20, no. 1 (2011).

Weeks, Janet. "Pre-Show Rituals Ease Dancer Jitters." Dance Magazine, March 1, 2001. https://www.thefreelibrary.com/PRE-SHOW+RITUALS+EASE+DANCER+JITTERS-a070926843.

Wertheim, Jon. "Prisoners in Nazi Concentration Camps Made Music; Now It's Being Discovered and Performed." 60 Minutes. Aired December 15, 2019, on CBS.

White, Tracie. "Epidurals Increase in Popularity, Stanford Study Finds." Scope: Beyond the Headlines (blog), June 26, 2018. https://scopeblog.stanford.edu/2018/06/26/epidurals-increase-in-popularity-stanford-study-finds/.

Whitehouse, Harvey. "Emotion, Memory, and Religious Rituals: An Assessment of Two Theories." In Mixed Emotions: Anthropological Studies of Feeling, edited by Kay Milton and Maruska Svasek. Oxford, UK: Berg, 2005.

Wiggin, Amary. "Limping toward the Truth, Wherever It Might Be." New York Times, March 3, 2013.

Wiggins, Sandi, Patti Whyte, Marlene Huggins, Shelin Adam, Jane Theilmann, Maurice Bloch, Samuel B. Sheps, Martin T. Schechter, and Michael R. Hayden. "The Psychological Consequences of Predictive Testing for Huntington's Disease: Canadian Collaborative Study of Predictive Testing." New England Journal of Medicine 327, no. 20 (November 12, 1992). https://doi.org/10.1056/NEJM199211123272001.

Wigtown and District Community Council. "Private Edward Kilpatrick." July 1916. https://wigtowncc.org.uk/private-edward-kilpatrick/.

Wikipedia. "Dating." Accessed 2012. http://en.wikipedia.org/wiki/Dating.

———. "List of Expressions Related to Death." Accessed December 2, 2023. https://en.wikipedia.org/wiki/List_of_expressions_related_to_death.

Wilcox, Allen J., Clarice R. Weinberg, John F. O'Connor, Donna D. Baird, John P. Schlatterer, Robert E. Canfield, E. Glenn Armstrong, and Bruce C. Nisula. "Incidence of Early Loss of Pregnancy." New England Journal of Medicine 319, no. 4 (July 28, 1988). https://doi.org/10.1056/NEJM198807283190401.

Wildavsky, R. What's behind Success in School? Lou Harris–Reader's Digest National Poll. Pleasantville, NJ: Readers Digest Association, 1994.

Wilkinson, Deb. "Still waiting on a diagnosis!! Drs make me feel crazy!!! I can understand the relief bc finally it's not YOU." Facebook, April 22, 2015. https://www.facebook.com/LupusFoundationofAmerica/posts/10152917292346775/?paipv=0&eav=AfZ1Nl-VTVmh2KK3fXXucQm8_HOWZ_EZ8Tjx5_MzxpJxkTCt-d8AgFUIVigKo5xhUkDY&_rdr=.

Wilson, Bee. "The Meals That Still Matter." Wall Street Journal, November 25–26, 2017.

Wilson, H. Clyde. "A Critical Review of Menstrual Synchrony Research." Psychoneuroendocrinology 17, no. 6 (November 1992). https://doi.org/10.1016/0306-4530(92)90016-Z.

Wilson, Monica. "Nyakyusa Ritual and Symbolism." American Anthropologist 56, no. 2 (April 1954). https://doi.org/10.1525/aa.1954.56.2.02a00060.

Witchel, Alex. All Gone: A Memoir of My Mother's Dementia. With Refreshments. New York: Riverhead Books, 2013.

Wolfe, Tom. Interview at Miami Book Fair, November 10, 2012, Miami, FL.

Wolin, Steven J., Linda A. Bennett, and Jane S. Jacobs. "Assessing Family Rituals in Alcoholic Families." In Rituals in Families and Family Therapy, edited by Evan Imber-Black,

Janine Roberts, and Richard A. Whiting. New York: W. W. Norton, 1988.

Wolin, Sybil. "Holiday Ritual and Tradition Help Families Replace Uncertainty with Resilience." Free Library, December 18, 2001. http://www.thefreelibrary.com/Holiday+Ritual +and+Tradition+Help+Families+Replace+Uncertainty+with..-a080874479.

Wray, John. "Haruki Murakami, the Art of Fiction No. 182." Paris Review, no. 170 (Summer 2004). https://www.theparisreview.org/interviews/2/haruki-murakami-the-art-of-fiction-no-182-haruki-murakami.

Yoon, Yesel. "The Role of Family Routines and Rituals in the Psychological Well Being of Emerging Adults." Master's thesis, University of Massachusetts, 2012.

Yorio, Nicole. "7 Secrets of Low-Stress Families." Redbook, July 30, 2014. http://www.redbookmag.com/kids-family/advice/less-stress-family-tips.

Zborowski, Mark. "Cultural Components in Response to Pain." Journal of Social Issues 8, no. 4 (Fall 1952). https://doi.org/10.1111/j.1540-4560.1952.tb01860.x.

Zhou, Xinqi, and Xu Lei. "Wandering Minds with Wandering Brain Networks." Neuroscience Bulletin 34 (2018). https://doi.org/10.1007/s12264-018-0278-7.

Zola, Irving Kenneth. "Culture and Symptoms—An Analysis of Patient's Presenting Complaints." American Sociological Review 31, no. 5 (October 1966). https://doi.org/10.2307/2091854.

단단한 삶은 보통의 날들로 이루어진다

초판 1쇄 발행 2025년 12월 12일

지은이 펄 카츠
옮긴이 정영은

펴낸이 허정도
편집장 임세미
책임편집 김혜영 디자인 박지은
마케팅 신대섭 김수연 배태욱 김하은 이영조 제작 조화연

펴낸곳 주식회사 교보문고
출판신고 제2008-000090호 (2008년 12월 5일)
주소 경기도 파주시 문발로 249 (10881)
전화 대표전화 1544-1900 주문 02)3156-3665 팩스 0502)987-5725

ISBN 979-11-7061-340-4 (03180)